AF628309

DELIUS KLASING

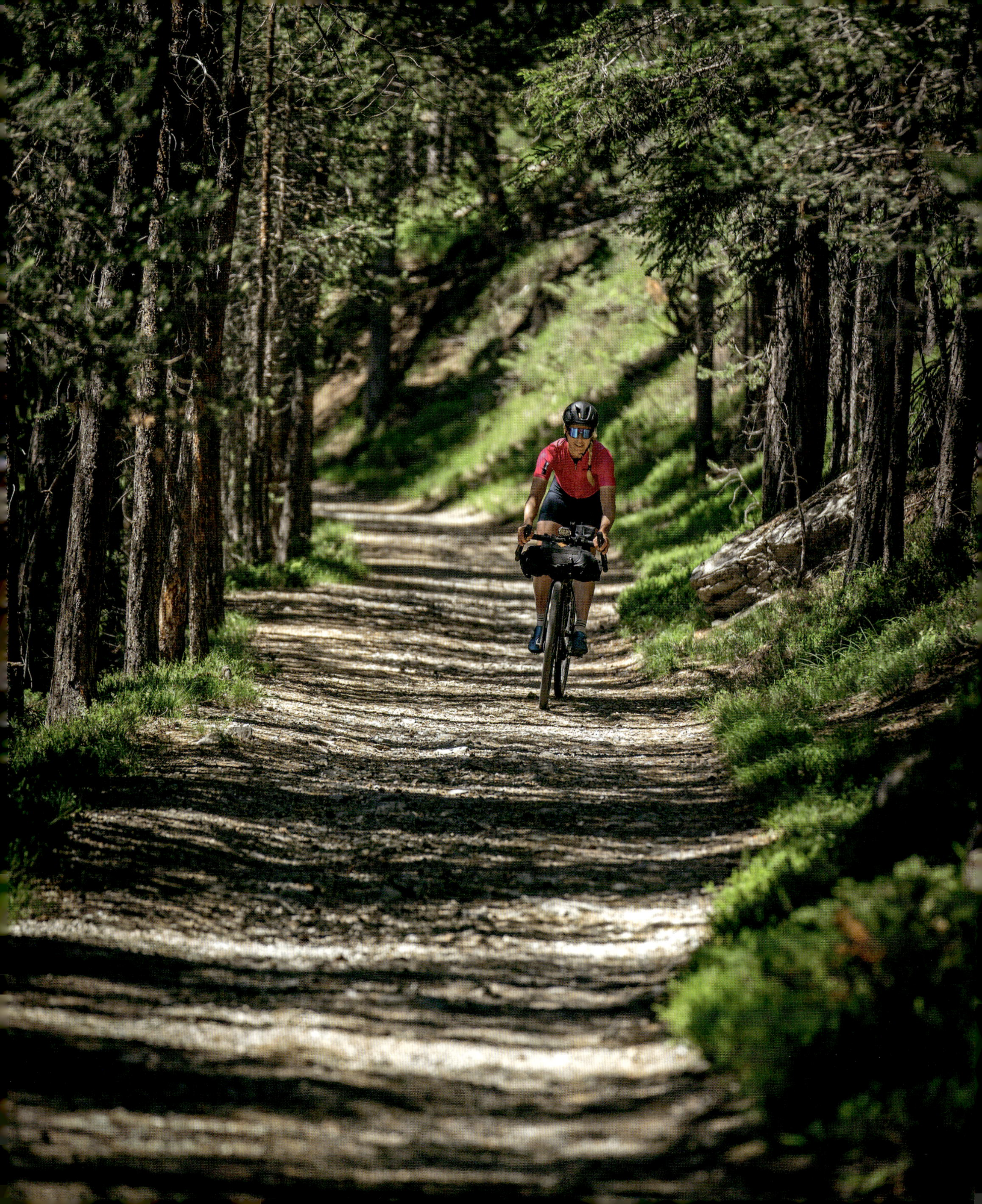

MONIKA SATTLER

ABENTEUER GRAVEL TRANSALP

VON LEICHT BIS HEAVY

DELIUS KLASING VERLAG

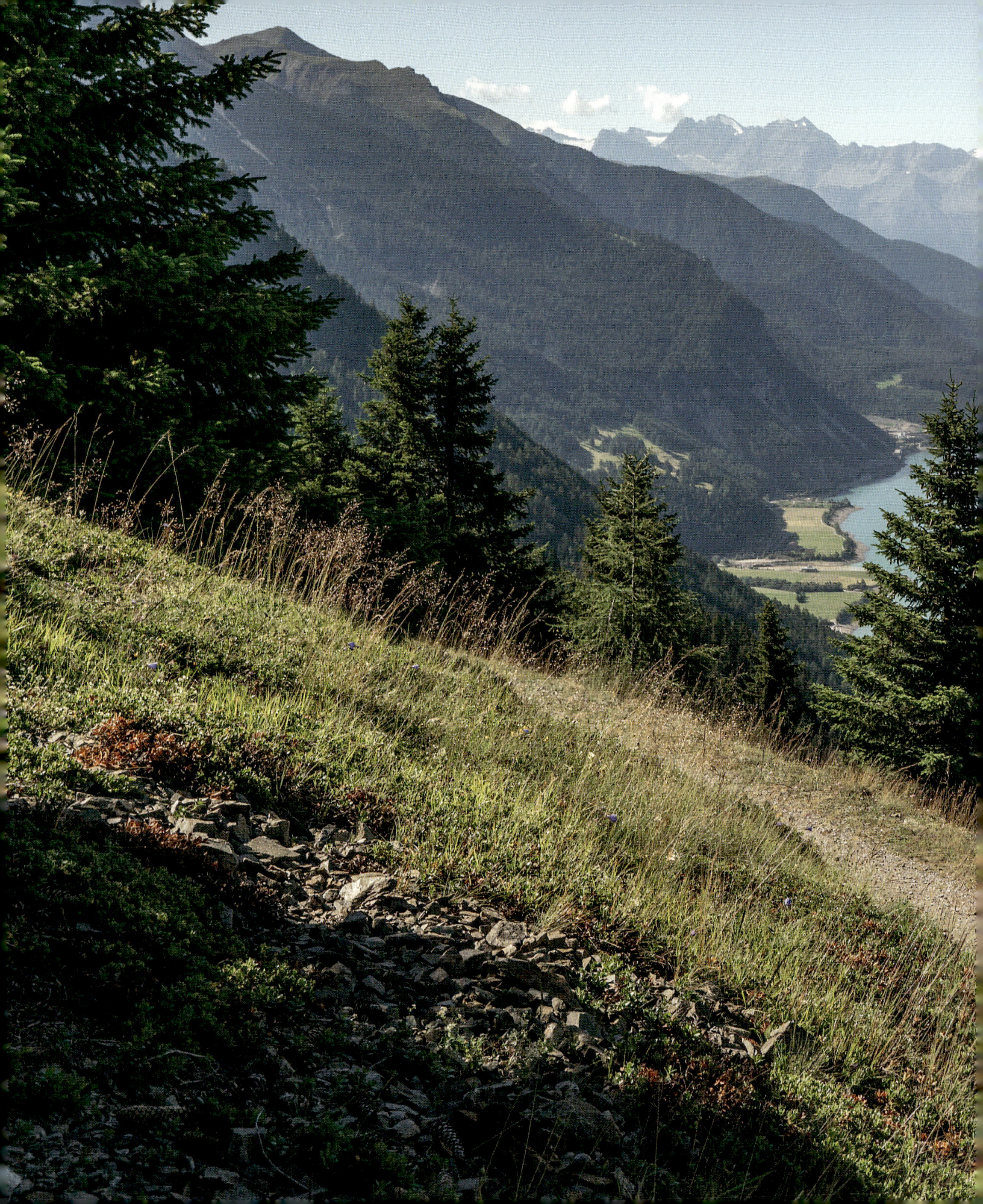

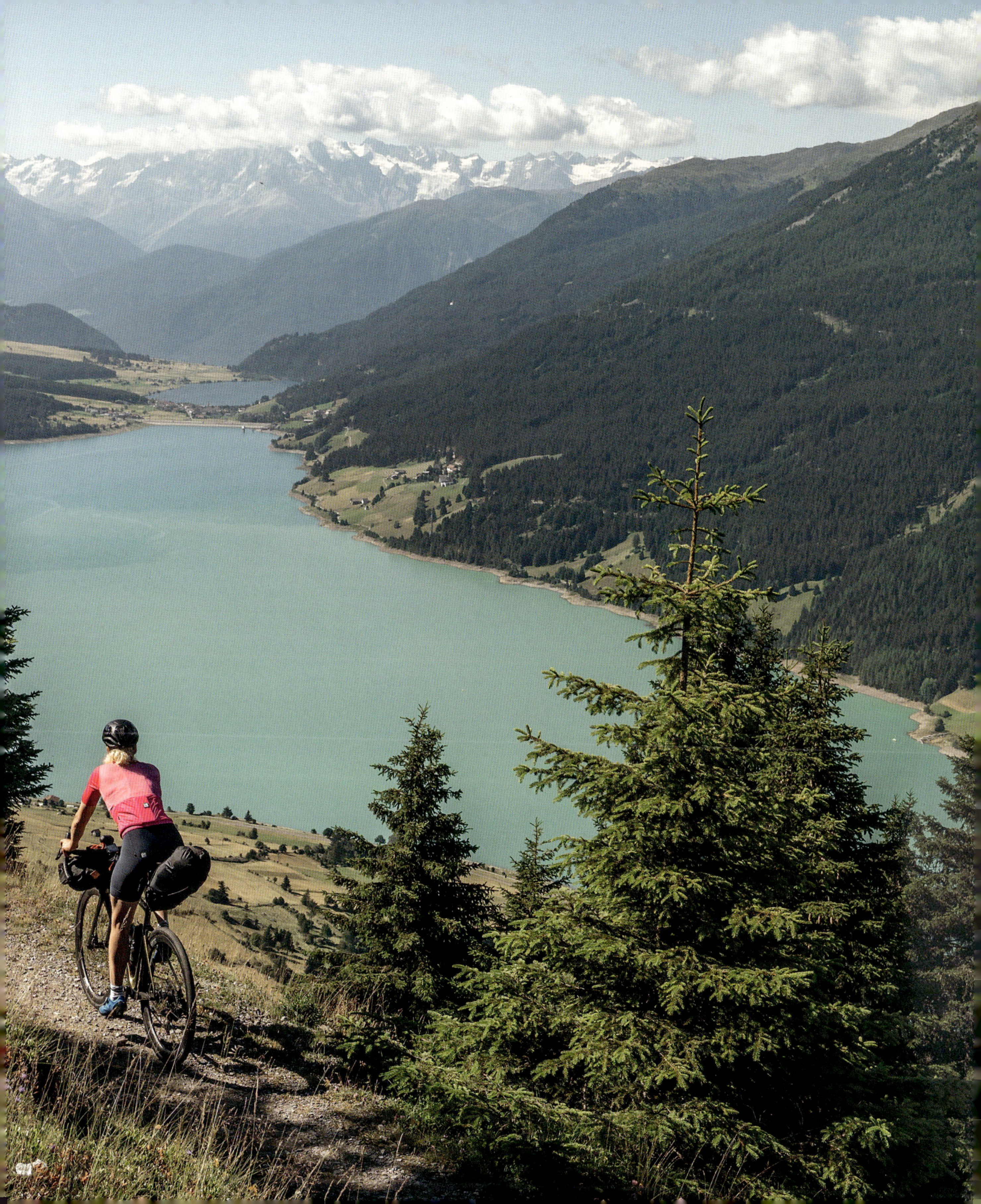

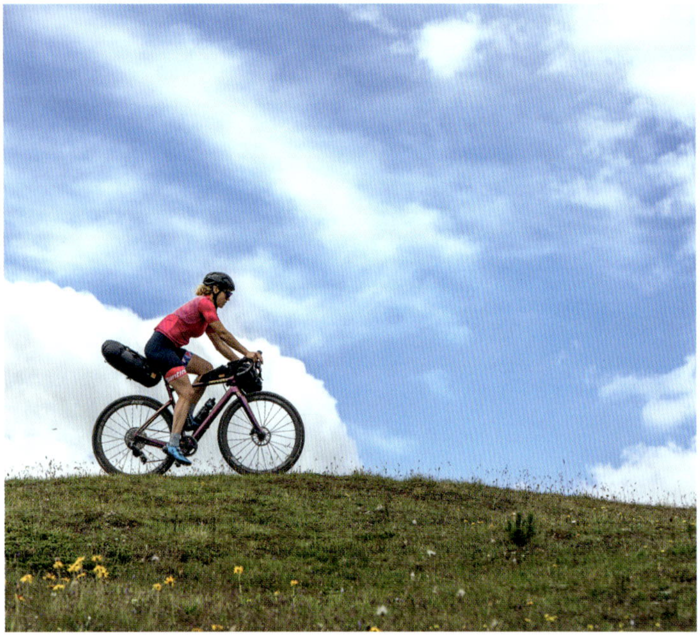

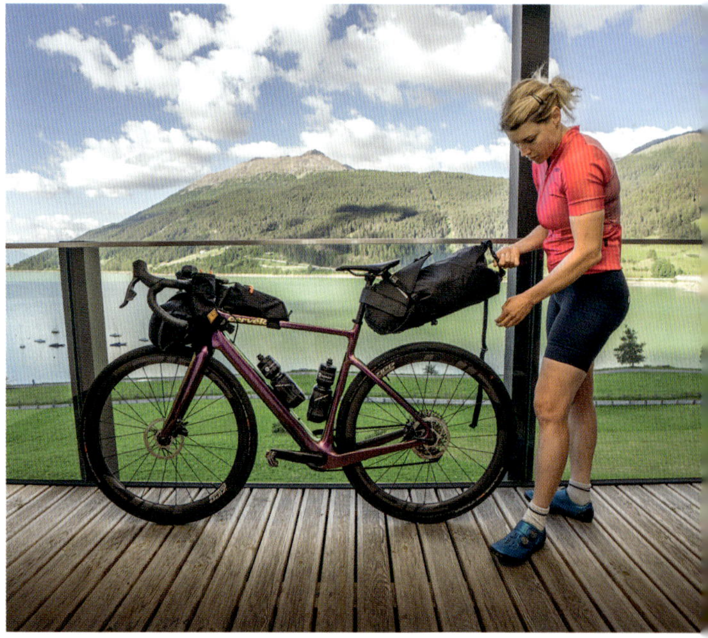

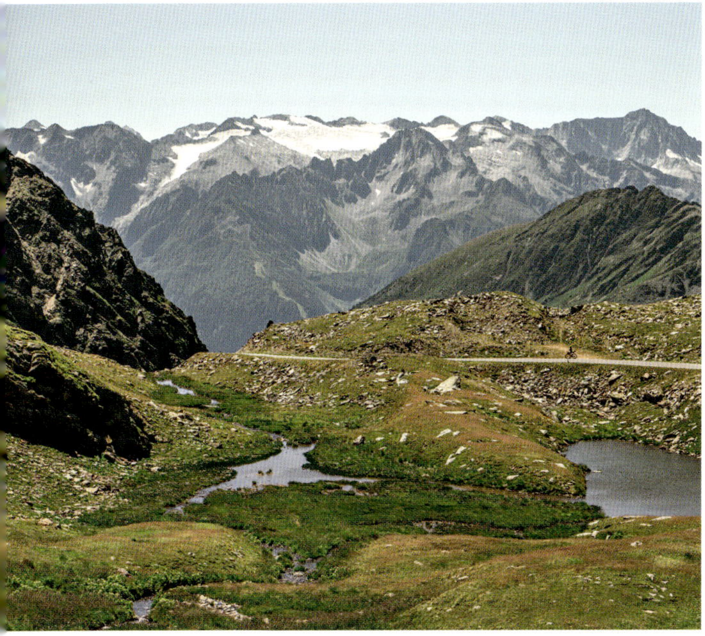

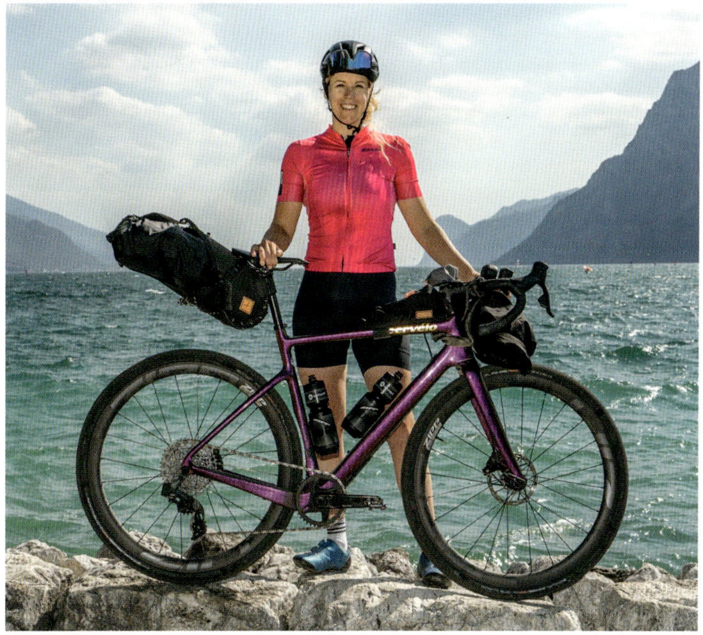

70 KAPITEL 3

MEINE GRAVEL-TRANSALP

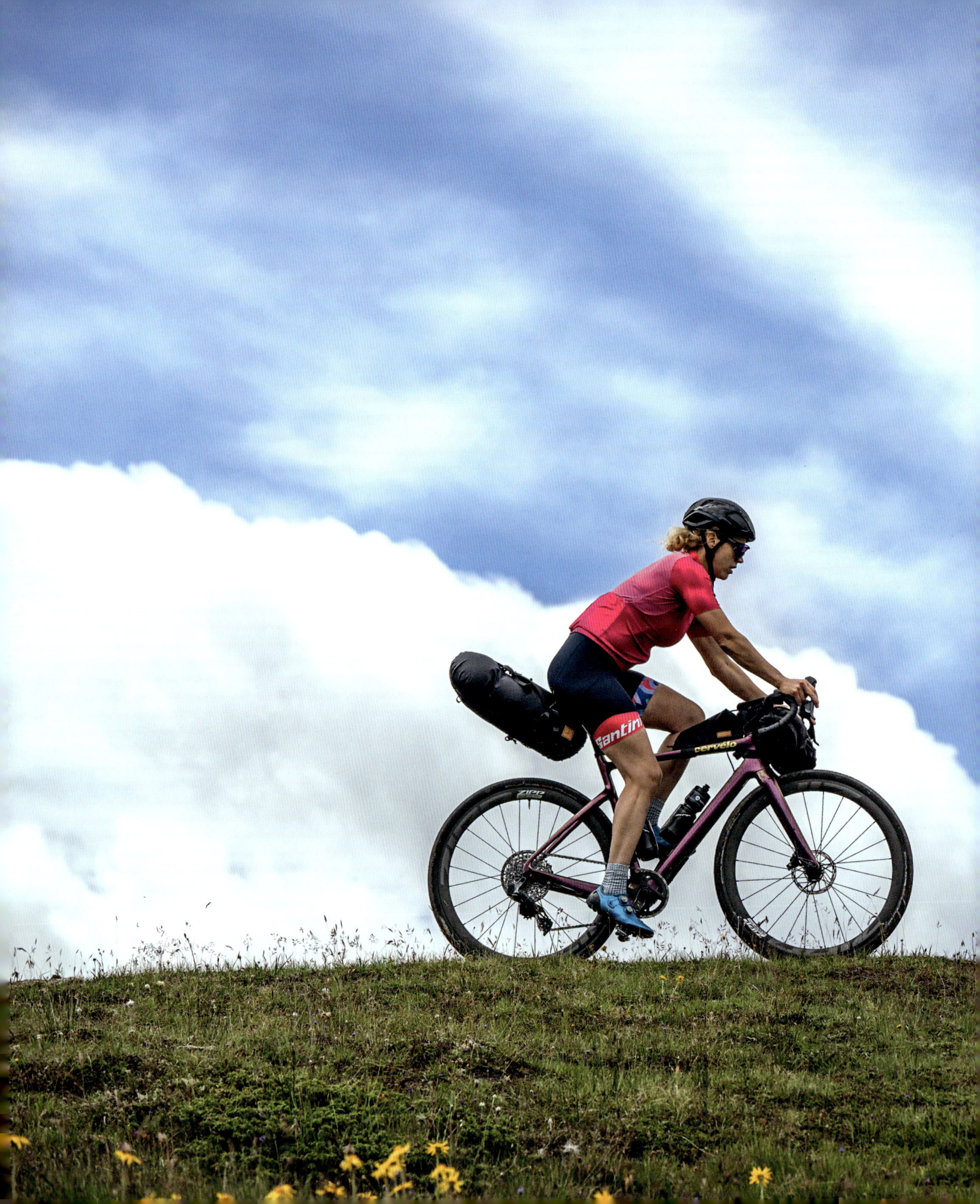
Santini
cervélo

KAPITEL 1
FASZINATION GRAVEL

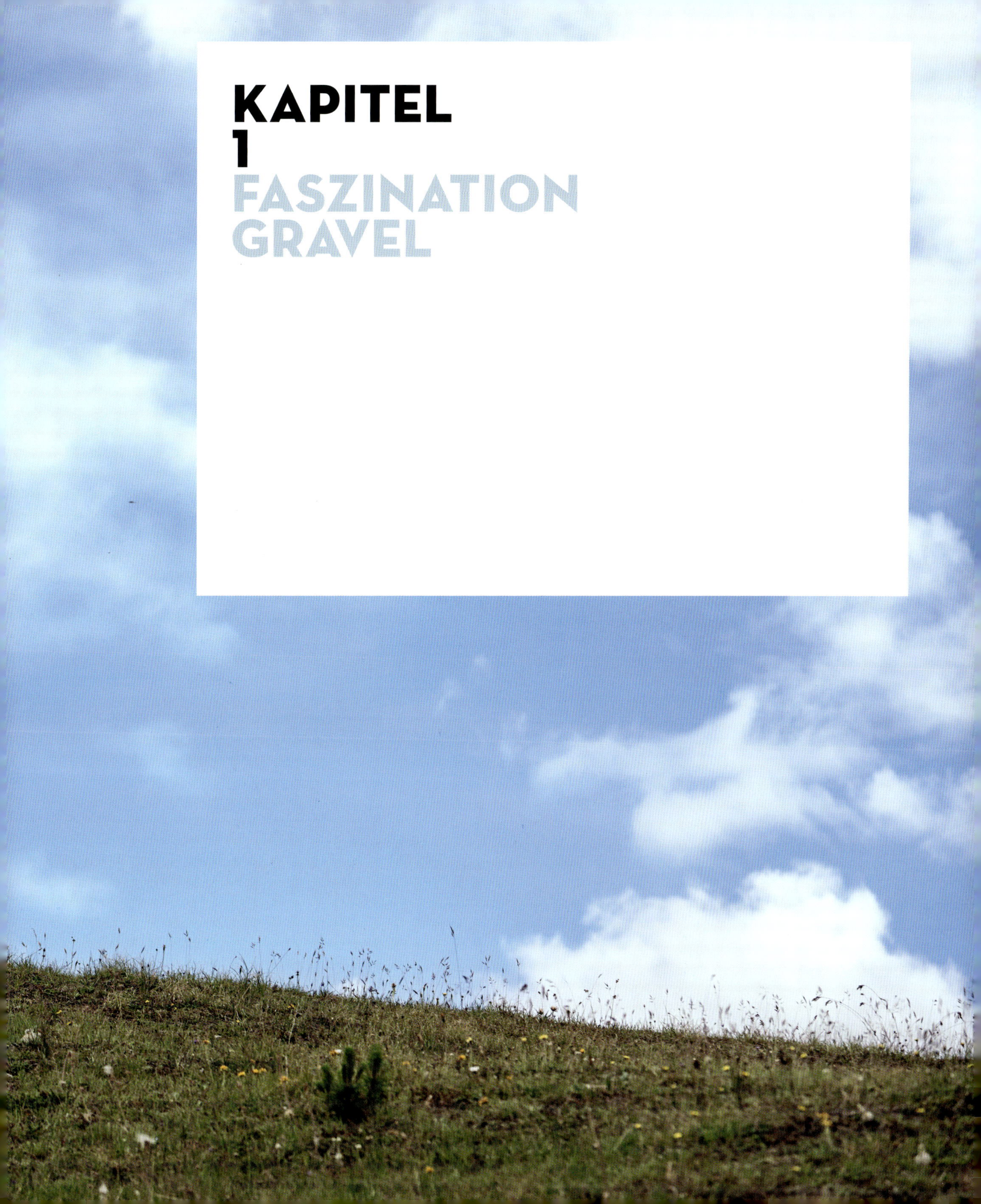

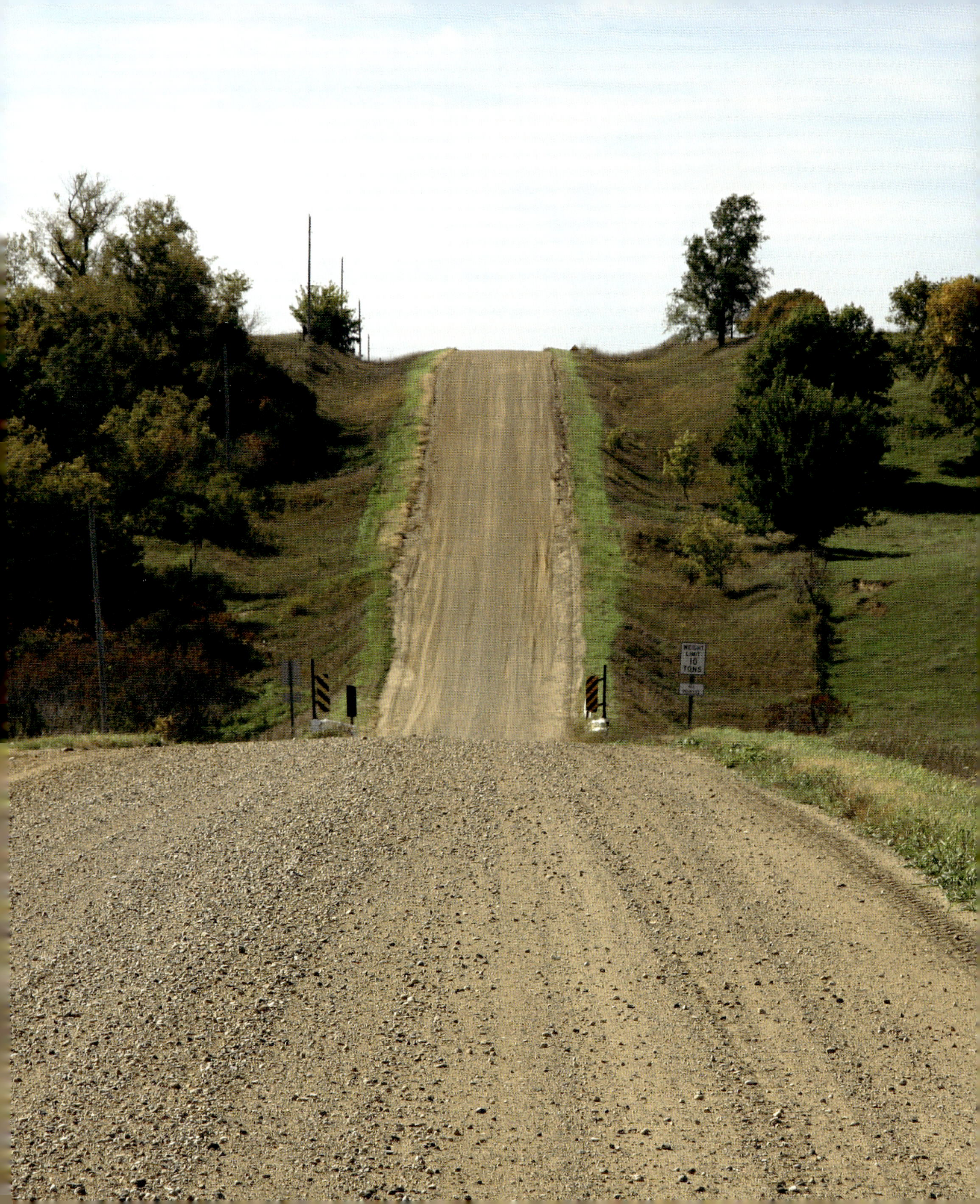
WEIGHT LIMIT 10 TONS

EINLEITUNG

2:00 Uhr morgens irgendwo in Iowa, USA. Keine Häuser oder andere Gebäude um uns herum. Nur Maisfelder und der ein oder andere Bauernhof.

Es ist stockdunkel. Nur unsere Lampen am Fahrrad geben uns genügend Licht, um auf dem Weg zu bleiben. Wir sind fünf Fahrer. Ich kannte keinen von ihnen vor diesem 500-Kilometer-Gravel-Rennen. Es ist mein erstes Langdistanzrennen, vorher bin ich maximal 160 Kilometer gefahren. Ein Freund hat mich davon überzeugt, dass ich doch einmal dieses Rennen fahren sollte. Sobald sich etwas verrückt anhört, legt sich ein Schalter bei mir um und ich muss einfach Ja sagen.

So auch bei diesem Event. Und nun bin ich hier. Mitten in der Nacht versuchen wir fünf uns durch den Iowa-Gravel zu navigieren. Wir haben 350 Kilometer Strecke in den Beinen und wir sind müde. Tom schläft zeitweise auf dem Rad ein und wacht erst kurz, bevor er die Balance verliert, wieder auf. Wir fahren, seit es dunkel ist, zusammen. Am Anfang haben wir uns mit viel Enthusiasmus Geschichten erzählt. Aber jetzt ist es still geworden. Keiner redet mehr. Man hört die Reifen über den Schotter fahren. Alle sind erschöpft. Ich wurde vor der Zeitspanne zwischen 2:00 und 4:00 Uhr nachts gewarnt. Das ist die Zeit, wo man am liebsten aufgibt. Aber wenn man Gesellschaft hat, ist es einfacher, weiterzufahren.

Alex löst die Stille auf und spricht mehr zu sich als zu uns: »Ich hätte gerade so richtig Lust auf Pizza.« Kurze Stille, dann antwortet Steve: »Du wirst es nicht glauben, aber ich habe eine in meinem Trikot. Lass uns noch zehn Meilen fahren, dann teilen wir sie, okay?« Die Müdigkeit verfliegt, und es kommt wieder Leben in die Gruppe. Unglaublich, was ein zermatschtes, labbriges Stück Pizza

Lange gerade Schotterstraßen zeichnen den Mittleren Westen der USA aus – ideal für abenteuerliche Graveltouren und -rennen.

auslösen kann. Mit antizipierender Freude auf mein Stückchen Pizza schaue ich nach oben zum Himmel. Ein Wahnsinns-Sternenhimmel. Hier ist alles so dunkel, dass nichts die Sicht beeinträchtigt.

Ich weiß nicht wirklich, wo genau ich bin. Eine Regel dieses Gravel-Rennens ist, dass man nicht mit GPS navigiert, sondern mit ungefähr 100 auf ein Papier gekritzelten Richtungsanweisungen. Ein kleines Abenteuer mitten in der Natur: Es ist stockduster, ohne Verkehr und der Antrieb nur durch die eigenen Beine. Ein Erlebnis für alle Sinne und ein Moment, den man im Alltag niemals erleben würde. Man ist weg von der Zivilisation, von den alltäglichen Problemen und vom gesellschaftlichen Druck. Das Leben ist plötzlich ganz einfach geworden, reduziert aufs Radfahren, Essen und Trinken. Genau das reizt mich daran.

Ich bin über Umwege zum Graveln gestoßen. Nach dem Abitur bin ich mit einem Volleyball-Stipendium in die USA gezogen. Sport war schon immer ein wichtiger Teil meines Lebens. Nachdem ich vier Jahre für ein College gespielt habe, bin ich zum Adventure Racing gestoßen. Adventure Racing ist eine Team-Ausdauersportart mit den Hauptdisziplinen Laufen, Mountainbiken und Paddeln. Die Routen verlaufen entlang Checkpoints, zwischen denen sich die Teams selbstständig mit topografischer Karte und Kompass orientieren müssen, GPS ist nicht erlaubt. Ich habe mich auf 24- bis 48-Stunden-Rennen konzentriert, aber relativ schnell festgestellt, dass Mountainbiken meine Lieblingsdisziplin ist. 2010 hat mir dann ein Freund ein Rennrad vor die Nase gestellt und meinte: »Ich glaube, das wird dir Spaß machen.« Mein erster Gedanke: »Einfach nur so die Straße entlangfahren, ist doch bestimmt langweilig.« Aber als ich dann während meiner ersten Gruppenausfahrt nach fünf Kilometern abgehängt wurde, war mein Kampfgeist erwacht – nicht so sehr mit dem Ziel, zu gewinnen, sondern nicht hinten aus dem Peloton zu fallen. Aus einer Ausfahrt pro Woche wurden schnell sechs, aus 20-Kilometer-Touren wurden 100 Kilometer. Mehr und mehr konnte ich mit den anderen mithalten, bis ich es dann ganz geschafft hatte. Ich bin jede Gruppenfahrt, die angeboten wurde, gefahren und konnte in den schnellen Pulk wechseln.

Trotz fehlendem Coach und Trainingsplan erreichte ich nach einem Jahr ein so gutes Level, dass ich mich zwischen einer Karriere bei der Weltbank und einer als Radprofi entscheiden musste. Da in den USA das große Ziel ist, in Europa Rennen zu fahren, habe ich mich für Teams in Deutschland beworben und kam in das Bundesliga-Team in Stuttgart. Innerhalb kurzer Zeit habe ich allerdings festgestellt, dass es nichts für mich war. Zu viele Stürze musste ich anschauen, und der Aggressivität innerhalb des Pelotons fühlte ich mich nicht gewachsen.

Ich hatte mich vorher nie ernsthaft gefragt, was mir am Radfahren so viel Spaß macht. Offensichtlich war es nicht der Wettkampf. Es war das Zusammensein mit Freunden, die spontanen Ortschildersprints sowie der Kaffee danach und das Entdecken neuer Plätze. Das alles noch ohne Autos und auf jedem Belag: Das wäre das ultimative Radfahren! Und dann hat mir ein Freund von dem Gravel-Rennen in Iowa erzählt.

Im Mittleren Westen der USA bestand Graveln darin, kilometerlang Schotterwege entlangzufahren. Technisch wurde es auf sandigem Untergrund und unangenehm auf

Graveln
bedeutet für mich: weg von großen Straßen, rein in die Natur. Bereits nach ein paar Hundert Metern nach dem Start der ersten Etappe fand ich mich auf wunderschönen Schotterwegen wieder.

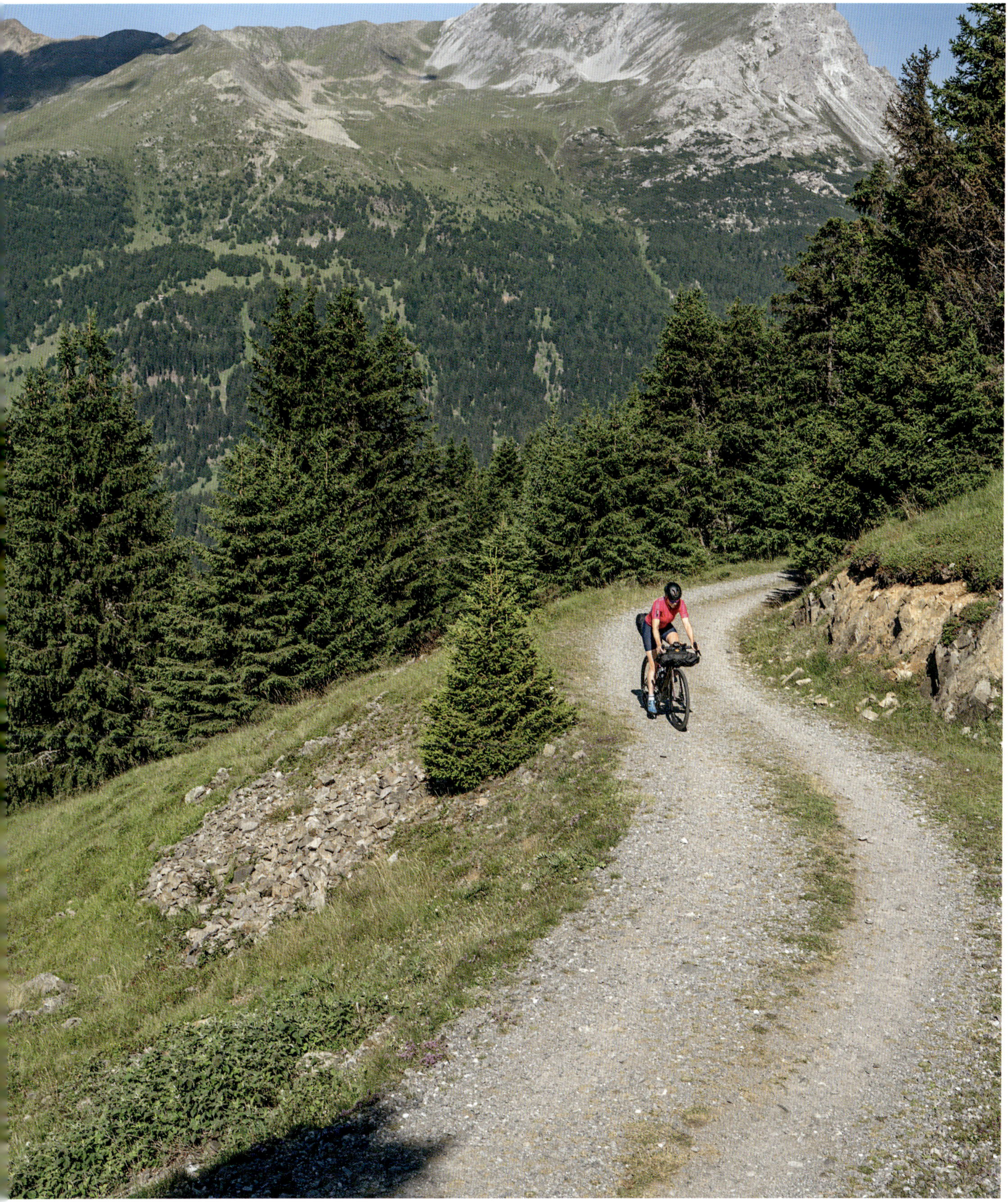

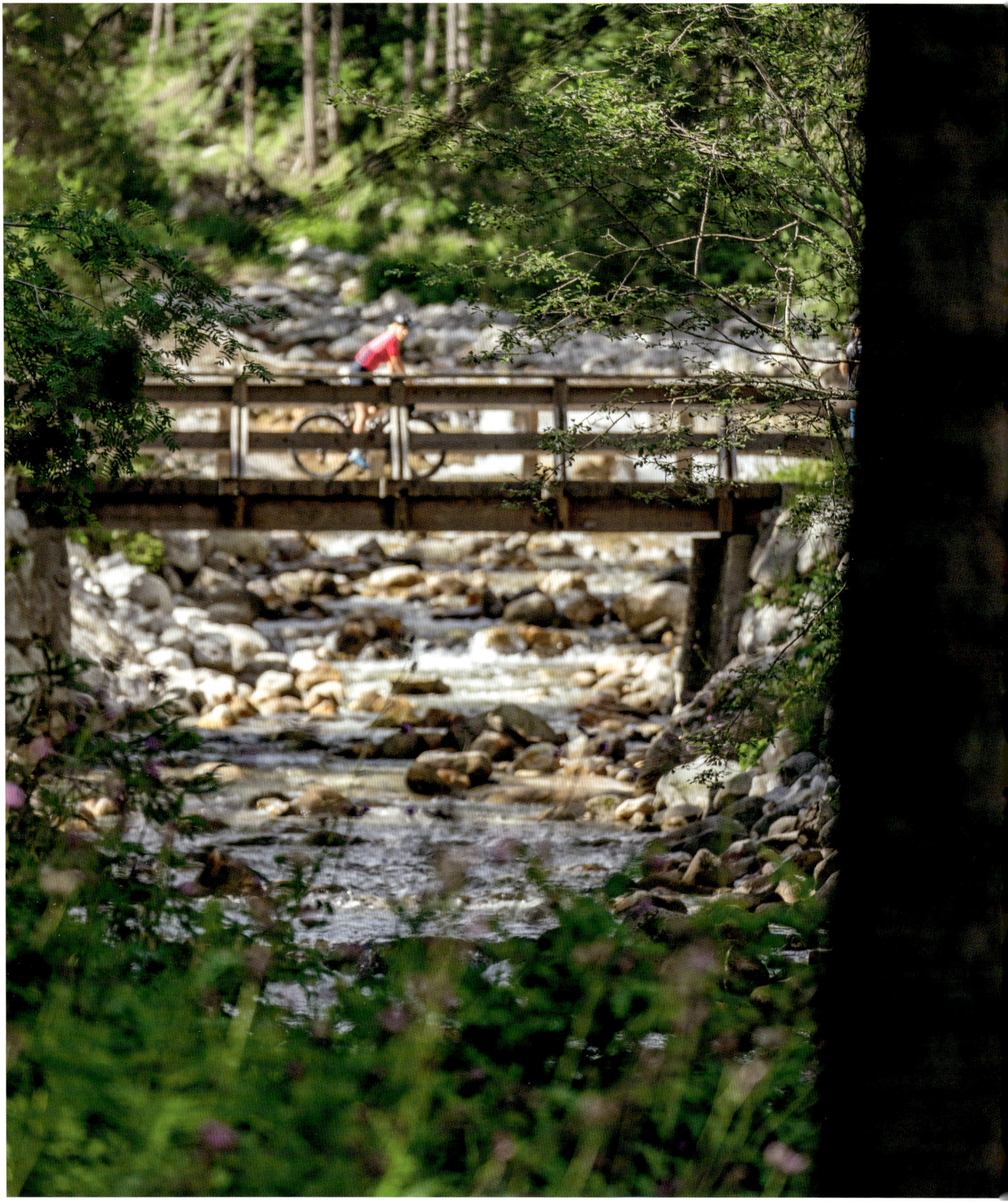

»

Am Ende zählt der Spaß, und es gibt für jeden etwas: von geschmeidigen, feinkörnigen Gravel-Strecken bis zu 20-prozentigen steinigen Abschüssen. Für mich steht das Erlebnis im Vordergrund, das Abenteuer, die Natur, das Entdecken.

«

den »Waschbrett-Passagen«. Das war meine Definition von Graveln.

Über einen zweijährigen Umweg über Australien verschlug es mich 2017 nach Spanien. Als Graveln in den USA schon lange und inständig gelebt wurde, gelangte es erst in den letzten Jahren nach Europa und steckte noch in den Kinderschuhen. Anfangs begnügte ich mich also mit Rennradfahren, bis der Gravel-Trend langsam Europa erreichte. Als ich dann von einem der ersten Gravel-Events in Spanien hörte, wollte ich dabei sein. Meine Erwartung, dass Graveln hier so ähnlich sein würde wie in Minnesota, Iowa oder Kansas, erfüllte sich nicht. Anstatt hohe Geschwindigkeit auf flachen, geraden, relativ angenehmen Gravel-Straßen zu fahren, fand ich mich in steilem, sehr schwer zugänglichem Terrain wieder, das meine bescheidenen Mountainbike-Fähigkeiten schnell an ihre Grenzen brachte. In dieser Sturm-und-Drang-Zeit des Gravelns in Europa interpretierten Veranstalter und Teilnehmer von Portugal bis Tschechien den neuen Sport auf ihre Weise. Das war auch für mich ein interessantes Erlebnis, und ich musste meine Skills erweitern. Am Ende zählt der Spaß, und es gibt für jeden etwas: von geschmeidigen, feinkörnigen Gravel-Strecken bis zu 20-prozentigen steinigen Abschüssen. Für mich steht das Erlebnis im Vordergrund, das Abenteuer, die Natur, das Entdecken.

Auf dem Weg nach Madonna di Campiglio, während meiner 5. Etappe, schlängelt sich der Weg entlang des Torrete Meledrio.

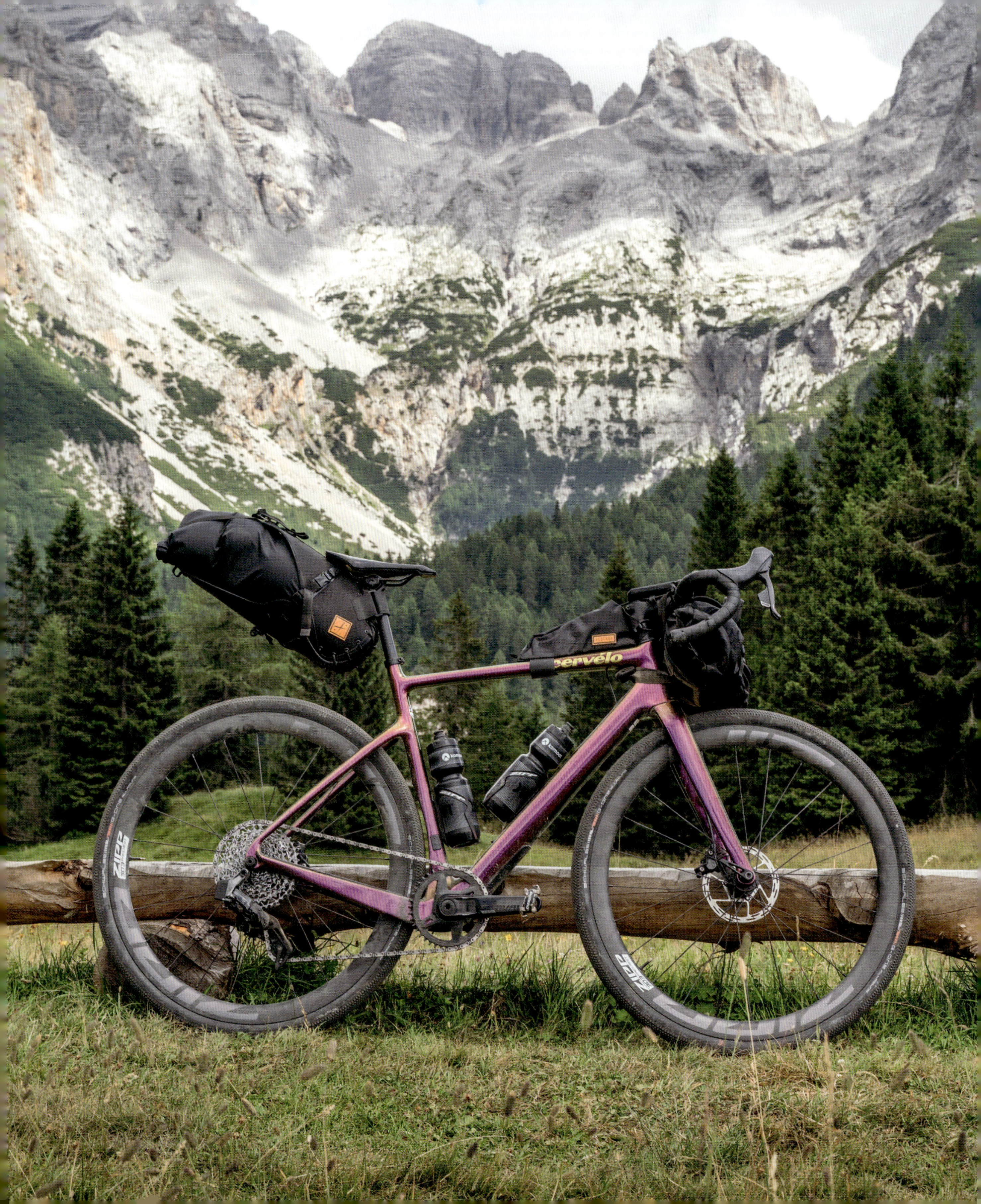
cervélo

DIE BESONDERHEITEN EINES GRAVELBIKES

Wenn man heute auf die große Auswahl an Fahrrädern schaut, kann man schnell den Überblick verlieren. Welches Rad ist für welchen Zweck gedacht, und wie unterscheiden sie sich eigentlich?

Das oben erwähnte 500-Kilometer-Trans-Iowa-Rennen bin ich 2013 gefahren. Zu dieser Zeit gab es noch keine Gravelbikes. Ich war mit einem Cyclocrossrad unterwegs, andere mit einem Hardtail. Beides ist möglich, aber man gelangt schnell an seine Grenzen.

HEUTIGE GRAVELBIKES ZEICHNEN SICH DURCH FOLGENDE EIGENSCHAFTEN AUS:

RAHMEN

Wenn man sich den Rahmen eines Gravelbikes anschaut, sieht es auf den ersten Blick aus wie ein Rennrad, aber der »Teufel« steckt im Detail. Die Geometrie des Gravel-Rads ist ausgelegt auf Komfort. Im Vergleich zum Cyclocrossbike ist der Radstand, also die Distanz zwischen den beiden Laufrädern, länger. Das führt zu mehr Stabilität und mehr Komfort, da Vibrationen besser absorbiert werden. Zudem sitzt die Kurbel im Vergleich tiefer, damit liegt der der Schwerpunkt tiefer, und somit sitzt man stabiler auf dem Rad – das ist vor allem mit zusätzlichem Gepäck und Gewicht vorteilhaft. Das erweist sich auch für lange Stunden im Gegenwind als entscheidender Vorteil. Weiterhin ist die Gabel breiter als beim Rennrad, was nicht nur breitere Reifen erlaubt, sondern auch dafür sorgt, dass der Schlamm nicht zwischen Gabel und Reifen stecken bleibt. Durch den steileren Winkel des Sitzrohrs sitzt man auf dem Gravelbike weiter vorn als beispielsweise beim Rennrad.

Der Rahmen ist mit mehr Löchern versehen, die für Taschen, Flaschenhalter und andere Extras gedacht sind. Zusätzlich zur

Mein Gravelrad der Wahl auf dem Passo Bregn da l'Ors: das Cervélo Áspero 5.

Standardbelochung auf der Innenseite des Sitzrohres und Unterrohres gibt es, je nach Rahmen, auch Belochung auf dem Oberrohr (für Taschen), an den Seiten der Gabel (für Flaschenhalter), unterhalb des Unterrohrs (mehr Flaschenhalter) oder der Sitzstrebe (z. B. für Schutzbleche). Wer unabhängig und abseits der Straße und Zivilisation unterwegs sein will, versorgt sich selbst und braucht dementsprechend Platz für Verpflegung oder Zelt und Schlafsack. Mit den Extrahalterungen für Packtaschen kann das Gepäck dann gut fixiert werden.

LENKER

Beim Rennradfahren geht es um Tempo und damit um Aerodynamik. Der Rennlenker soll den Fahrer in eine möglichst windschnittige Position bringen. Deshalb sind Rennlenker schmal, ragen weit nach vorn, und der Unterlenker ist tief abgesenkt. Jenseits der asphaltierten Straßen stellen sich andere Ansprüche an den Lenker. Komfort, Kontrolle und der Blick in die Natur erhalten eine höhere Bedeutung. Deshalb sind viele Gravelbikes mit einem speziellen Lenker ausgestattet, einem Flare Out. Der untere Teil des Lenkers ist breiter bzw. stärker nach außen gewölbt und ermöglicht somit mehr Kontrolle. Obwohl ich am Anfang kein Fan des Lenkers war, weiß ich seine Vorteile mittlerweile zu schätzen.

ÜBERSETZUNG

Wie viel Gänge und wie klein oder groß müssen sie sein? Es gibt viele Theorien und Diskussionen zu diesem Thema. Der große Vorteil des One-by (also nur ein Kettenblatt anstatt zwei) ist, dass weniger kaputtgehen kann und man trotzdem die ganze Bandbreite an Gängen hat. Wer kleine Gänge fahren möchte, dem empfehle ich die SRAM-Mullet-Übersetzung. Sie hat ein Kettenblatt mit 40 Zähnen und eine 10-50T-Kassette. Das heißt ausreichend kleine Gänge, mit denen man wesentlich mehr Spaß in sehr steilem Terrain hat und die Hike-a-Bike-Passagen minimiert.

LAUFRÄDER

Das ZIPP 303 Firecrest ist meine erste Wahl für meine Gravel-Transalp. Es ist ein leichtes Allrounder-Laufrad, mit dem man alles fahren kann. Das Felgenbett macht die Reifenmontage einfach, da man ohne Werkzeuge auskommt. Die Innenmaulweite von 25 Millimeter sorgt für geringen Rollwiderstand, da die Reifen breit auf den Felgen sitzen, mehr Volumen und einen geringeren Luftdruck haben. Das Fahrgefühl ist sehr angenehm, da die Reifen und nicht der Fahrer die Vibrationen des Untergrunds aufnehmen.

REIFEN

Die Reifenbreite bei einem Rennrad liegt etwa zwischen 23 und 25 mm. Bei meinem Cyclocrossbike, mit dem ich unter anderem das Trans-Iowa-Rennen gefahren bin, konnte ich eine maximale Reifengröße von 35 mm aufziehen. Jetzt fahre ich mit meinem Cervélo Áspero 5 eine komfortable 40 Millimeter Reifenbreite. Wenn ich mit anderen Gravellern unterwegs bin, ist die Reifenspanne buchstäblich riesig: Sie reicht von 35 Millimeter über 45 Millimeter bis 50 Millimeter. Es hängt immer sehr vom Terrain, der Distanz und dem Anspruch an Komfort ab. Wer gern gemütlich und komfortabel unterwegs ist, der wählt breitere Reifen, für schnelle und technisch sichere Fahrer reichen die 35 Millimeter. Je nach Untergrund fahre ich verschiedene Reifen von Schwalbe.

Ich bin auf tubeless umgestiegen, bei dem die Reifen mit Dichtmilch und hoher Kompression aufgeblasen werden. Die Dicht-

Der Flare-out-Lenker ermöglicht mir mehr Kontrolle auf dem Rad und bietet ausreichend Platz für die Lenkertasche. Die Kette will vor dem Start geölt sein.

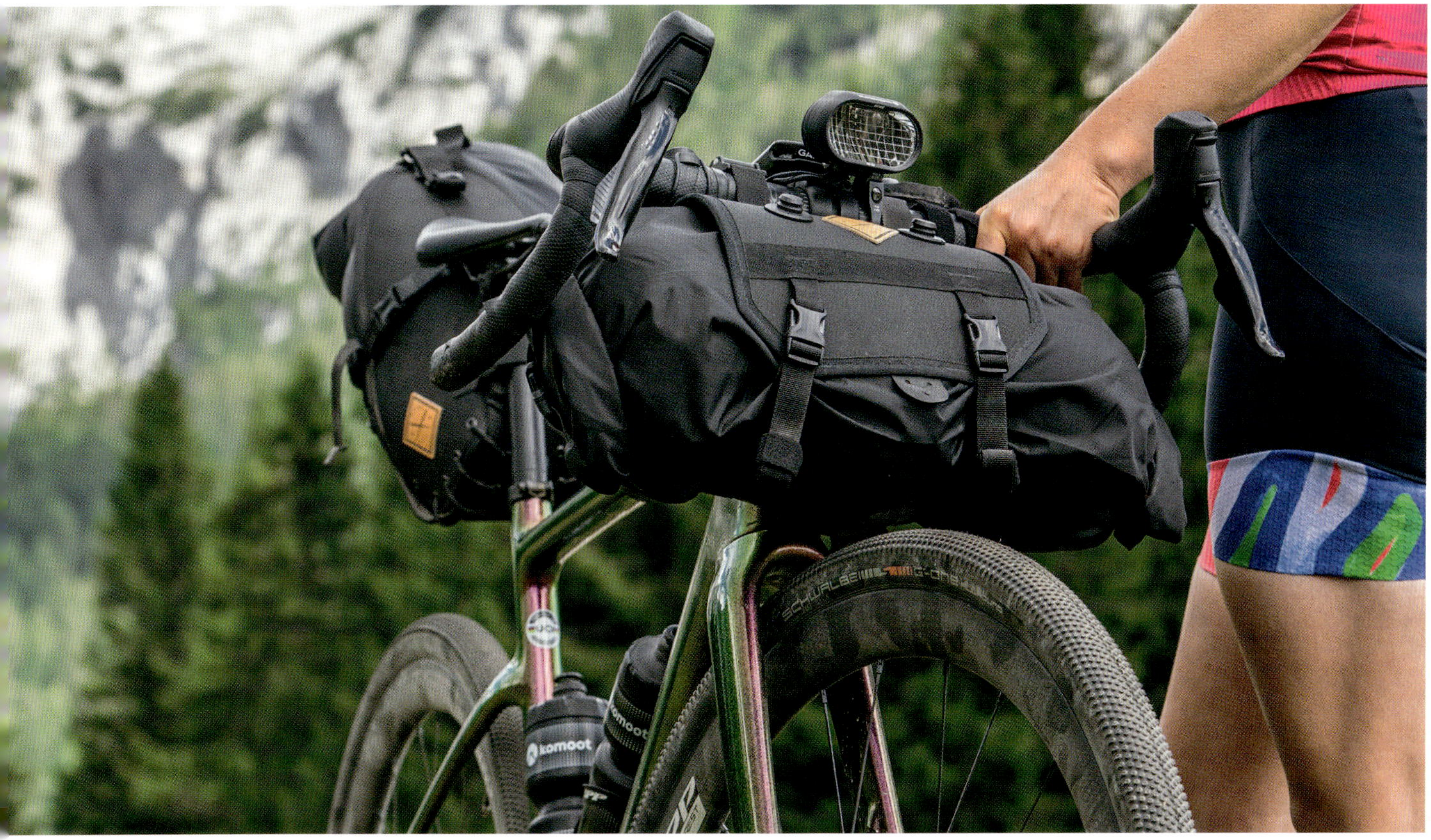
komoot

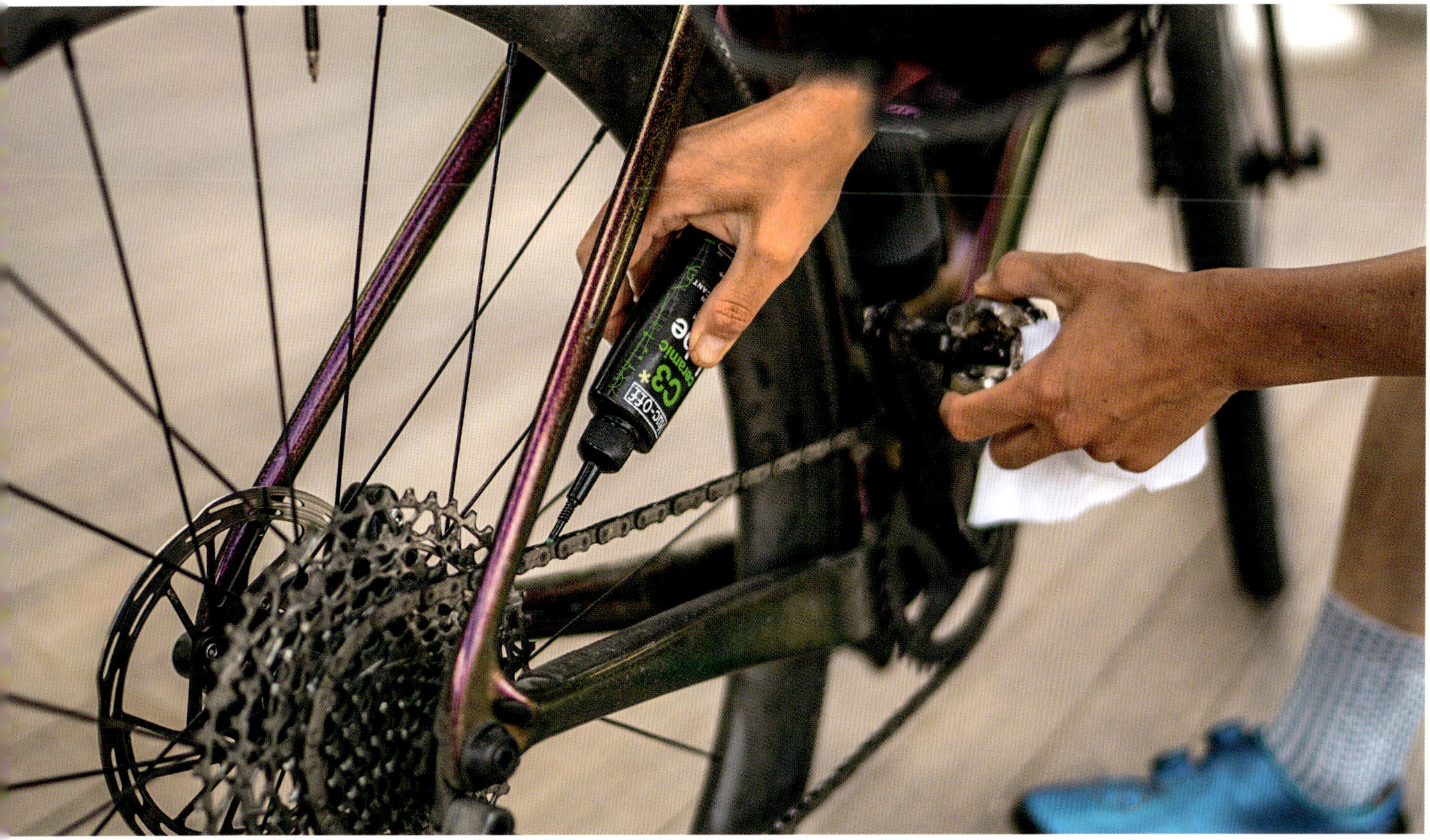

»

Scheibenbremsen haben sich auch am Gravelbike durchgesetzt. Ich bin ein großer Fan von Scheibenbremsen, da, egal, durch wie viel Schlamm oder Wasser ich fahre, ich meinen Bremsen immer vertrauen kann.

«

milch bezweckt, dass der Reifen luftdicht wird, wenn ein Dorn oder andere Einstiche in den Reifen gelangen. Ein weiterer Vorteil ist, dass man auch mit weniger Druck unterwegs sein kann, ohne dabei einen Platten zu riskieren. Weniger Druck auf den Reifen bedeutet mehr Komfort. Und wenn es dann richtig steinig und unangenehm auf der Schotterpiste wird, freut man sich über jedes bisschen Extrakomfort. Auf meiner Gravel-Transalp fahre ich die Schwalbe G-One Allround, da sie, wie der Name schon sagt, sehr vielseitig sind. Da ich das Terrain nicht im Detail kenne, habe ich mich für diesen Reifen entschieden. Ich will auf jeden Fall mit etwas mehr Profil unterwegs sein als z. B. mit dem Schwalbe G-One Speed, der weniger Profil hat, aber dafür schneller ist. Die Wettervorhersage zeigt mir keinen Regen an – ein wichtiger Faktor für die Wahl des Reifens. Falls Regen vorhergesagt wäre, hätte ich Reifen mit mehr Profil gewählt, z. B. den Schwalbe G-One Bite.

BREMSEN

Scheibenbremsen haben sich auch am Gravelbike durchgesetzt. Ich bin ein großer Fan von Scheibenbremsen, da, egal, durch wie viel Schlamm oder Wasser ich fahre, ich meinen Bremsen immer vertrauen kann. Vor allem bei sehr steilen oder uneinsehbaren Passagen ist eine schnelle Bremswirkung unabdingbar.

Zudem spielt das Gewicht des Fahrrads eine große Rolle. Wie ein Lastwagen braucht ein vollgepacktes Rad starke Bremsen, um den ohnehin längeren Bremsweg so gering wie möglich zu halten.

Scheibenbremsen haben sich am Gravelbike durchgesetzt und ermöglichen es mir, wetterunabhängig und sicher unterwegs zu sein.

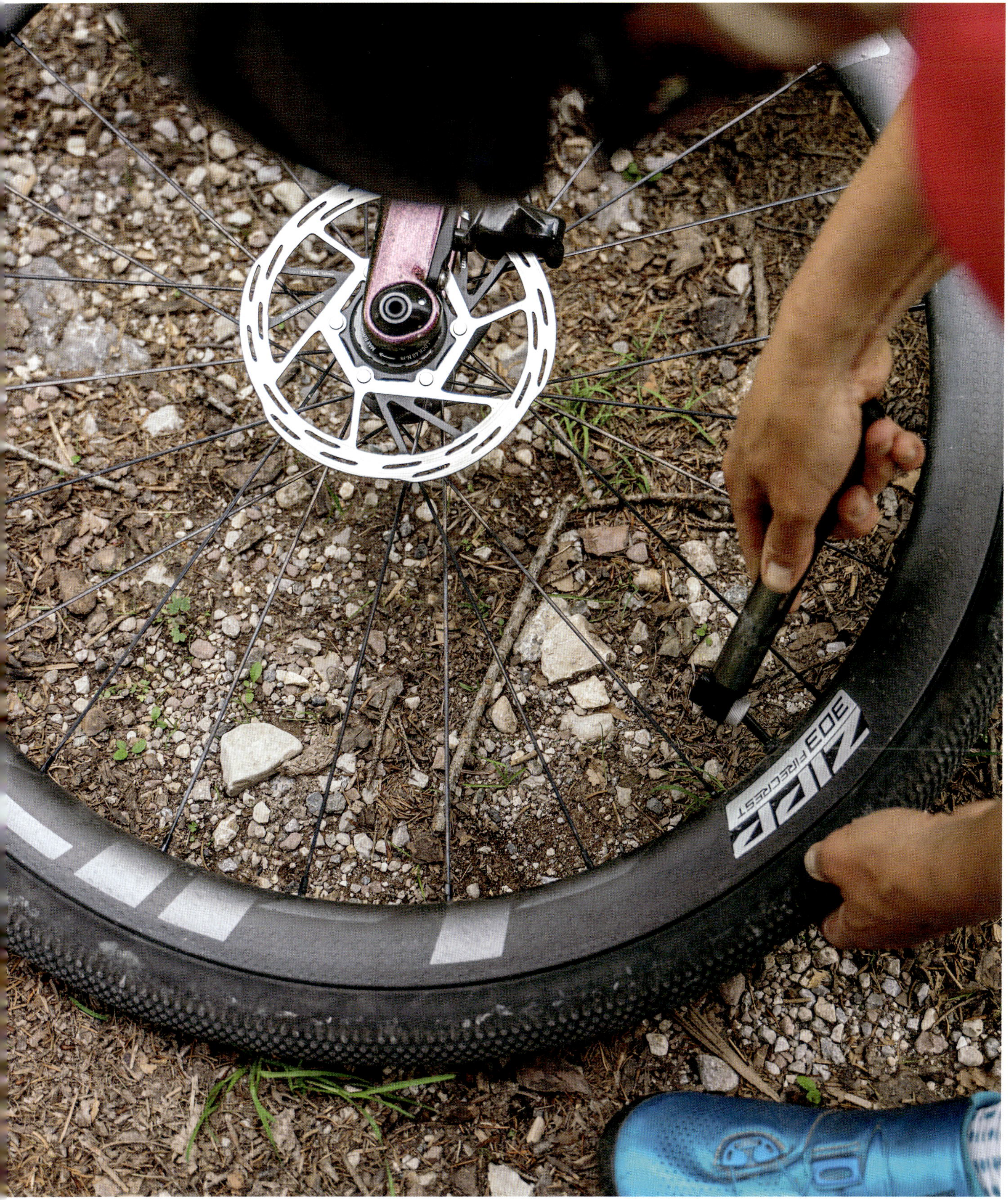
ZIPP
303
FIRECREST

KAPITEL 2

DIE VORBEREITUNG AUF EINE GRAVEL-TRANSALP

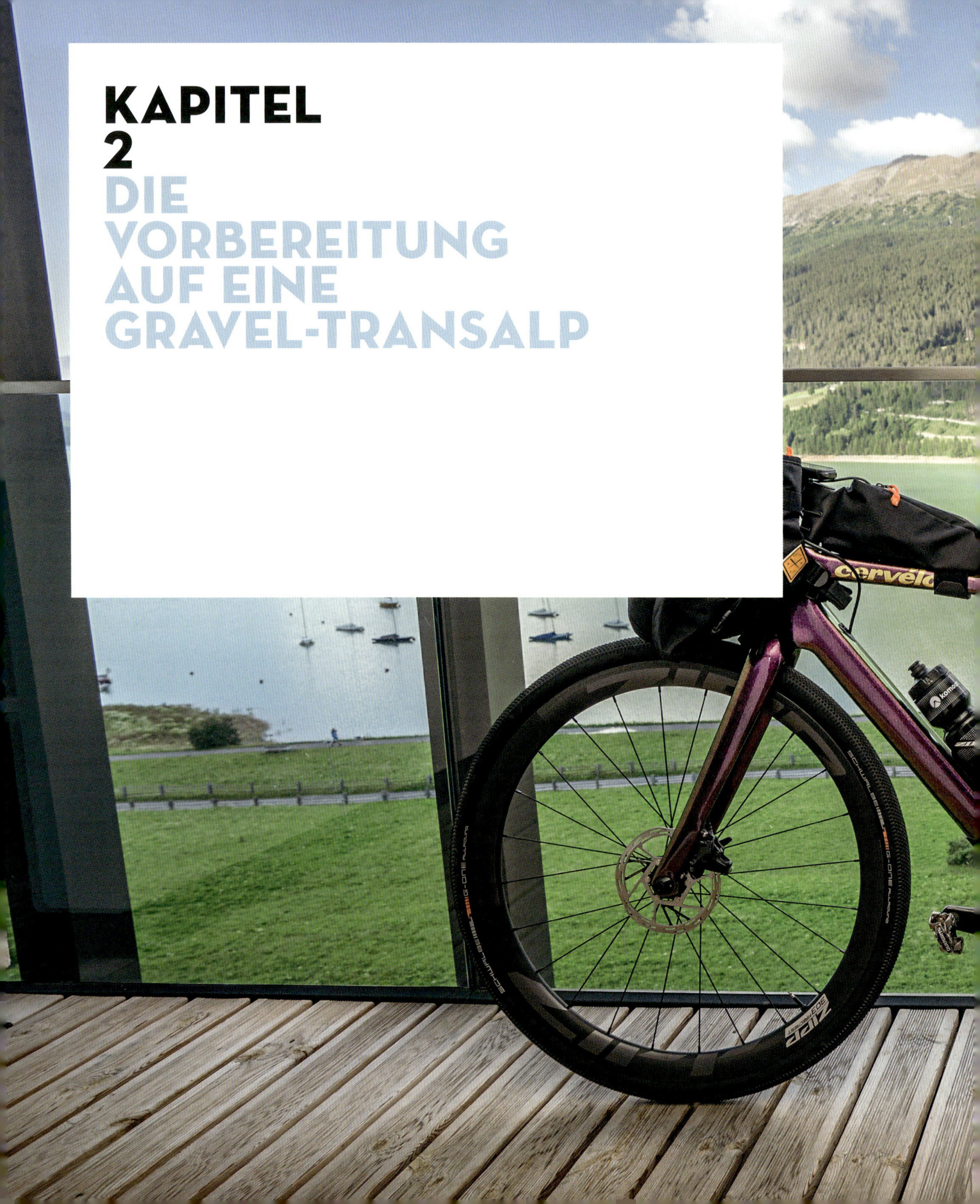

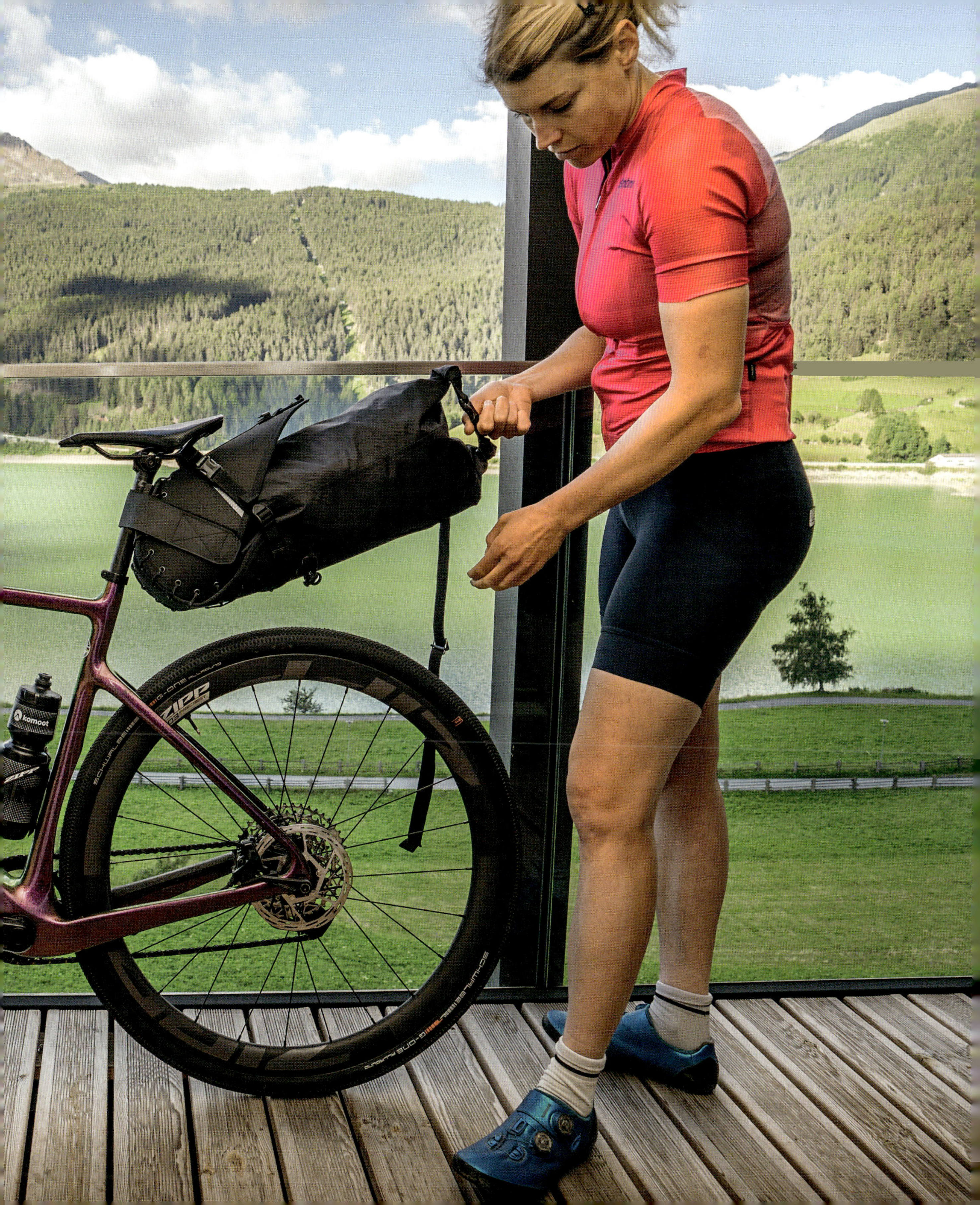
komoot

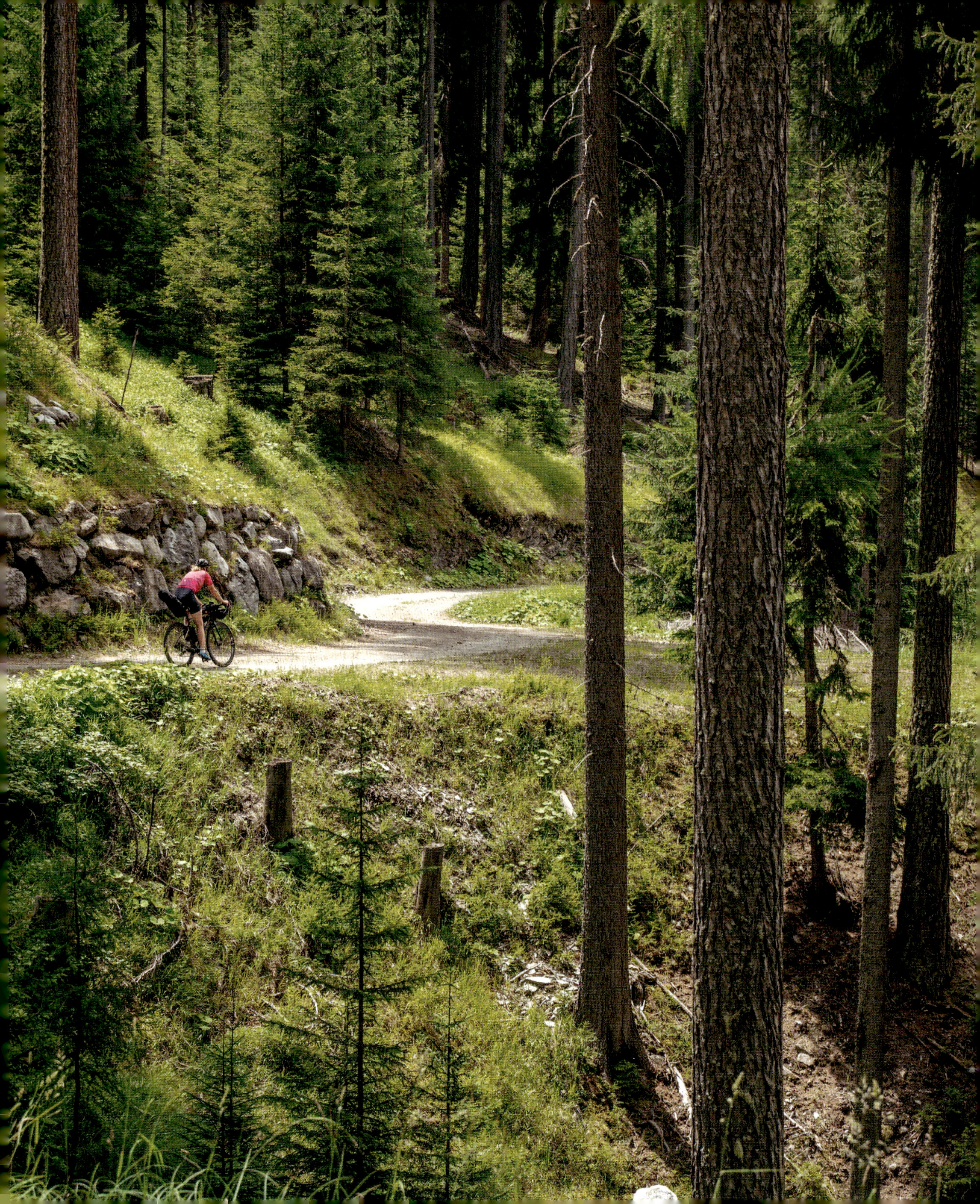

TOURPLANUNG

Wenn man zum ersten Mal eine mehrtägige Tour macht, kann das ziemlich Angst einflößend sein. Wohin fahre ich? Was nehme ich mit? Was ist, wenn mein Rad kaputtgeht? Was kann sonst noch alles passieren? Was muss ich beachten?

Viele Fragen und viel Ungewissheit. Aber das macht eine mehrtägige Gravel-Tour ja so aufregend. Zudem stellt sich die Frage: allein oder mit anderen? Das hat einen großen Einfluss auf die Vorbereitung.

Die Planung der Tour ist ausschlaggebend für alle weiteren Punkte. Wie lange soll sie gehen? Wie weit? Wohin? Zu welcher Jahreszeit? Geht es durch ein unbewohntes Gebiet oder sind immer Menschen in der Nähe?

Eine detaillierte Routenplanung im Vorfeld ermöglicht mir ein pures Naturerlebnis unterwegs – hier auf meinem Weg nach Madonna di Campiglio während der 5. Etappe.

AUSWAHL DER STRECKE

Zuerst sollte man sich folgende Frage stellen: Warum möchte ich eine Gravel-Tour machen? Suche ich nach Abenteuer? Will ich mitten in der Natur sein, weg vom Verkehr? Möchte ich ein neues Land oder eine Region erleben? Die Antworten darauf helfen, um die für mich passende Gravel-Tour zu planen.

Inspiration findet man in jedem Internet-Routenplaner und in Navigations-Apps, wie z. B. komoot. Für die bekennenden Straßenfahrer eine kleine Warnung: Gravel-Kilometer sind wesentlich härter als Straßenkilometer. Die Zeit und den Energieverbrauch betreffend, dauert die Fahrt auf Schotterwegen länger und ist anstrengender. Je unebener der Belag, desto mehr muss man in die Pedale treten. Zudem sind Anstiege auf Schotterwegen häufig wesentlich steiler als auf der Straße. Da muss man seine Körner gut einteilen.

Mein Grund für die sechstägige Gravel-Transalp ist, das zu erleben, was ich in den beiden Covid-19-Jahren so vermisst habe:

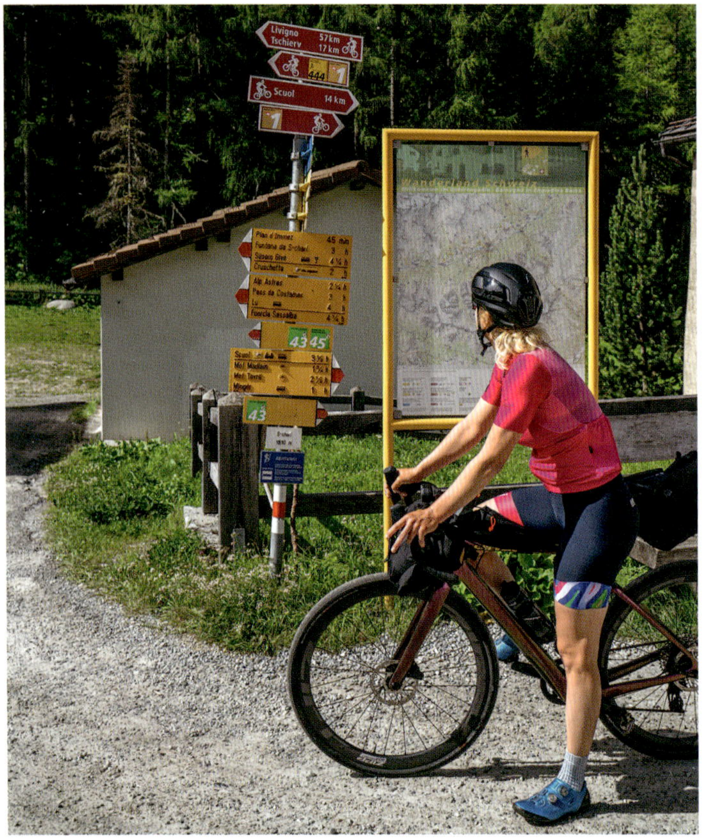
Livigno 57 km
Tschierv 17 km
Scuol 14 km

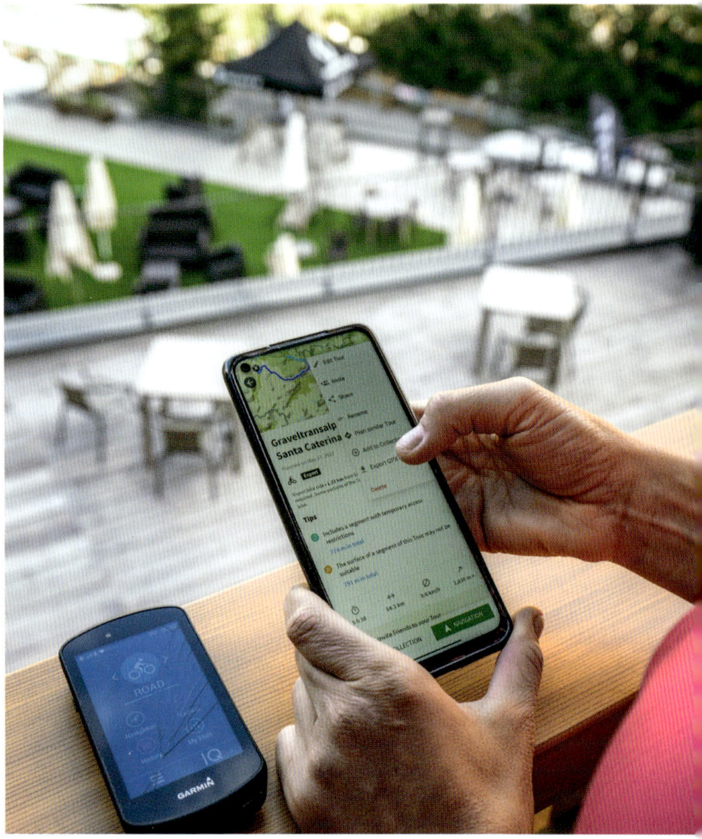
Graveltransalp
Santa Caterina
GARMIN

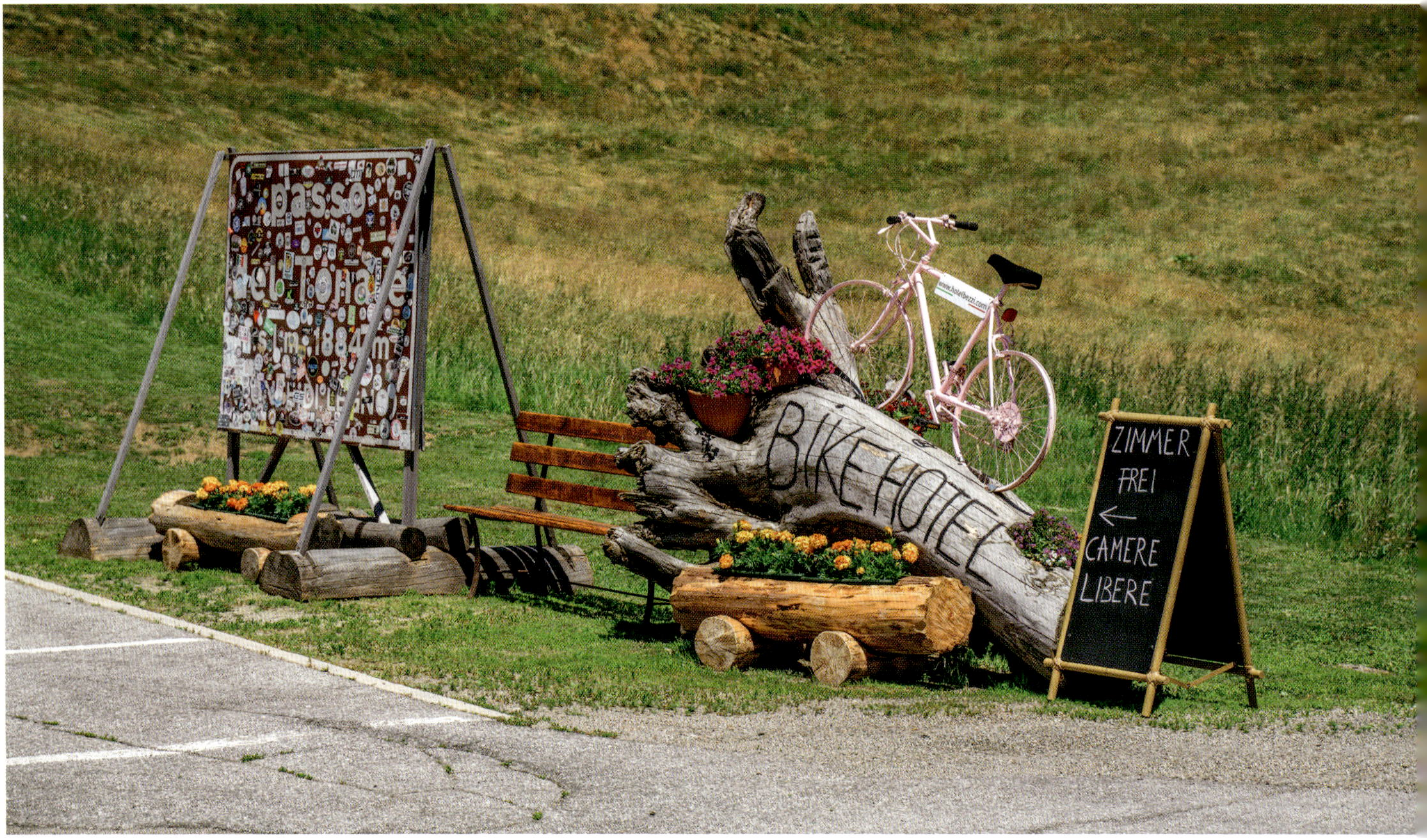
BIKEHOTEL
ZIMMER
FREI
CAMERE
LIBERE

» *Normalerweise lege ich für meine Trips immer nur ein Endziel fest, keine Zwischenziele, und eine ungefähre Zeitspanne, in der ich dieses Ziel erreichen möchte.* «

Analoge oder digitale Wegweiser: Unterwegs checke ich mit ihrer Hilfe immer wieder, ob ich noch auf der richtigen Route bin. Wer doch einmal falsch abgebogen sein sollte, kann in einem der Hotels Unterschlupf finden, die sich auf Radfahrer spezialisiert haben.

Freiheit, Abenteuer, Entdeckung und Natur. Für mich geht es nicht so sehr darum, so viele Kilometer wie möglich runterzuspulen, Strava-Segmente zu erobern oder zu Everesten, sondern um das Genießen der kleinen Momente, der Dinge, die einem so selbstverständlich erscheinen, aber selten wirklich wahrgenommen werden: der Falke am Himmel, der kleine Wasserfall am Rand oder die unglaubliche Aussicht auf das Tal, das Gefühl von Freiheit sowie die Lust auf Entdeckungen. Wenn ich einen schönen Ort zum Picknicken finde, dann halte ich an, wenn ich eine verlockende Badestelle entdecke, dann hüpfe ich vielleicht ins Wasser.

Normalerweise lege ich für meine Trips immer nur ein Endziel fest, keine Zwischenziele, und eine ungefähre Zeitspanne, in der ich dieses Ziel erreichen möchte. Für die Strecke von Toulon an der Côte d'Azur nach München habe ich beispielsweise für die 1.200 Kilometer lange Strecke fünf bis zehn Tage eingeplant. Ich wollte mir selbst keinen unnötigen Druck machen, und das Wetter war auch nicht vorhersehbar. Ich bin morgens losgefahren, und wenn ich das Gefühl hatte, jetzt ist eine gute Zeit, einzukehren, habe ich nach einer Unterkunft in der Nähe gesucht. Die Strecke bin ich dann doch in fünf Tagen gefahren, inklusive eines langen Tages mit 260 Kilometern, an dem es sich einfach gut angefühlt hat, so lange zu fahren. Da wäre es schade gewesen, in einer vorgebuchten Bleibe anzuhalten, wenn die Beine gut sind.

Die Routenplanung habe ich ähnlich gehandhabt. Ich wusste die grobe Himmelsrichtung, die mir auf meinem Fahrradcomputer

»

Mein sechstägiges Gravel-Abenteuer beginnt in Graun am Reschensee und führt über eine Panoramastrecke vom Feinsten nach Riva del Garda.

«

angezeigt wurde, und durch welche Orte ich musste – meistens bin ich aber nach Gefühl gefahren. Dieses buchstäblich planlose Fahren funktioniert aber nur dann, wenn es viele Unterkünfte entlang der Strecke gibt und die Wegbeschreibung eindeutig ist.

Für meine Gravel-Transalp plane ich alles sehr detailliert. Zum einen ist es in den Bergen unter anderem aufgrund der plötzlichen Wetterumschwünge schwieriger zu navigieren, zum anderen sind nicht überall Quartiere verfügbar. Und dann möchte ich natürlich die schönsten Routen fahren, die ich vorher mithilfe von komoot zusammenstelle. Mehr Details dazu findet ihr in Kapitel 3.

UNTERKUNFTSPLANUNG

Mein sechstägiges Gravel-Abenteuer beginnt in Graun am Reschensee und führt über eine Panoramastrecke vom Feinsten nach Riva del Garda. Da es entlang der Strecke nicht überall Übernachtungsmöglichkeiten gibt, plane ich alles schon detailliert im Voraus. Ich brauche meinen Schlaf und liebe die Erholung nach der Ausfahrt, deshalb sind meine Übernachtungen oft mit Komfort und maximaler Entspannung verbunden. Bezüglich der Sicherheit meines Fahrrads suche ich die Unterkünfte so aus, dass ich entweder mein Fahrrad mit auf das Zimmer nehmen darf oder es einen Fahrradkeller gibt.

Vor meiner Tour habe ich das Tourismusbüro in Südtirol kontaktiert, und sie waren sehr hilfsbereit, mir Tipps bezüglich Unterkünften zu geben. Alle Links findet ihr direkt bei meinen Tourenbeschreibungen.

Auf der 1. Etappe von Graun nach Scuol bin ich hauptsächlich offroad unterwegs und genieße die Fahrt abseits der Straße umso mehr. Das Rauschen des Flusses und der Blick in die Berge nahe Scuol versetzen mich in Hochstimmung.

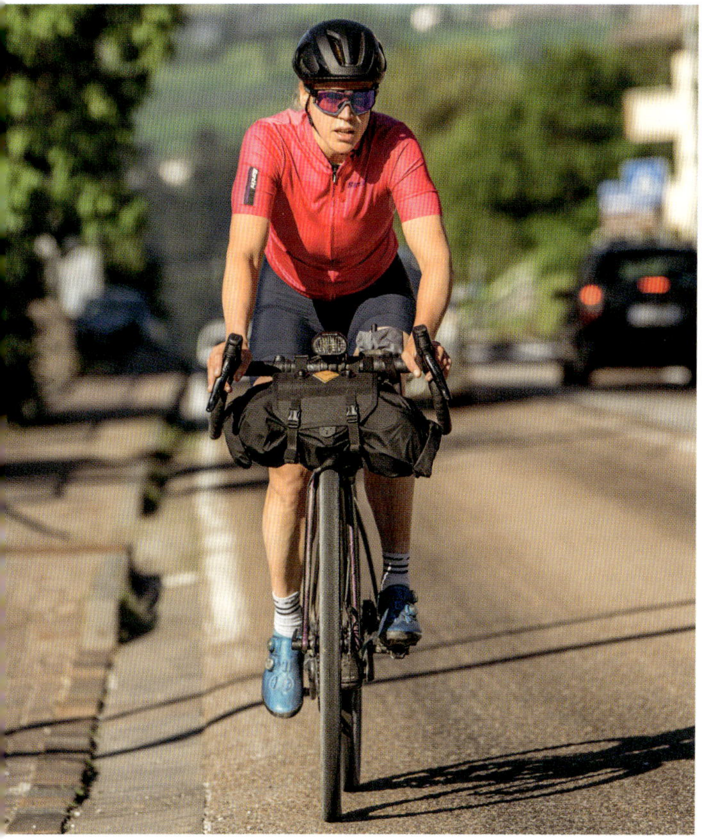

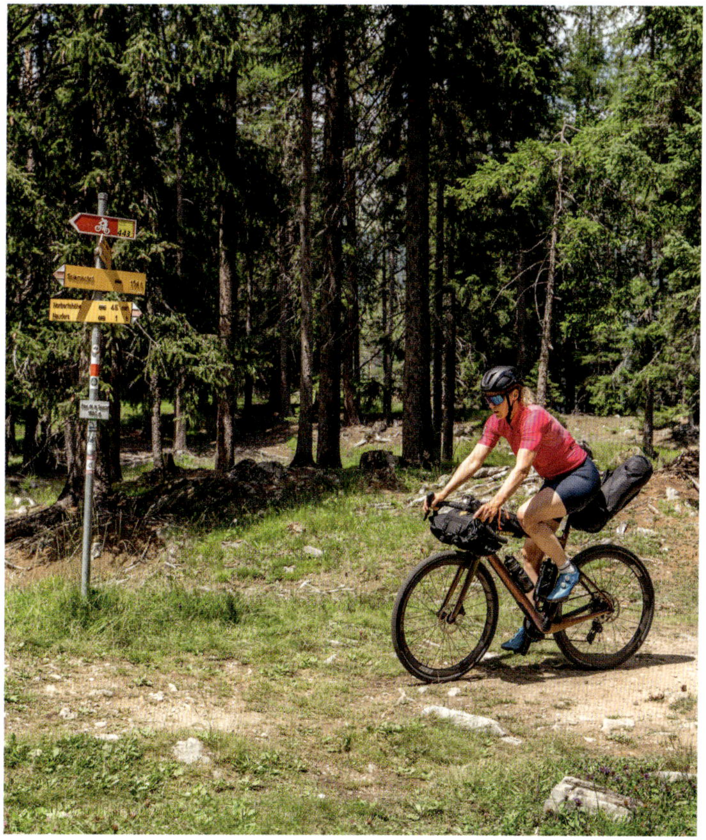

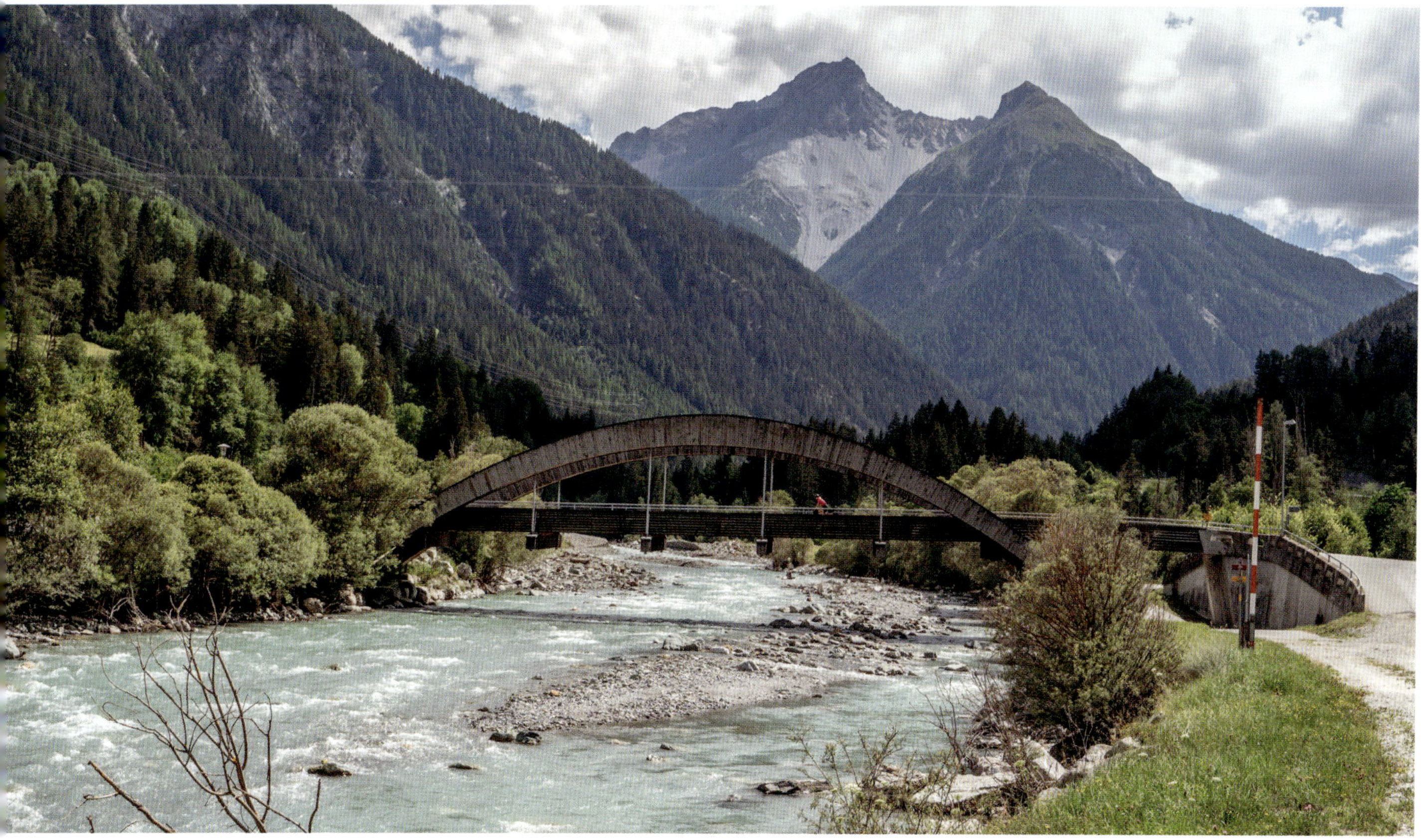

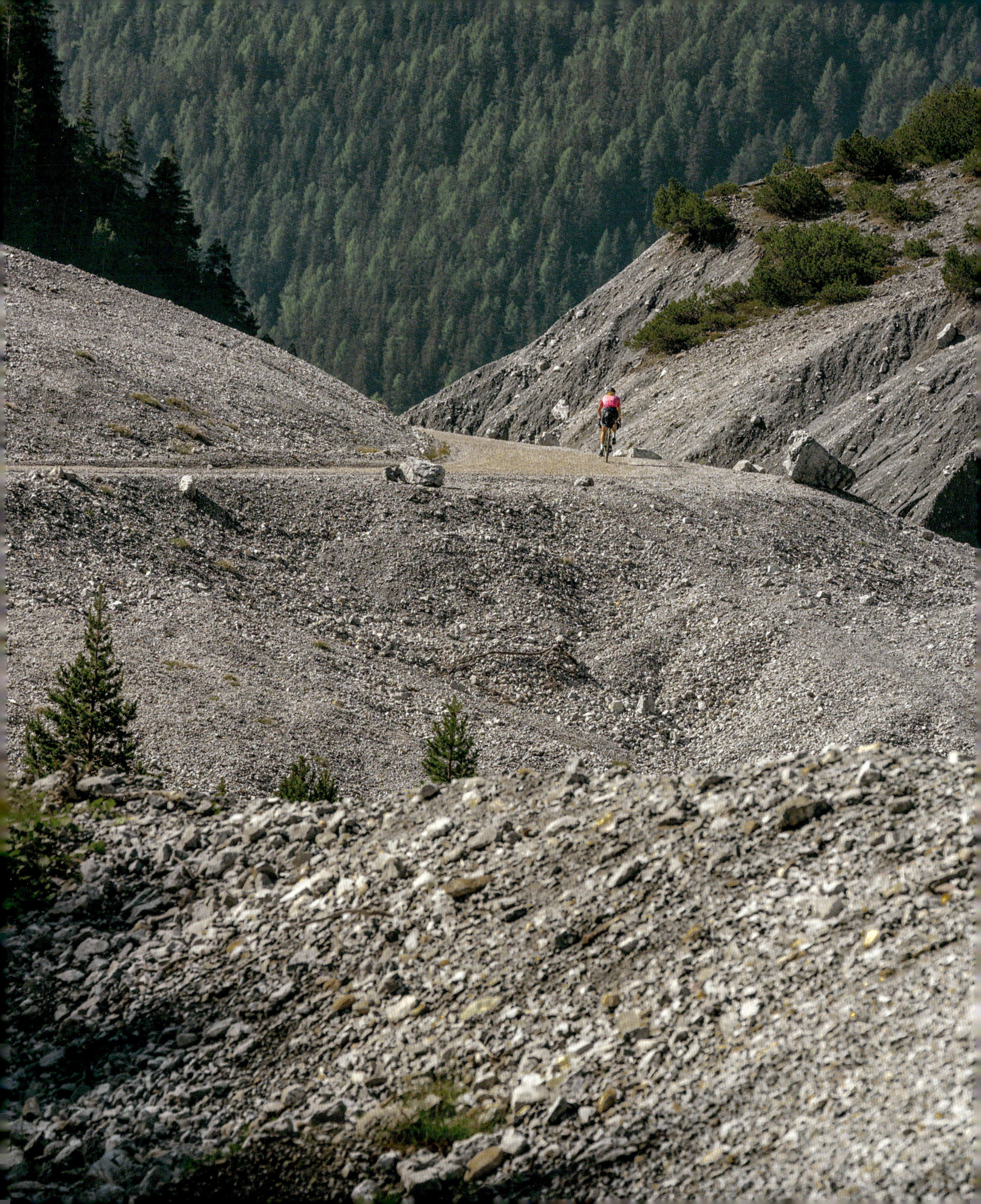

DIE BESTE JAHRESZEIT

Die beste Jahreszeit hängt ganz von deinen Vorlieben ab: Will ich unbedingt schönes Sommerwetter, oder mag ich es doch etwas kühler?

Selbst im Herbst oder im Frühjahr kann man Gravel-Abenteuer genießen, wenn man Straßenbeschaffenheit und Witterungsbedingungen vorher prüft. Dafür muss man allerdings hartgesotten sein! Egal, für welche Jahreszeit ich mich entscheide, richtige Kleidung und Material sind unabdingbar, um das Gravel-Abenteuer zu genießen.

Für eine Transalp eignen sich meines Erachtens die Monate Juni bis August am besten, da man in den Hochalpen unterwegs ist und die Temperaturen zu diesen Jahreszeiten am wärmsten sind.

Noch ein kleiner Tipp: Starte deine Transalp nicht am Wochenende. Dann sind viele Veranstalter mit ihren Gruppen unterwegs und es könnte in den Unterkünften und auf der Strecke voll werden.

Im Juni ist die einzigartige Steinlandschaft bei Scuol fast menschenleer und die Temperatur sehr angenehm.

WETTER

Das Wetter spielt eine wesentliche Rolle, wenn es um die Vorbereitung einer Gravel-Tour geht. Vor allem in den Bergen kann das Wetter schlagartig umschlagen. Da ich eher eine Frostbeule bin, nehme ich lieber immer etwas zu viel mit als zu wenig.

Dementsprechend befindet sich immer eine Windweste in meiner Trikottasche. Bevor ich meine Tour beginne, habe ich ein wachsames Auge auf die Wettervorhersage für wichtige Orte, die ausschlaggebend für die Route sind, z. B. den höchste Ort und andere Stationen, die vielleicht auch weitere Besonderheiten in der Region berücksichtigen. Dafür nutze ich gern die Swiss-Meteo-App, die auch das italienische Wetter anzeigt.

Was ist, wenn es keine 20 °C und Sonnenschein hat? Je nachdem, wie verzweifelt ich aufs Rad möchte, schwankt meine meteorologische Toleranz dramatisch. Kurz nach der Winterpause will ich einfach nur Radfahren, und dann fahre ich auch los, wenn es etwas kälter ist oder die Regenprognose etwas instabil ist. Im September kann das schon einmal anders aussehen: Dann freue ich mich manchmal auch, wenn ich einen Grund habe, zu Hause zu bleiben.

Egal, welchem Wetter man sich aussetzt, eine gewissenhafte Vorbereitung ist unabdingbar, ansonsten kann es gefährlich werden. Gute Funktionskleidung hilft, dass die Körpertemperatur stabil bleibt. In den Bergen, wo man große Unterschiede bei der Außen- und Körpertemperatur hat, hilft die Kleidung, den Schweiß zu absorbieren, damit man später in der Abfahrt nicht friert. Aber auch Hitze kann dir schnell zum Verhängnis werden. Bei meiner Spanienrundfahrt hatte ich zum Teil mit 45 °C zu kämpfen und dachte, die Straße schmilzt vor mir ab. Die gleiche Situation habe ich auch bei einem 300-Kilometer-Event in der Schweiz erlebt, bei dem ich mich zum Abkühlen in einen Brunnen gesetzt habe.

Meine leichte Jacke habe ich immer griffbereit in meiner Satteltasche, damit ich auf den Abfahrten nicht so schnell auskühle.

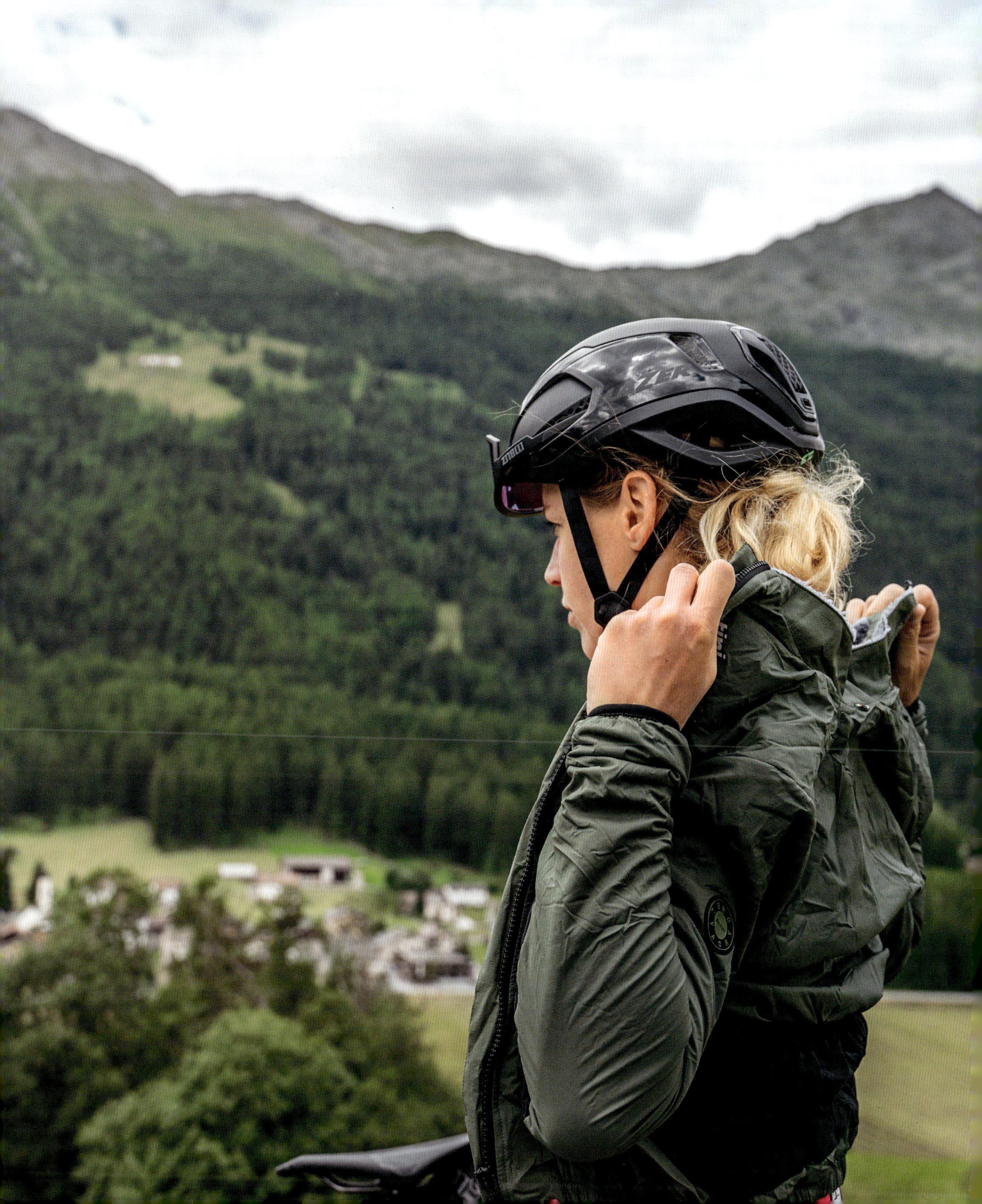
LAZER

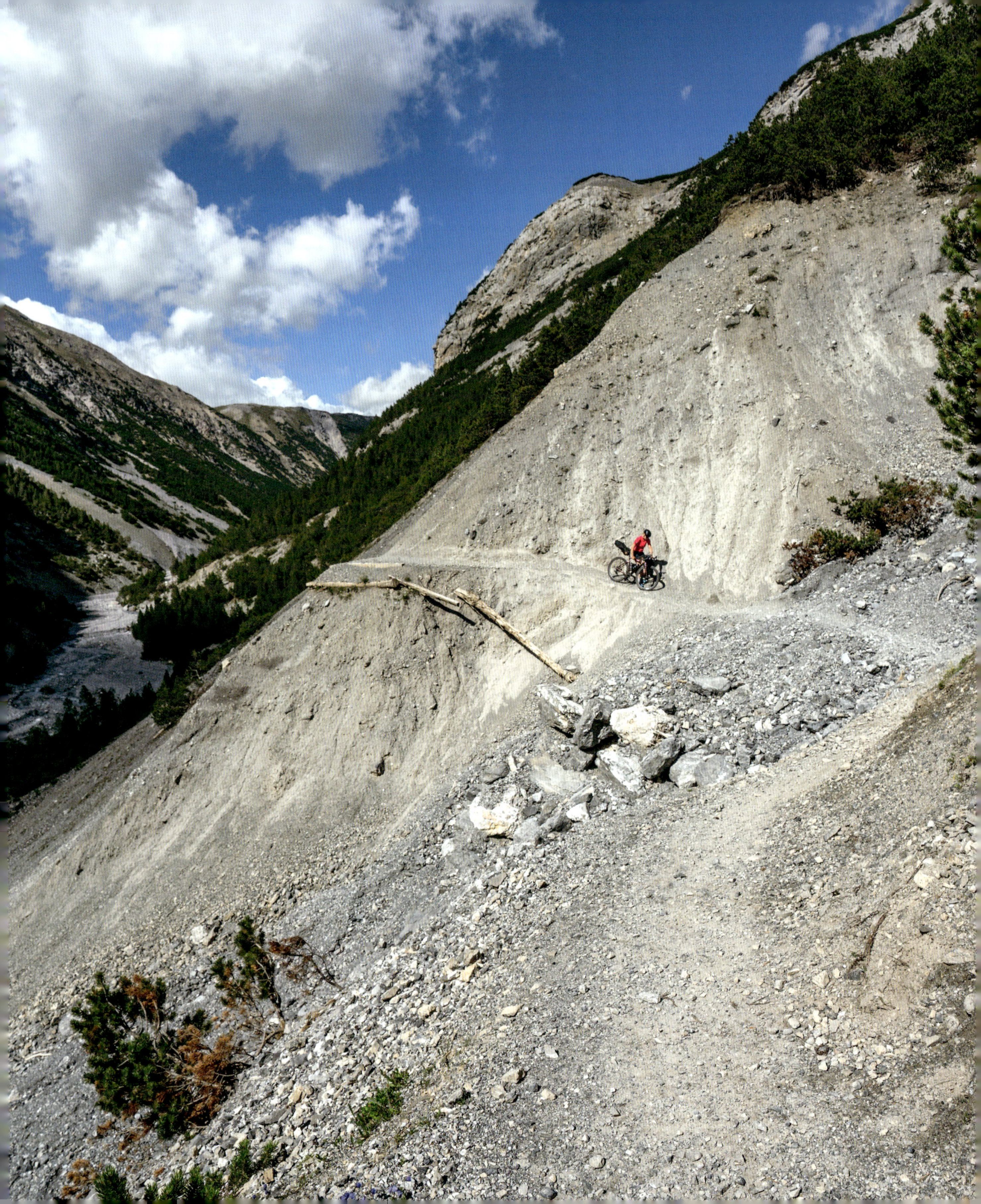

ALLEIN ODER IN DER GRUPPE?

Eine Solofahrt bietet ein anderes Erlebnis als eine Tour in der Gruppe. Die Vorteile einer Gruppe sind, dass man sich Verantwortung, Organisation und Gepäck aufteilen kann, man sich nicht allein fühlt und Gesprächspartner hat.

Die Pluspunkte bei einer Solofahrt sind, dass man auf keine Person Rücksicht nehmen muss und die volle Entscheidung über das Abenteuer hat. Man ist mehr mit der Umgebung verbunden, da es weniger Ablenkung gibt und man aufmerksamer ist. Zudem lernt man tendenziell schneller andere Menschen kennen.

Beides ist eine schöne und einzigartige Erfahrung mit Vor- und Nachteilen und sollte auf jeden Fall überdacht werden, wenn man eine Abenteuerfahrt plant.

Ein kniffliger Abschnitt entlang des Hangs auf dem Weg zum Lago di Giacomo während der 2. Etappe – als Soloreisende kann ich meine Fähigkeiten mittlerweile gut einschätzen.

ALS FRAU ALLEIN UNTERWEGS

Die ein oder andere wägt die vermeintlichen Risiken einer Alleinfahrt vielleicht noch einmal besonders ab. Dazu möchte ich meine folgenden Erfahrungen und Einschätzungen mit in die Waagschale werfen. Grundsätzlich kann immer etwas passieren, egal, ob Mann oder Frau. Bei einem Soloabenteuer geht es als Frau für mich aber vor allem darum, Risiken zu minimieren.

Ich bin bisher bewusst nur in Regionen unterwegs gewesen, in denen ich mich als Alleinfahrerin sicher fühle. Eine meiner Regeln für Soloausfahrten ist beispielsweise, dass ich vor der Dunkelheit in meiner Unterkunft bin – das geht aber vor allem mit der Sicherheit im Straßenverkehr einher.

Es gab bisher zwei Situationen, in denen ich mich als Frau unwohl gefühlt habe – beide in Spanien. Einmal wollte ich durch eine Plantage fahren, und bei ausschließlich männlichen Arbeitern habe ich sofort ungewollte Aufmerksamkeit erregt. Ich habe umgedreht und mir eine andere Strecke gesucht. Nichts ist passiert, und vielleicht habe ich auch überreagiert, aber lieber safe than sorry. Beim anderen Mal war ich in einem spärlich bewohnten Gebiet in Kastilien, La Mancha, unterwegs. Es war 18:00 Uhr und kein Hotel weit und breit zu finden. Mir blieb nichts anderes übrig, als in einer Autowerkstatt zu fragen, ob sie mich zum nächsten Hotel fahren könnten, da ich nachts nicht ohne ausreichend gutes Licht unterwegs sein wollte. Alles ist gut gegangen, trotzdem checke ich bewusst meine Umgebung.

Die meisten Menschen wollen ohnehin nur helfen, und genau deswegen machen solche Trips auch so viel Spaß. Man trifft auf Menschen, die man sonst nie kennenlernen würde, und führt Gespräche, die im besten Fall den eigenen Horizont erweitern. Es ist immer spannend, zu sehen, wie andere leben und wie sie mit ihrem eigenen Glück umgehen. Diese Erfahrungen können dir die Augen öffnen, und du erkennst, wie vielfältig die Welt sein kann – auf dem Rad noch intensiver.

Die Route ist zum Teil abgelegen von jeglicher Zivilisation, aber ich habe sie so geplant, dass ich keine Risiken eingehe.

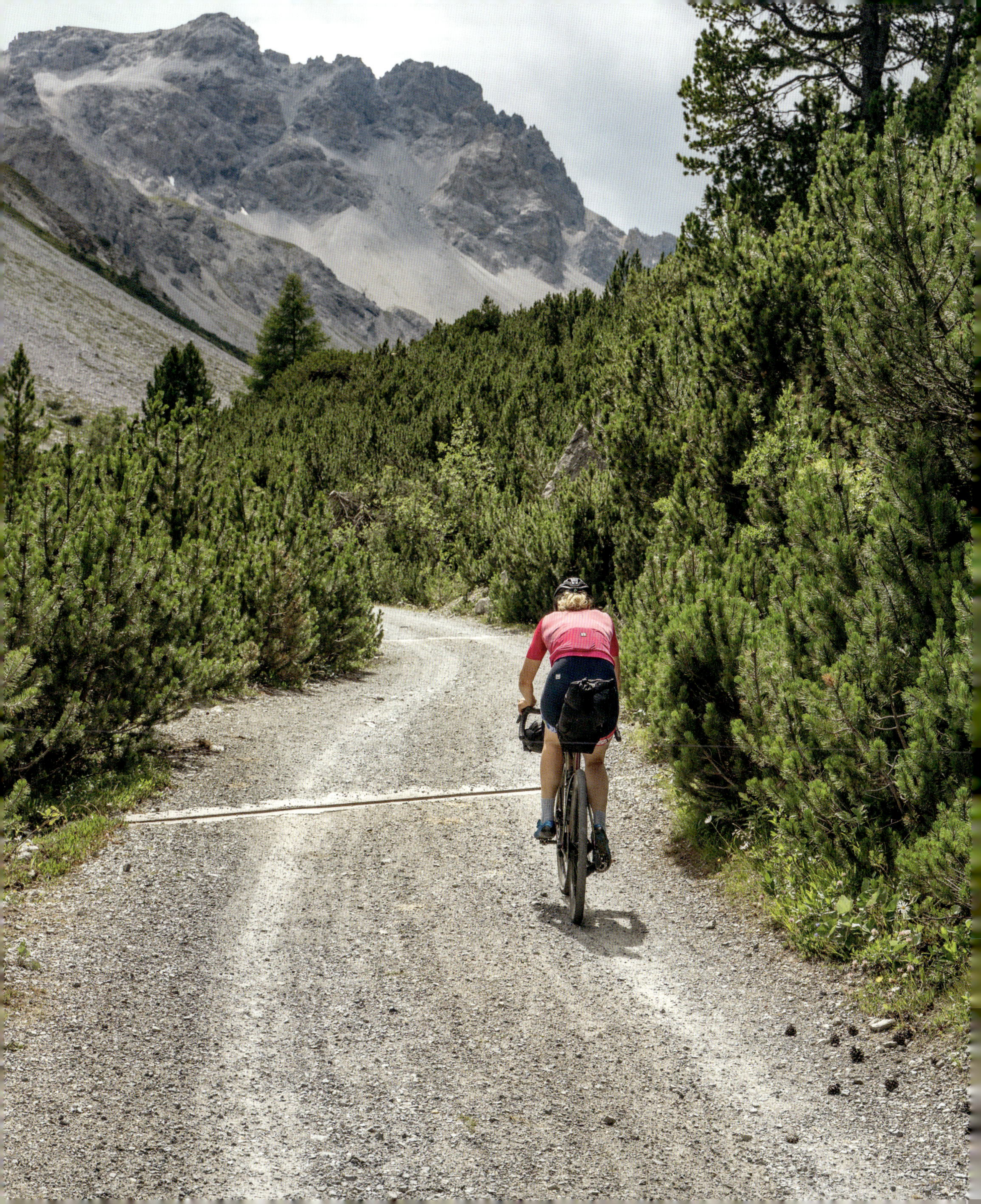

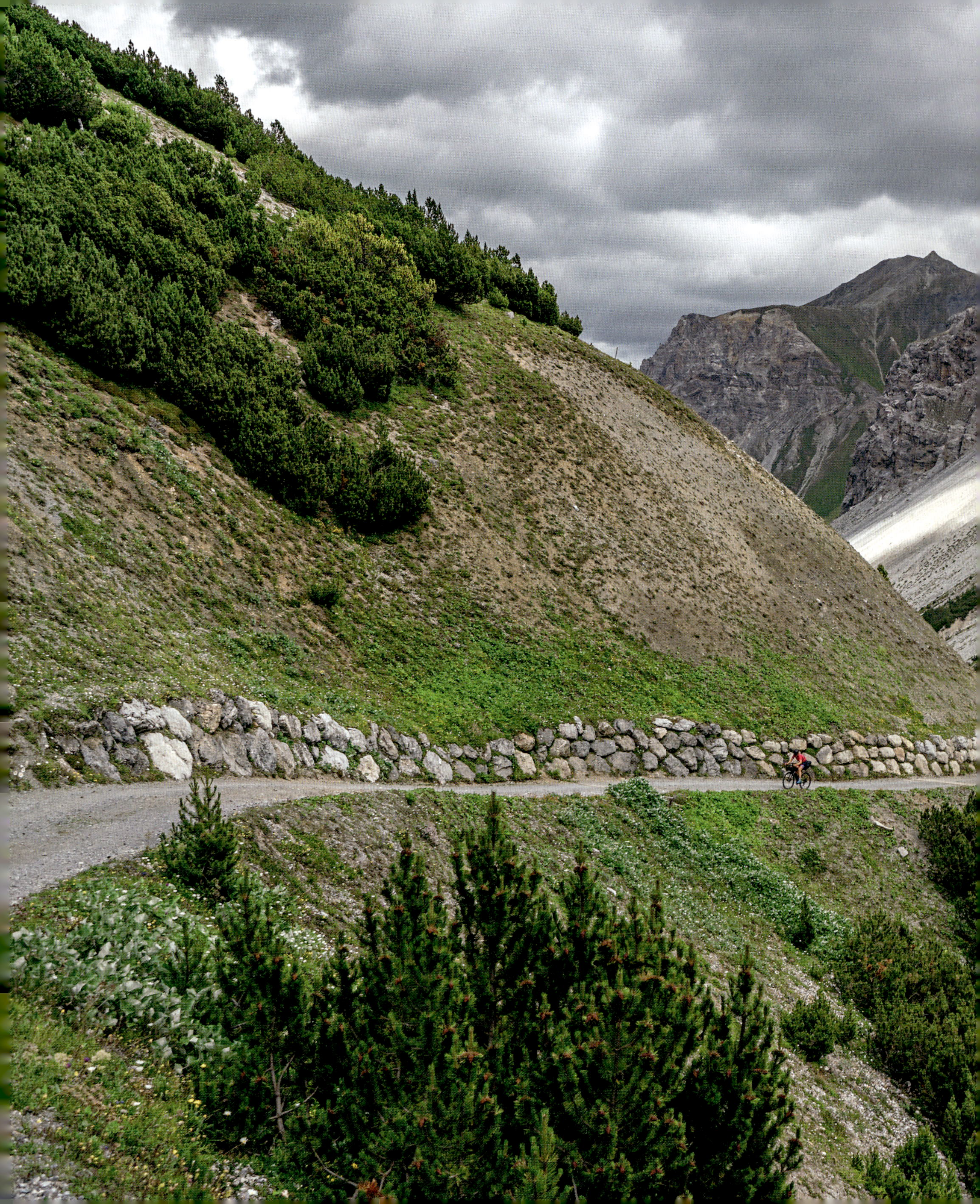

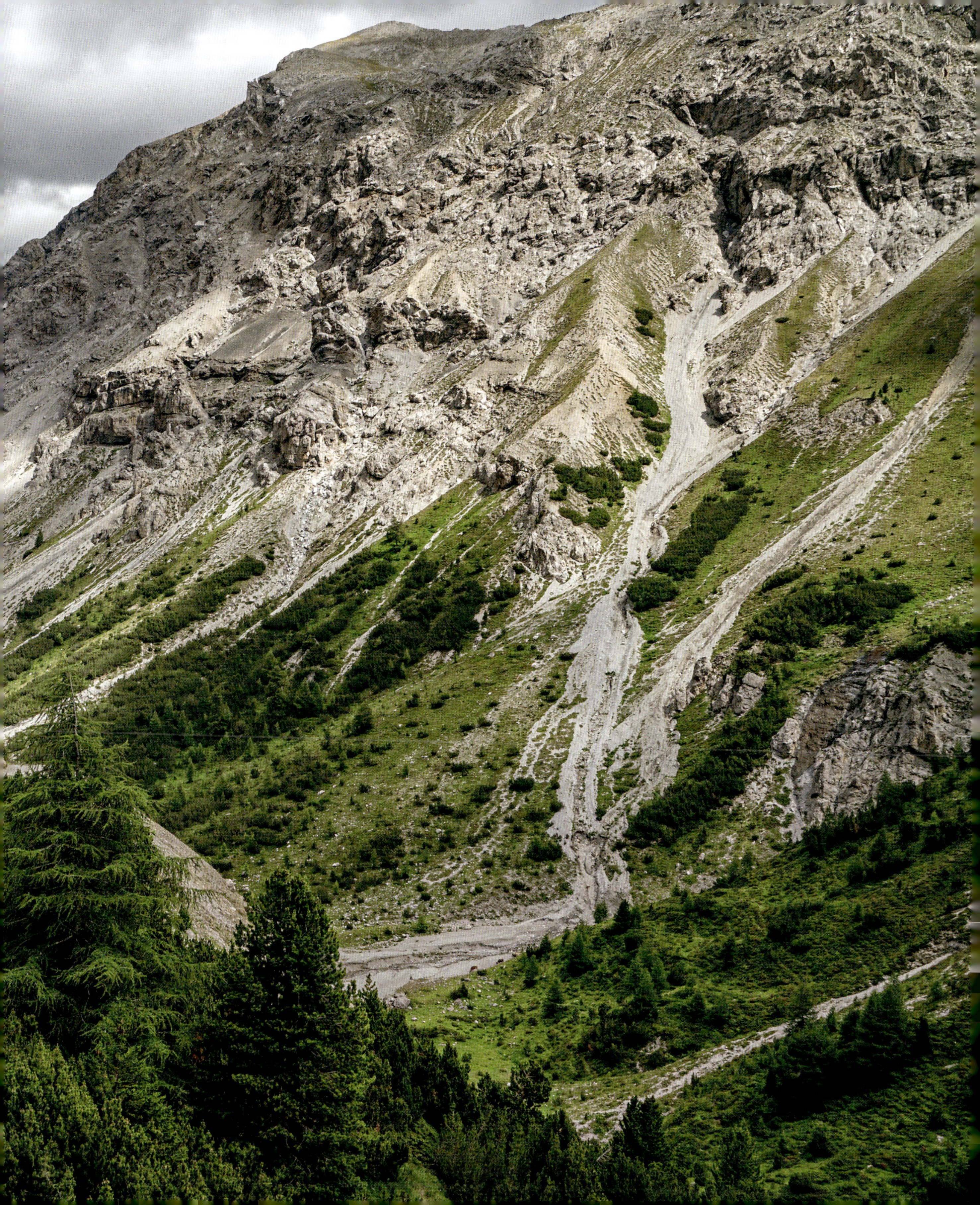

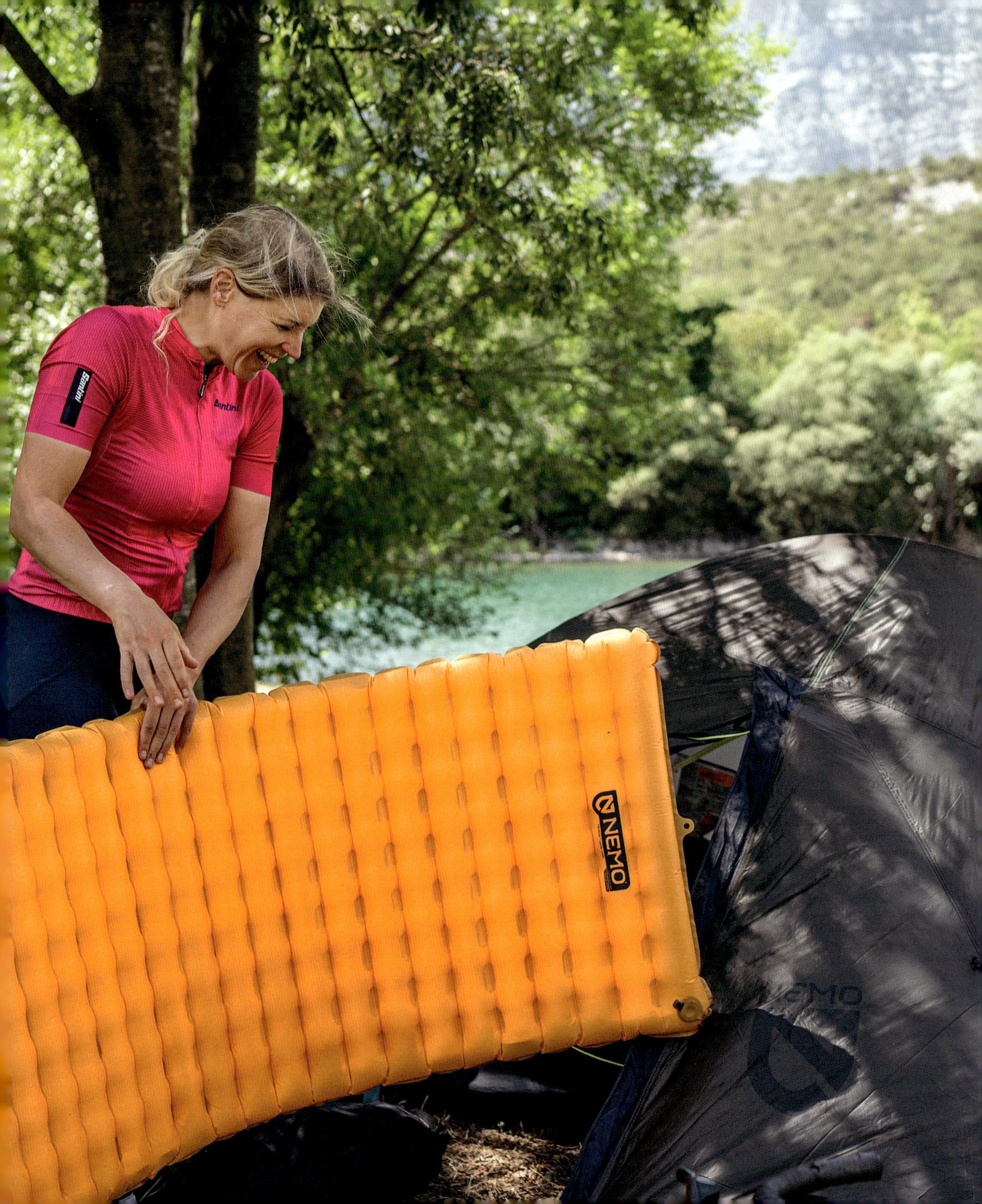
Santini
NEMO

BUDGET

Das Budget ist sehr variabel – je nachdem, ob man zeltet oder im 4-Sterne-Hotel übernachtet. Zudem kommt es darauf an, in welchem Land man unterwegs ist – Italien ist um einiges günstiger als die Schweiz.

Selbst innerhalb eines Landes kann sich der Preis der Unterkunft um einiges unterscheiden. Dazu kommt noch die Jahreszeit. Will jeder dorthin, wenn du hinmöchtest?

Für meine Transalp veranschlage ich ein Budget von etwa 600 €, da ich so wenig wie möglich mitnehmen möchte. Beim klassischen Bikepacking ist das Gegenteil der Fall, und jegliche Ausrüstung inklusive Zelt oder Tarp wird am Rad verstaut.

Bisher war ich dem Zelten nicht gewachsen, da ich immer noch die Erinnerungen an ungemütliche Nächte im Zeltlager mit luftdurchlässiger Matratze und stundenlangem Zeltabbau im zarten Alter von neun Jahren verarbeite. Mittlerweile habe ich mich aber überreden bzw. überzeugen lassen, das Zelten doch noch einmal auszuprobieren, da es anscheinend heutzutage schlaffreundlicher geworden ist. Weiter unten stelle ich deshalb auch eine Ausrüstung vor, die zum Bikepacking geeignet ist.

Für das eher schmale Budget bieten sich Zelt oder Tarp an, die sich mit der richtigen Technik mühelos in den Bikepacking-Taschen verstauen lassen.

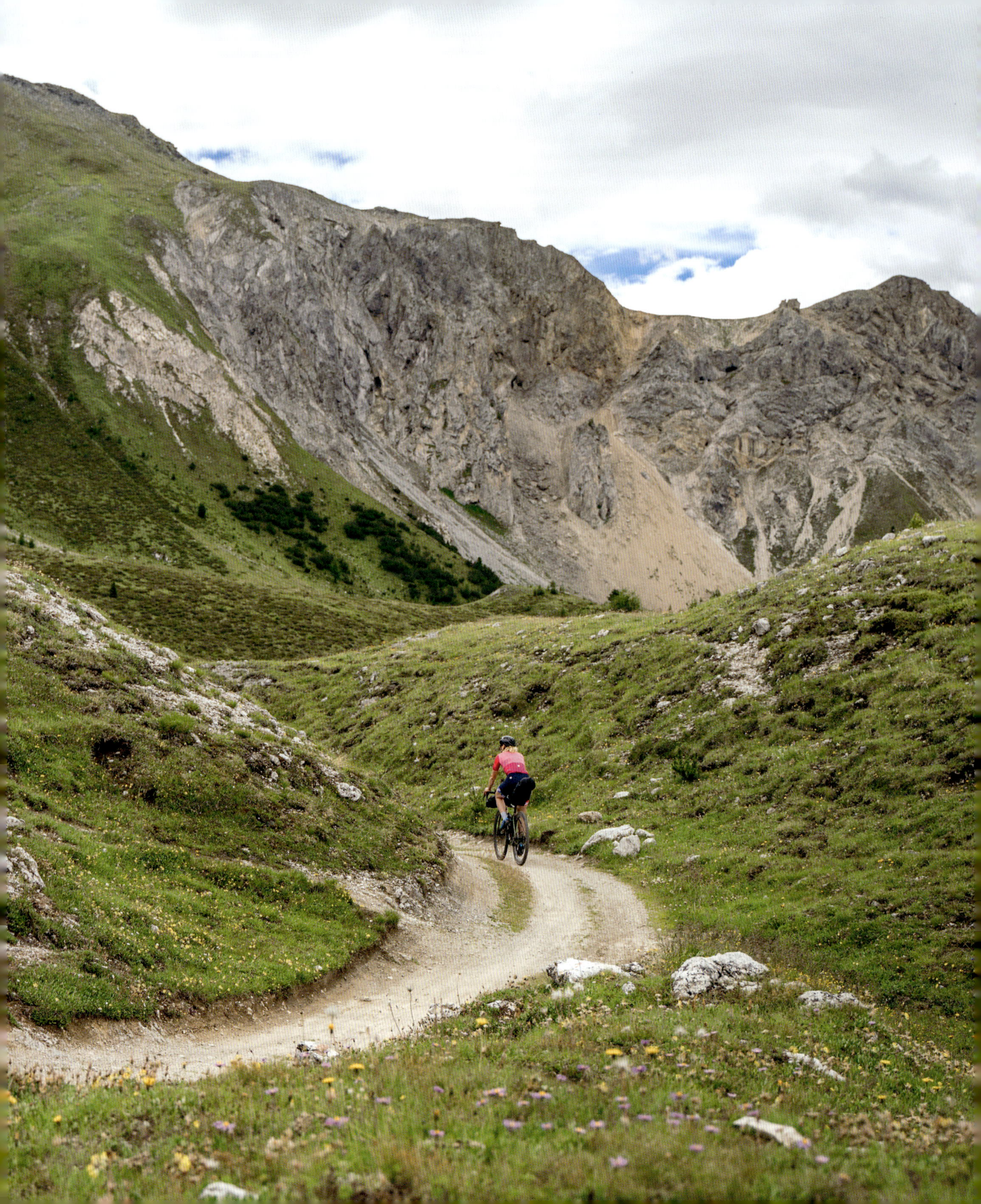

PROBETOUR

Für die erste mehrtägige Tour würde ich dir raten, diese vor deiner Haustür zu organisieren. Also einfach aufs Rad setzen, dir ein passendes Ziel suchen, dort campen und am nächsten Tag wieder zurück.

Der große Vorteil dabei ist, dass du die Gegend, die Kultur und die Sprache kennst, und falls etwas schiefgeht, bist du nicht so weit von zu Hause entfernt. Zudem kannst du auch gleich deine Ausrüstung testen. Falls etwas fehlen sollte, fehlt es dann tatsächlich nur für diese zwei Tage und nicht gleich für eine längere Strecke. Auf dieser Tour, vor allem wenn es deine erste ist, kannst du bereits viele Erfahrungen sammeln. Danach kannst du dich an entferntere und längere Touren herantasten. Wenn du abenteuerlustiger bist, kannst du natürlich gleich in deine Gravel-Transalp starten.

Ich erinnere mich an meine erste Tour in den französischen Alpen. Ich hatte sechs Wochen frei und wollte unbedingt eine mehrtägige Tour fahren, habe aber niemand gefunden, der mich begleiten konnte. Ich hatte Bedenken, dass ein Solotrip zu langweilig und einsam sein könnte, habe mich aber trotzdem zögerlich dafür entschieden, eine Woche in Frankreich unterwegs zu sein. Ich wollte von Genf nach Nizza fahren und hatte einen ambitionierten Plan aufgestellt, um in wenigen Tagen in Nizza anzukommen. Aber nach nur wenigen Kilometern hinter Genf hatte ich mich schon so sehr verfahren, dass ich meinen ursprünglichen Plan aufgeben musste.

Damit du auf deiner Gravel-Transalp keine Überraschungen erlebst, solltest du vorher dich und das Material testen.

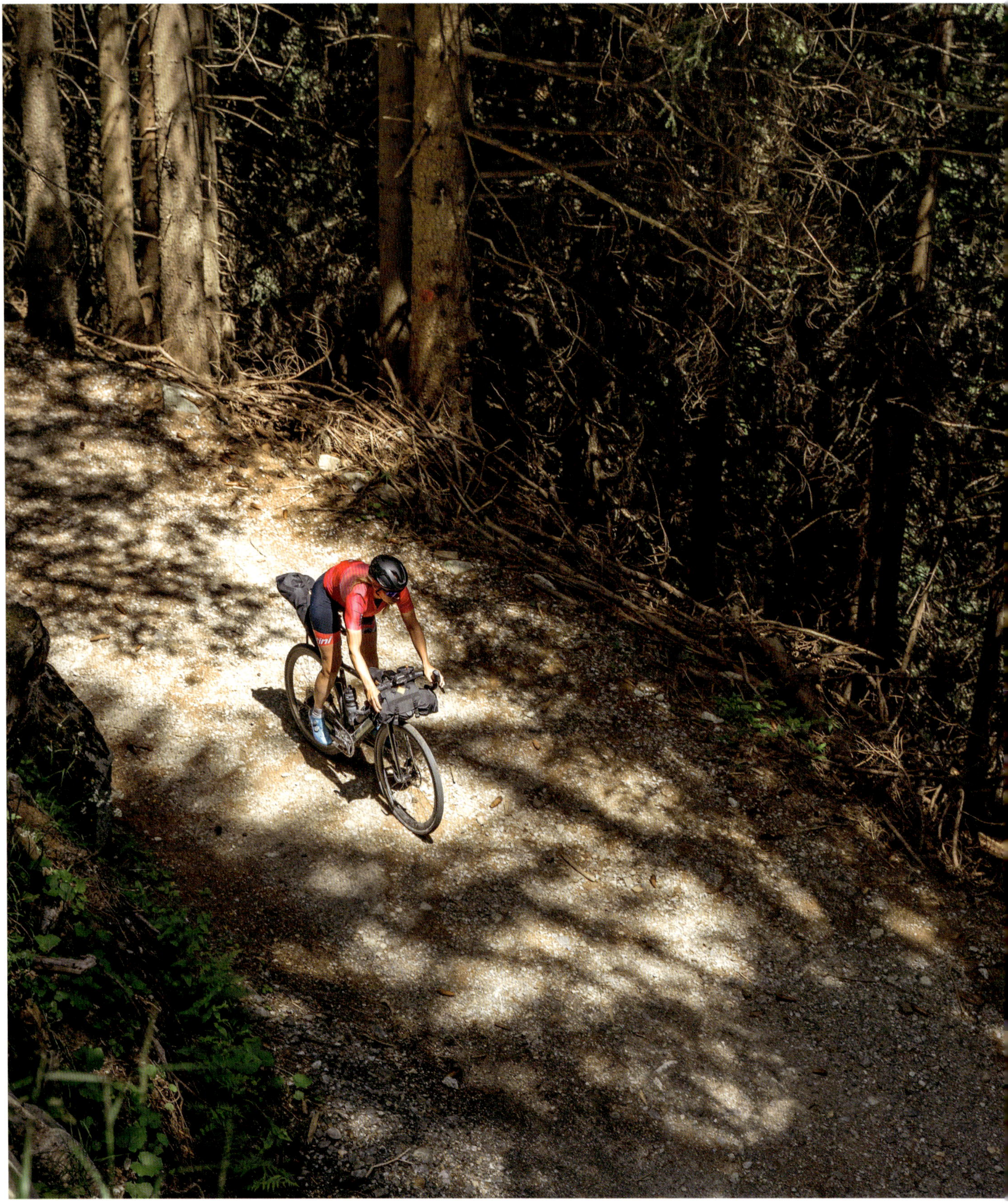

»

Rückblickend bin ich froh, dass ich trotz vieler (falscher) Annahmen über meinen eigenen Schatten gesprungen bin, um den Schritt zu wagen, allein meine erste Tour zu fahren.

«

Das war ein Segen, da sich meine gesamte Einstellung zu dieser Tour verändert hatte. Statt Distanz, Zeit und Höhenmetern standen nun Erlebnis und Entdeckung im Vordergrund. Meine einstige Vorstellung von Einsamkeit und Langeweile hat sich nicht erfüllt und wurde durch ein befreiendes Gefühl ersetzt. Am Anfang dachte ich noch über meinen Alltag nach, aber nach ein paar Tagen wurden diese Gedanken von den neuen Abenteuern, die ich erlebt hatte, überlagert. Ich lebte komplett im Moment, meine Sinne sind erwacht, und mir fielen Dinge auf, für die ich vorher keinen Kopf hatte: der Geruch der Wiese, das Vogelgezwitscher, die Architektur der Gebäude. Rückblickend bin ich froh, dass ich trotz vieler (falscher) Annahmen über meinen eigenen Schatten gesprungen bin, um den Schritt zu wagen, allein meine erste Tour zu fahren.

Unterwegs lebe ich komplett im Moment. Während der Abfahrt nach dem Passo del Tonale hinunter nach Ossanaden, genieße ich den Duft des Waldes.

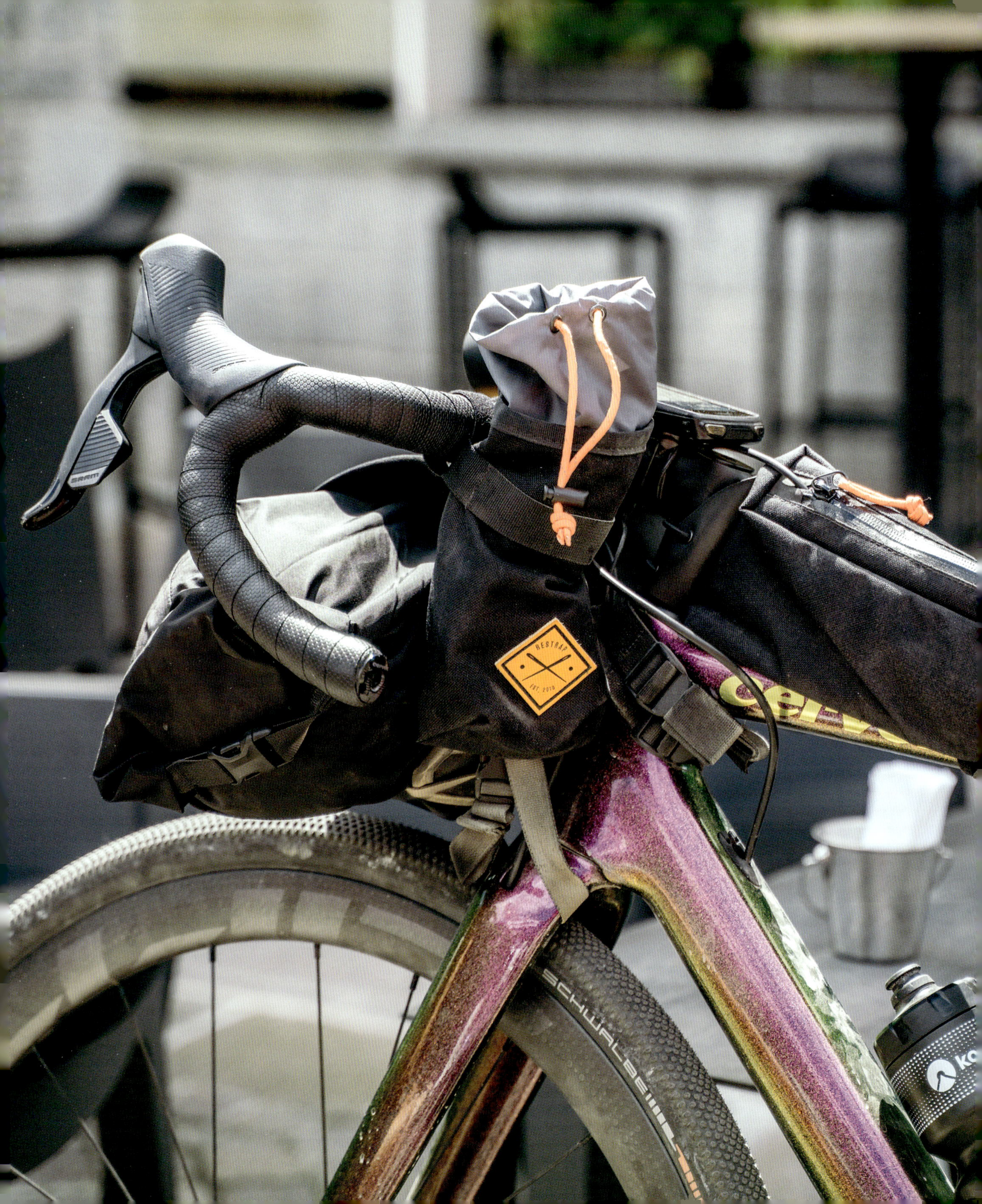
SCHWALBE

AUSSTATTUNG

Ich bin die totale Minimalistin, wenn es um das Packen für eine Tour geht, aber du solltest das mitnehmen, was dir ein gutes Gefühl gibt.

Die Vorbautasche eignet sich perfekt für Getränke und Essen, da ich während der Fahrt schnell darauf zugreifen kann.

Theoretisch kann immer etwas passieren, aber du kannst dich nicht auf alle Eventualitäten vorbereiten. Ansonsten müsstest du einen Trailer mit einer Fahrradwerkstatt hinter dir herziehen.

DIE QUAL DER WAHL

Scherz beiseite, bei der Entscheidung, ob ich etwas mitnehme oder nicht, kommen unterschiedliche Faktoren ins Spiel: Wie mühsam ist es mitzunehmen (Gewicht und Größe)? Wie hoch ist die Wahrscheinlichkeit, dass ich es brauche? Wie lange bzw. wie oft brauche ich es? Es gibt Dinge wie einen Kettenlink, der fast nichts wiegt und einfach zu verstauen ist. Die Wahrscheinlichkeit, dass die Kette reißt, ist zwar gering, aber ich nehme ihn trotzdem mit. Dagegen spare ich oft an der Kleidung und versuche, sie multifunktional einzusetzen. Als ich die 1.100 Kilometer von Toulon nach München in fünf Tagen gefahren bin, hatte ich nur einen Turnschuhbeutel dabei, in dem u. a. zwei Kleidungsstücke verstaut waren, die ich zum Schlafen sowie für das Abendessen angehabt habe. Extraschuhe brauchte ich nicht, sondern bin in den zehn Minuten am Tag, an denen ich nicht auf dem Fahrrad saß, in meinen Radschuhen rumgelaufen. Das Gewicht der zusätzlichen Schuhe fünf Tage lang herumzuschleppen, wäre wesentlich ungemütlicher gewesen.

Je nachdem, welche Strecke du wählst, bietet es sich vielleicht an, unterwegs das einzukaufen, was du auch wirklich brauchst. Ich habe mir während eines Trips einmal 5-€-Schuhe gekauft, als ich wusste, ich werde jetzt etwas länger rumlaufen. Wenn man die Vor- und Nachteile jedes einzelnen

Stücks abwägt, kann man ziemlich schnell rausfiltern, was wirklich essenziell ist.

PACKTASCHEN

Meine Packtaschen stammen von Restrap, einer englischen Firma, die das Konzept rund um Fahrradtaschen auf besondere Art gelöst hat. Dabei wird auf jedes Detail geachtet und die Benutzung der Taschen so komfortabel wie möglich gemacht.

MEIN SETUP FÜR DIE GRAVEL-TRANSALP

OBERROHRTASCHE

Diese Tasche nutze ich für Sachen, auf die ich jederzeit zugreifen, aber nicht unbedingt dafür stoppen möchte. Gels sind immer darin enthalten sowie eine kleine Sonnencremetube und ein Labello. Außerdem die Batterie meines Lichts und ein verpackter Schlauch (falls der Reifen so zerrissen ist und ein Schlauch die letzte Rettung), eine Luftpumpe sowie ein Multitool.

VORBAUTASCHE

Sie ist ideal für weitere Trinkflaschen oder andere Dinge, auf die ich schnell Zugriff haben möchte. Gummibärchen beispielsweise sind hier super untergebracht, da ich einfach immer wieder reingreifen und mir ein paar angeln kann. Wer den Platz für Süßigkeiten etwas zu groß findet, sieht vielleicht mehr Vorteile in einer weiteren Trinkflasche darin.

LENKERTASCHE

In dieser Tasche sind Kleidung, ein Zelt oder andere Sachen, die man über den Tag hinweg nicht benötigt, optimal untergebrach. Restrap hat ein zweiteiliges System, das das

Das Packen der Taschen erfordert eine gute Planung, um alles auf wenig Raum unterzubringen. In der Oberrohrtasche verstaue ich beispielsweise gern Sonnencreme oder ein Multitool.

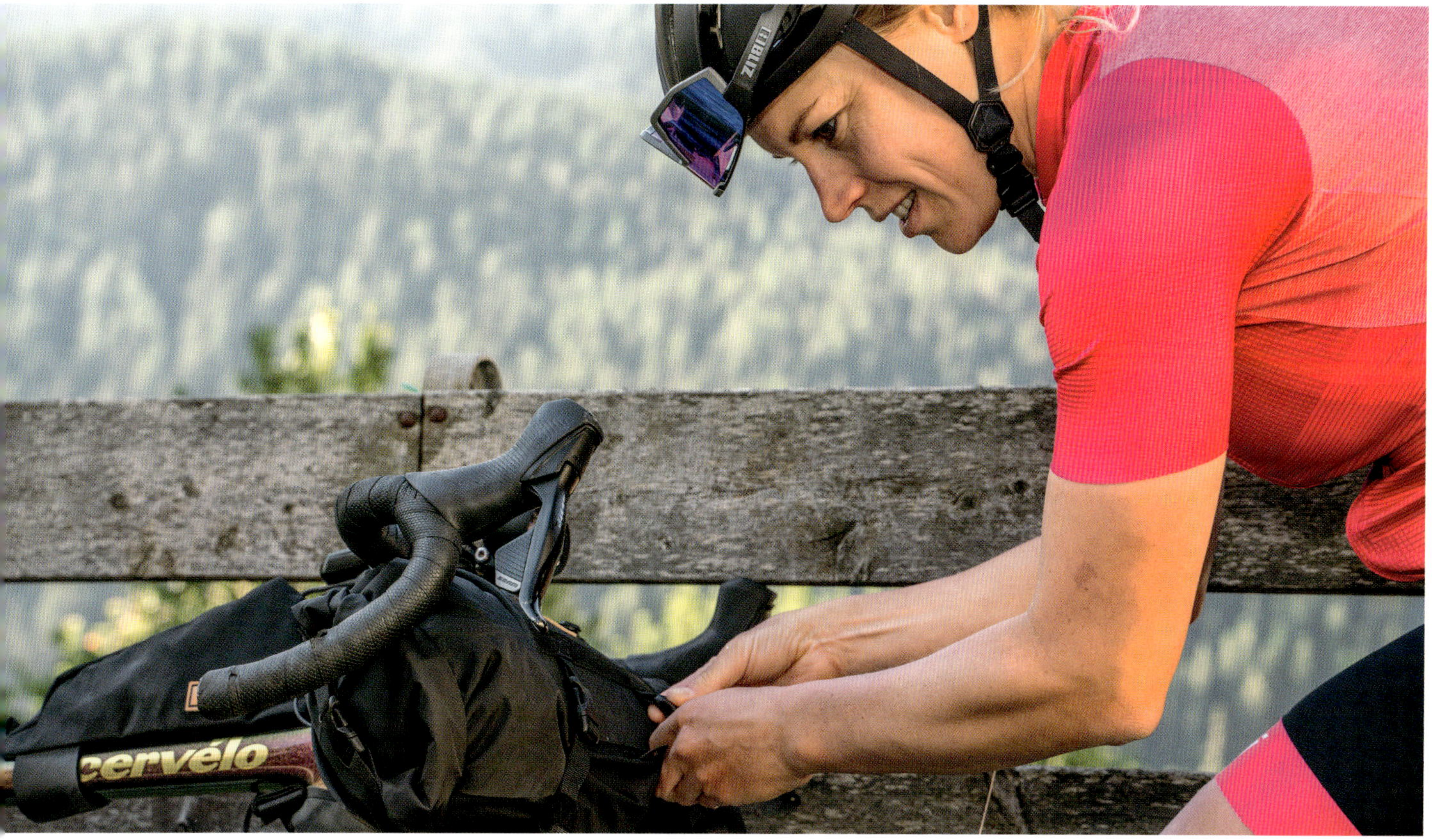
cervélo

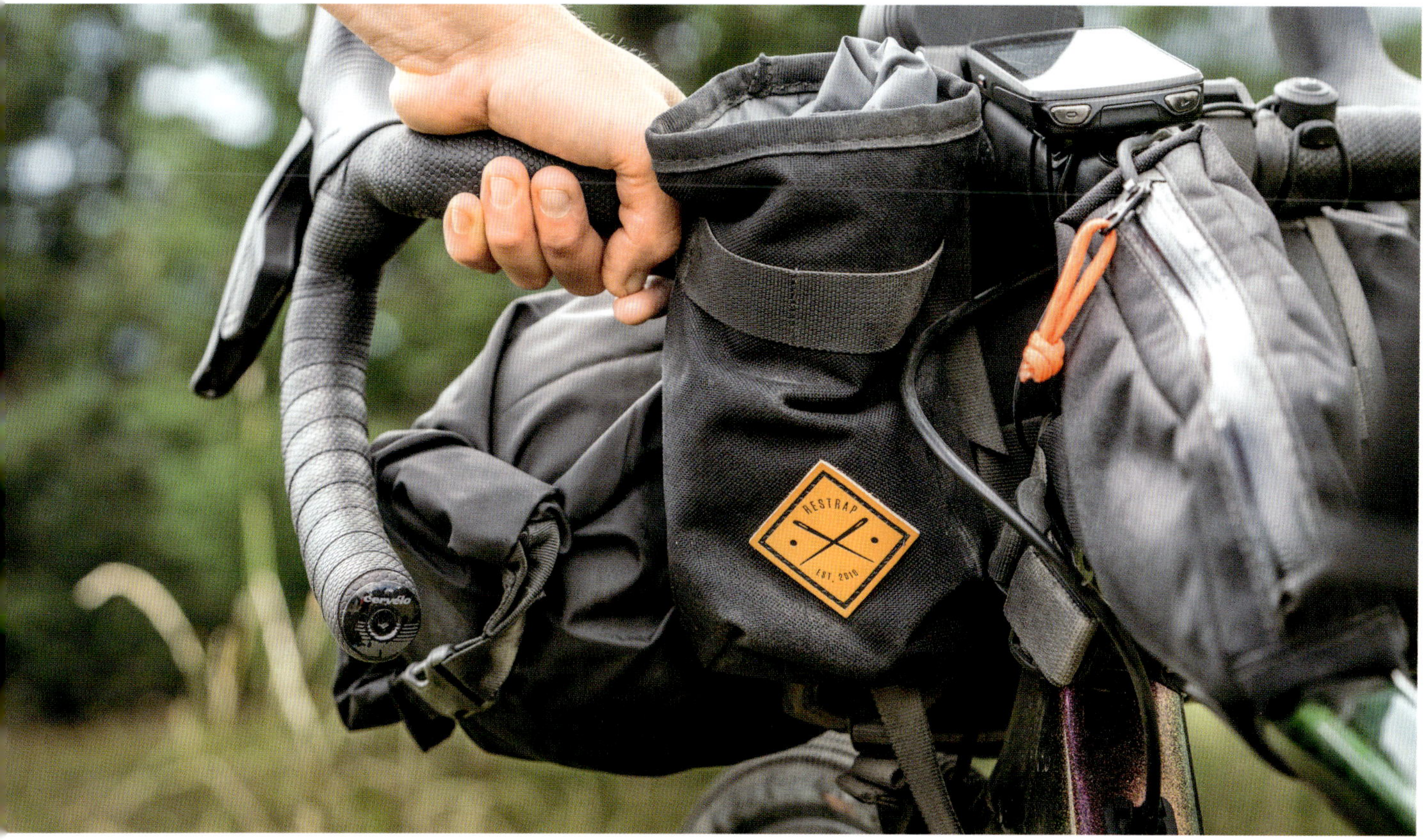
RESTRAP
EST. 2016

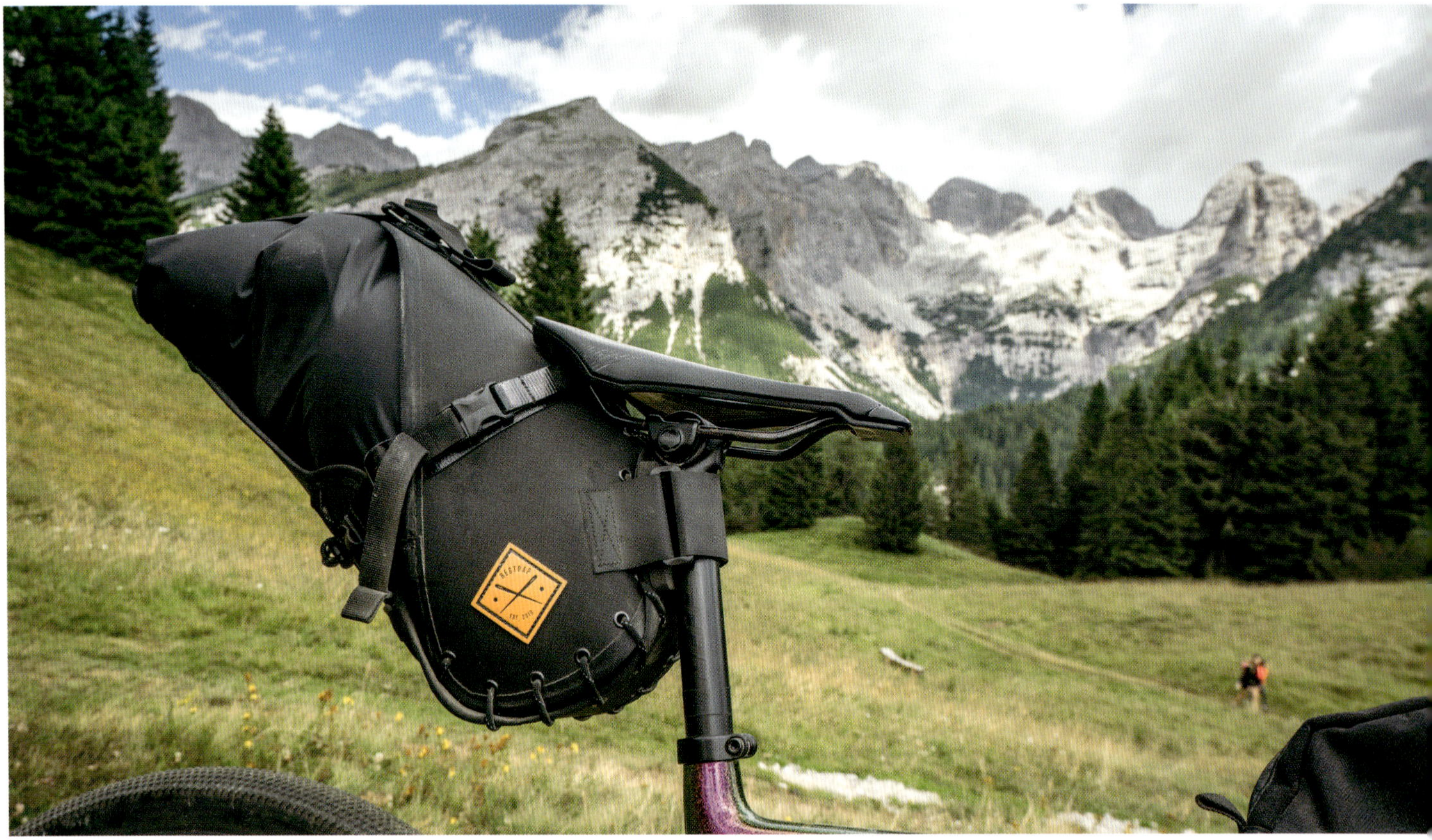

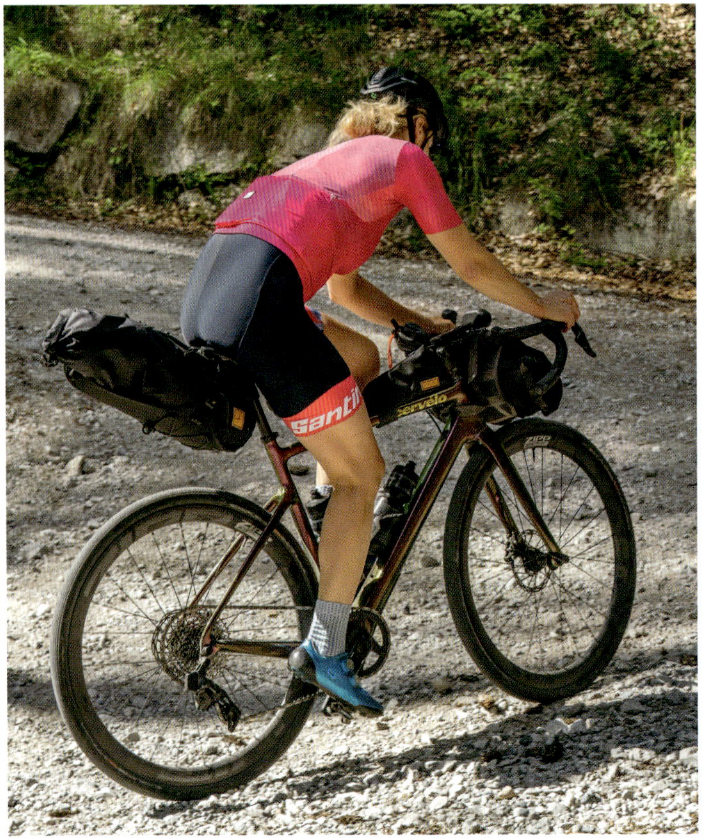

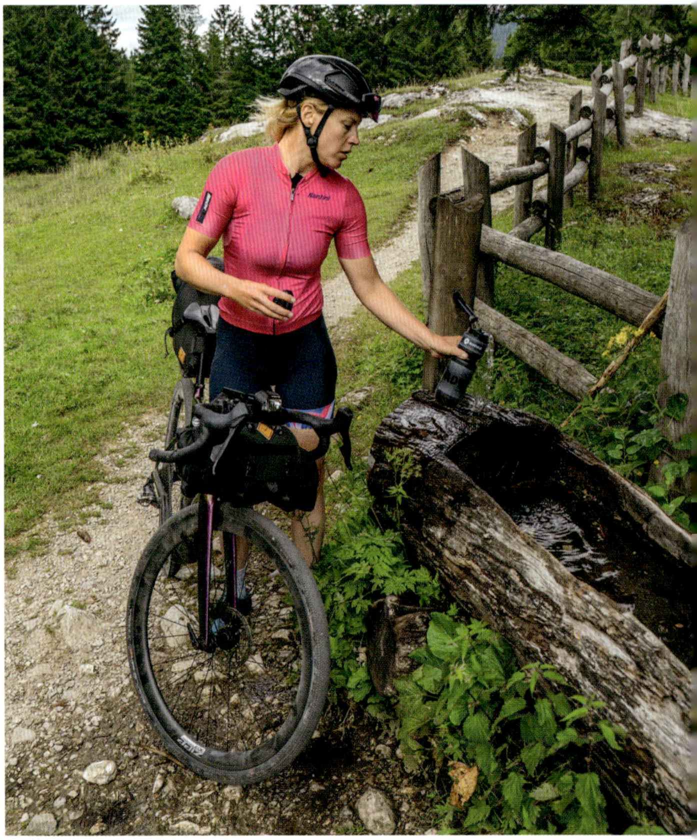

»

*Kleidung ist normalerweise das,
was am meisten Platz im Gepäck braucht.
Daher ist leichte, multifunktionale
Kleidung sehr wichtig, allein schon,
um an Gewicht zu sparen.*

«

Die Satteltasche bietet viel Stauraum für Kleidung und Essen und ist aerodynamisch perfekt am Rad angebracht.

Abnehmen und Befestigen leicht macht. Die Halterung nimmt man nie ab, sondern nur einen Trockenbeutel, in dem man alles verstaut. Ein weiterer Vorteil liegt darin, dass der Inhalt nicht nass wird – meine Kleidung bleibt somit immer trocken.

SATTELTASCHE

Hier nutze ich die 14-Liter-Satteltasche von Restrap, die dem gleichen Prinzip wie die Lenkertasche folgt. Die Halterung wird nie abgenommen, sondern nur der Inhalt, der in einem Trockenbeutel verstaut ist. Die Satteltasche ist etwas zugänglicher als die Lenkertasche, daher verstaue ich dort auch Dinge, die ich über den Tag hinweg benötige und die nicht in die Vorbau- oder in die Oberrohrtasche passen. Da ich mich bei meinen Fahrten gern selbst versorge, nehme ich sehr viel Essen mit, das hier prima aufgehoben ist.

KLEIDUNG

Kleidung ist normalerweise das, was am meisten Platz im Gepäck braucht. Daher ist leichte, multifunktionale Kleidung sehr wichtig, allein schon, um an Gewicht zu sparen. Zudem ist es ein großer Vorteil, wenn die Kleidung leicht trocknet. Bei sechs Tagen lohnt es sich schon, wenn die Kleidung ab und zu Seife sieht.

KURZE RADHOSE

Ich bin ein großer Santini-Fan. Die Radhose passt sich der Körperform an – bei mancher Radhose ist es umgekehrt.

KURZES TRIKOT

Vor allem in den Sommermonaten ist ein atmungsaktives Trikot sehr vorteilhaft. Ich trage ein Santini-Trikot aus einem kühlenden Polartec-Delta-Material, das Natur- und synthetische Fasern miteinander kombiniert. Diese Kombination und die spezielle Strickkonstruktion sorgen dafür, dass so viel Feuchtigkeit im Stoff bleibt, dass die natürliche Kühlung des Körpers imitiert wird. Das Resultat sind kühlende, hoch atmungsaktive Sommer-Styles, die auch bei starkem Schwitzen nicht am Körper kleben und extrem schnell trocknen.

BEIN- UND ARMLINGE

Sie sollten gut passen, um Reibung zu vermeiden. Vor allem bei den Beinlingen können schnell Schürfungen entstehen. Ich habe mich für Bein- und Armlinge aus Polartec-Power-Shield-Pro entschieden – der Stoff schützt bei kühleren Temperaturen, ist atmungsaktiv und die aufgeraute Veloursseite liegt angenehm auf der Haut.

SUPERLEICHTE JACKE

Da es auch im Sommer auf den Pässen sehr kalt sein kann und das Wetter sehr wechselhaft ist (und ich eine Frostbeule bin), nehme ich immer eine Jacke für die langen Abfahrten mit. Meine Jacke enthält Polartec Alpha – eine aktive Wärmeisolation. Da es sich bei Alpha um eine leichte und durchgehende gestrickte Schicht handelt, die mit sehr porösen Außen- und Innenstoffen kombiniert werden kann und daher sehr atmungsaktiv ist, ist die Jacke besonders leicht und kann auch beim Bergauffahren getragen werden, ohne dass sich Hitze staut.

SOCKEN

Ich nehme zwei Paar Sommersocken mit, die leicht zu waschen sind und schnell trocknen.

LANGÄRMLIGES UND KURZÄRMLIGES OBERTEIL

Nach der Ausfahrt trage ich gern ein perforiertes Oberteil von Santini, das superleicht und atmungsaktiv ist und ganz klein verstaut werden kann.

LEGGINS

Nach dem Ride schlüpfe ich gern in die 66° North Grettir Running-Leggins aus dem bi-elastischen und atmungsaktiven Polartec Power Stretch Pro. Das dehnbare Material ist außen glatt und robust und innen durch ein aufgerautes Velourfleece angenehm auf der Haut. Außerdem ist die Hose sehr leicht und hält trotzdem warm.

STIRNBAND

Es sollte unter den Helm passen.

SONSTIGES ZUBEHÖR

Zusätzlich zur Kleidung nehme ich auch immer eine Zahnbürste, Zahnpasta im Reiseformat, Ibuprofen, Sonnencreme und Kettenöl mit. Nichts davon ist lebensnotwendig, aber geputzte Zähne geben mir einen Frischekick, Kettenöl hilft meinen Nerven, Ibuprofen meinem Kopf, und die Sonnencreme ist meine Altersvorsorge. Flüssigseife in einer Minitube hat sich ebenso bewährt wie ein Labello, der praktisch nichts wiegt. Jeder hat da seine Präferenz.

Außerdem stehen Ladegeräte für mein Handy, meinen Fahrradcomputer und für meine Schaltung auf meiner Packliste. Ein kleines Erste-Hilfe-Paket inklusive Pflaster und einer Bandage darf ebenfalls nicht fehlen. Wer sich noch sicherer fühlen möchte, kann im Vorfeld einen Erste-Hilfe-Kurs belegen.

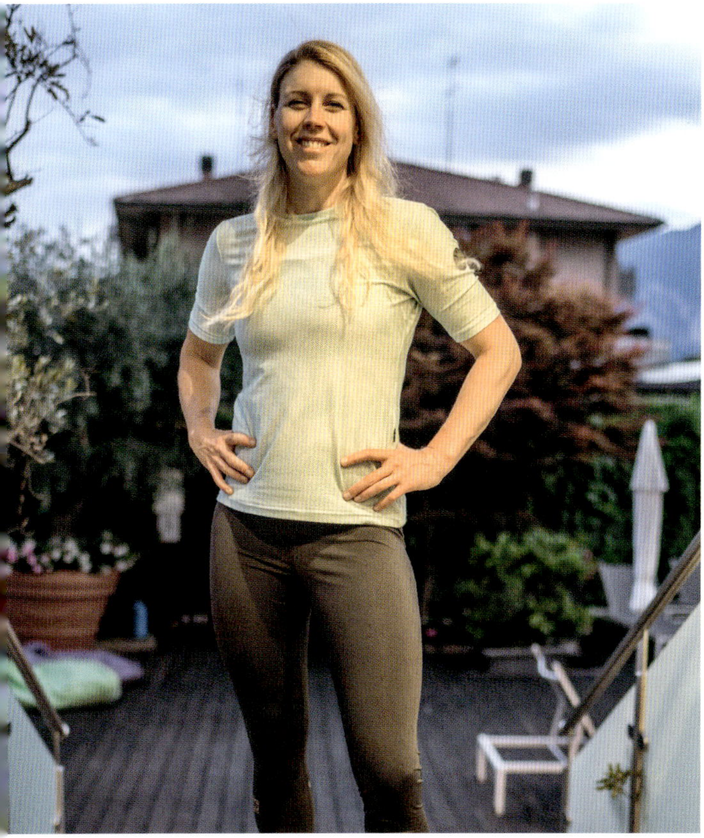

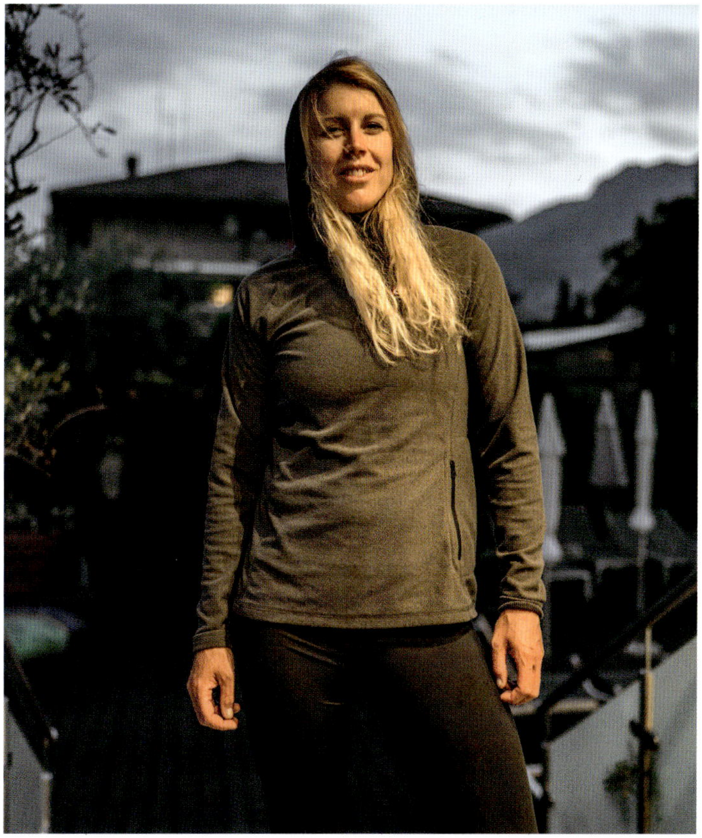

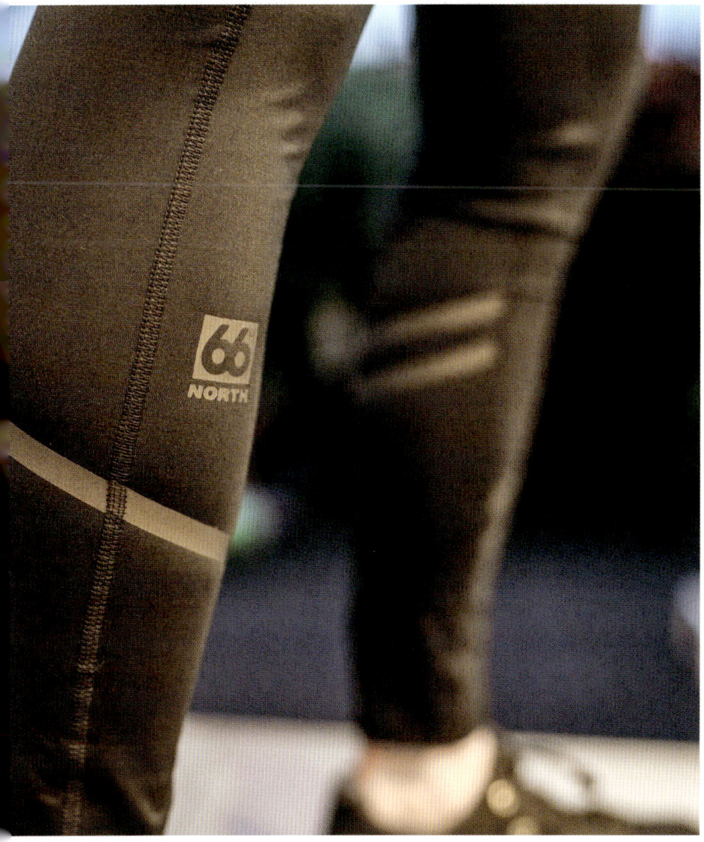
66
NORTH

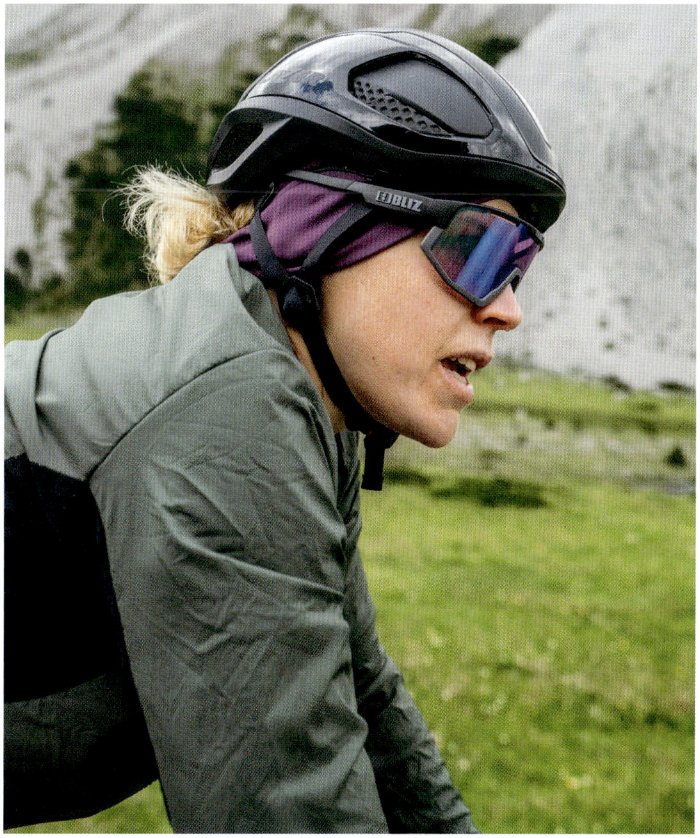
BLIZ

»

Beim Licht solltest du nicht sparen. Ich kenne das vom Laufen, wenn ich mit 500 Lumen vor jemanden herlaufe, der mit 1.000 Lumen unterwegs ist. Außer meinem eigenen Schatten sehe ich nichts mehr.

«

TOOLS

Eine kleine Luftpumpe, die ich in meiner Oberrohrtasche verstaue. Ein kleines Multitool hat sich ebenfalls bewährt.

BELEUCHTUNG

Beim Licht solltest du nicht sparen. Ich kenne das vom Laufen, wenn ich mit 500 Lumen vor jemanden herlaufe, der mit 1.000 Lumen unterwegs ist. Außer meinem eigenen Schatten sehe ich nichts mehr. Ein höherer Lumenwert bedeutet auch eine längere Laufzeit in den niedrigeren Stufen. Für mein Abenteuer nutze ich die Supernova B54 Pro mit 1.600 Lumen, also den hellsten in der StVO zugelassenen Akkuscheinwerfer. Innerhalb von 2,5 Stunden ist der Akku geladen – ein großer Vorteil, wenn man nur ein Ladegerät für mehrere Devices dabeihat. Zudem gefällt mir, dass man über einen Knopf am Lenker leicht das Licht einschalten kann, ohne dabei die Hand vom Lenker nehmen zu müssen. Gerade bei Tunnels in der Abfahrt ist der Knopf dann ein Lifesaver, um schnell und sicher eine eventuell holprige Straße zu erkennen.

NAVIGATION

Ich benutze einen Garmin Edge 1030 Plus, da das Display schön groß ist und man somit sehr gut navigieren kann. Zudem hält der Akku sehr lang. Für mich hat es fast zu viele Features – ich benutze noch nicht einmal einen Herzfrequenzmesser. Aber durch den großen Bildschirm kann ich zehn Daten gleichzeitig anschauen. Die Basics wie Distanz, Zeit und Geschwindigkeit werden angezeigt, es gibt einen Kompass, und ich kann die Zeit des Sonnenuntergangs ablesen – hilfreiche Daten für das Abenteuer.

Licht solltest du immer dabeihaben – der nächste Tunnel kommt bestimmt. Meistens übertrage ich morgens die Route vom Handy auf den Radcomputer und checke noch einmal die aktuelle Wetterprognose.

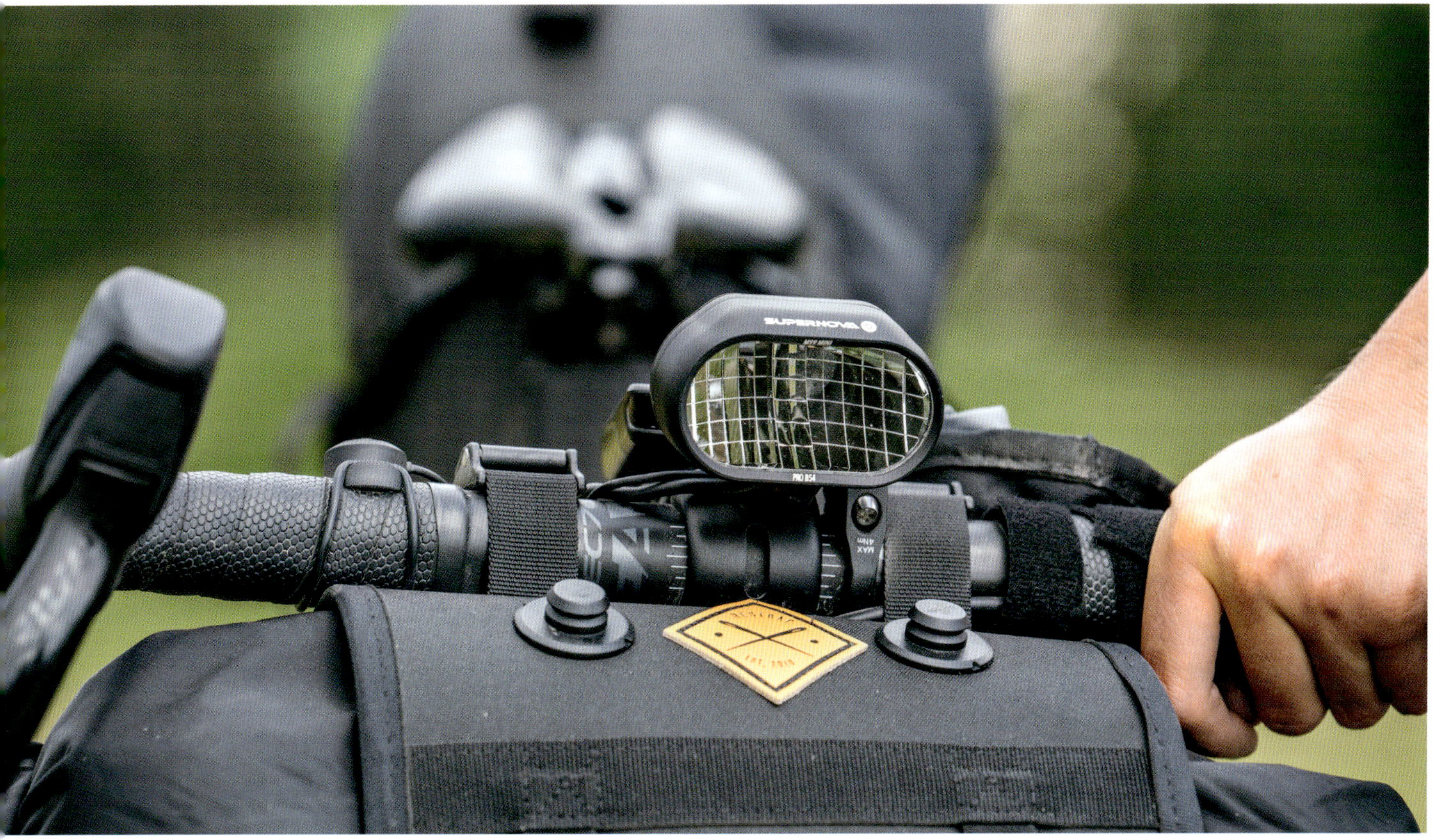
SUPERNOVA

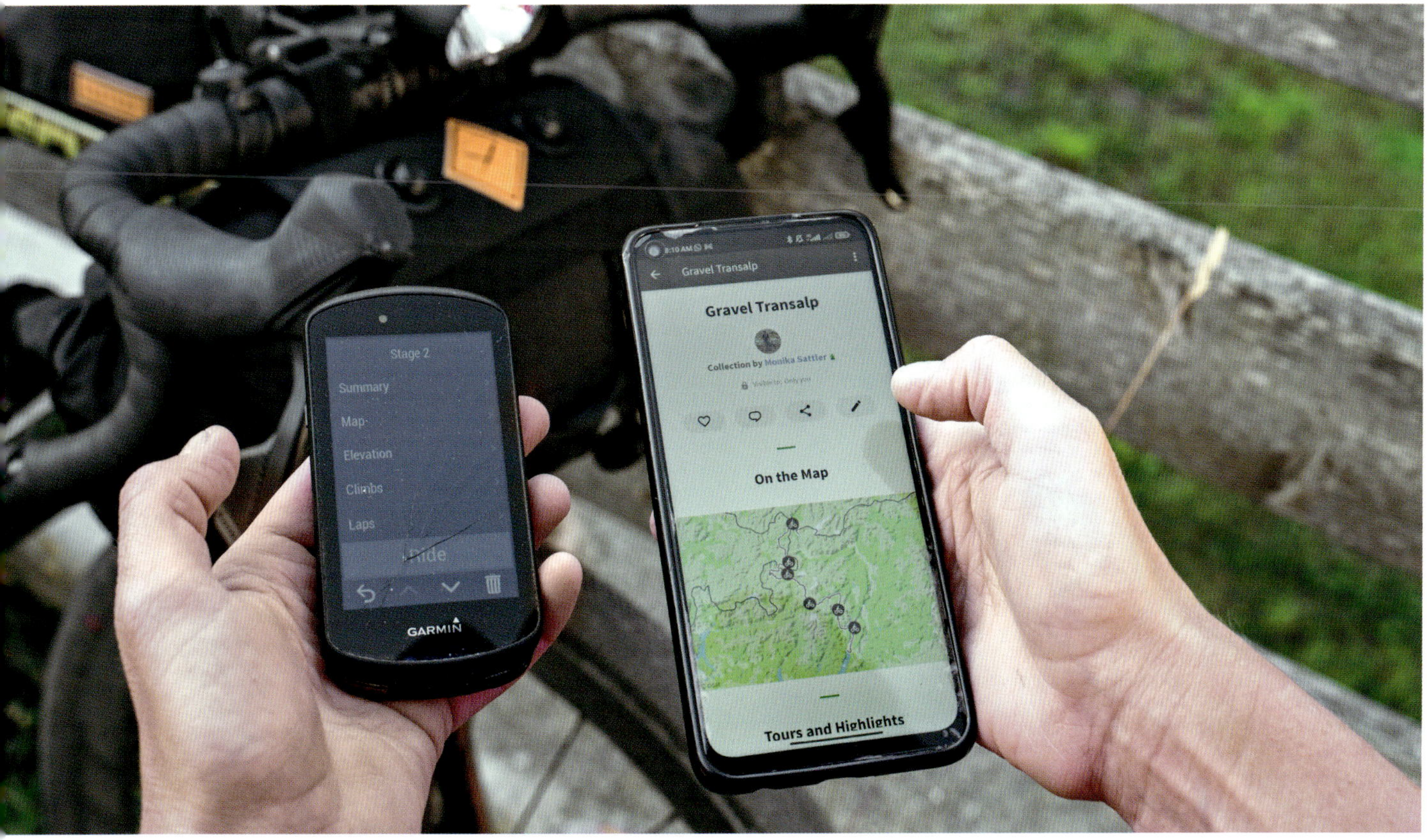
Stage 2
Summary
Map
Elevation
Climbs
Laps
Ride
GARMIN
Gravel Transalp
Gravel Transalp
On the Map
Tours and Highlights

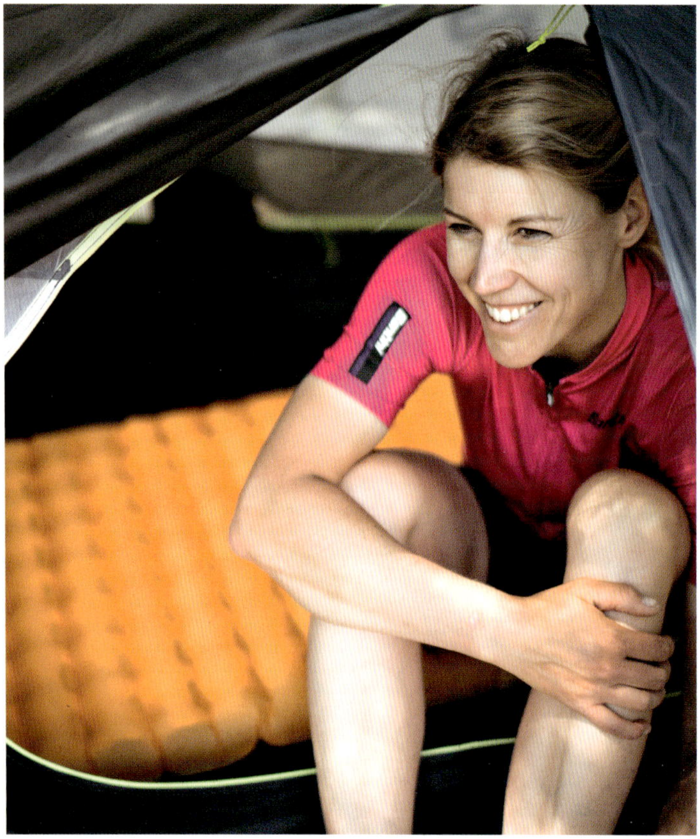

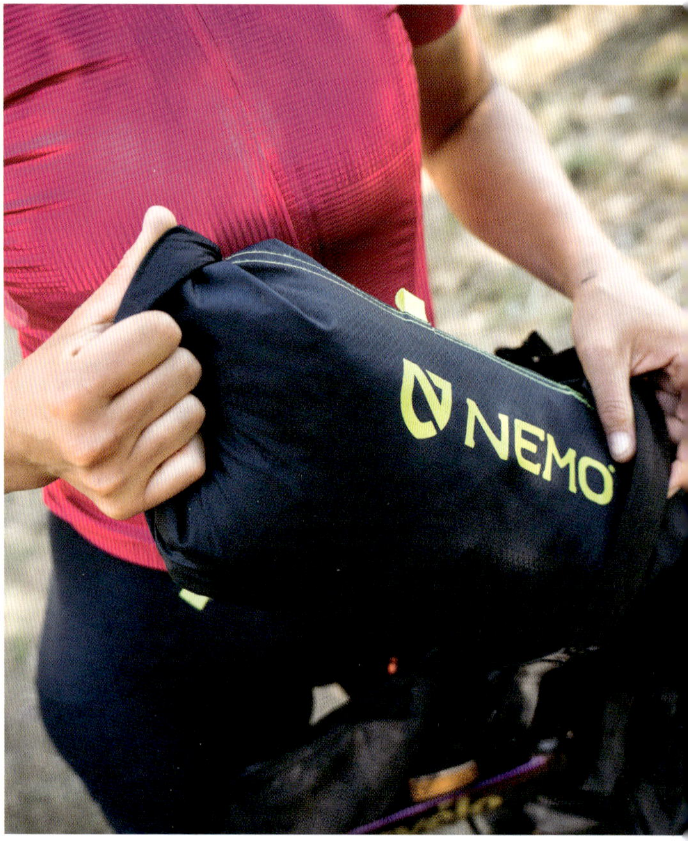
NEMO

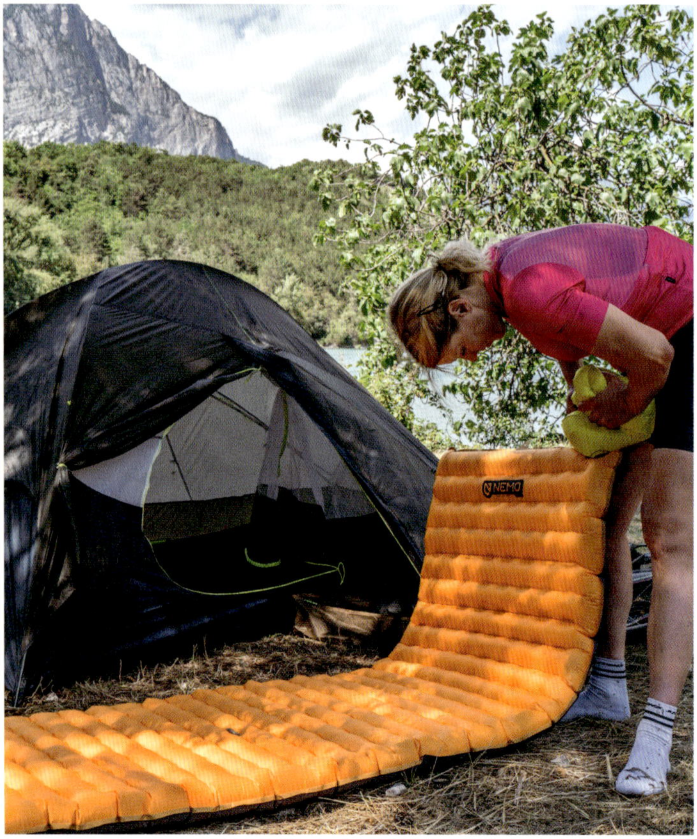
NEMO

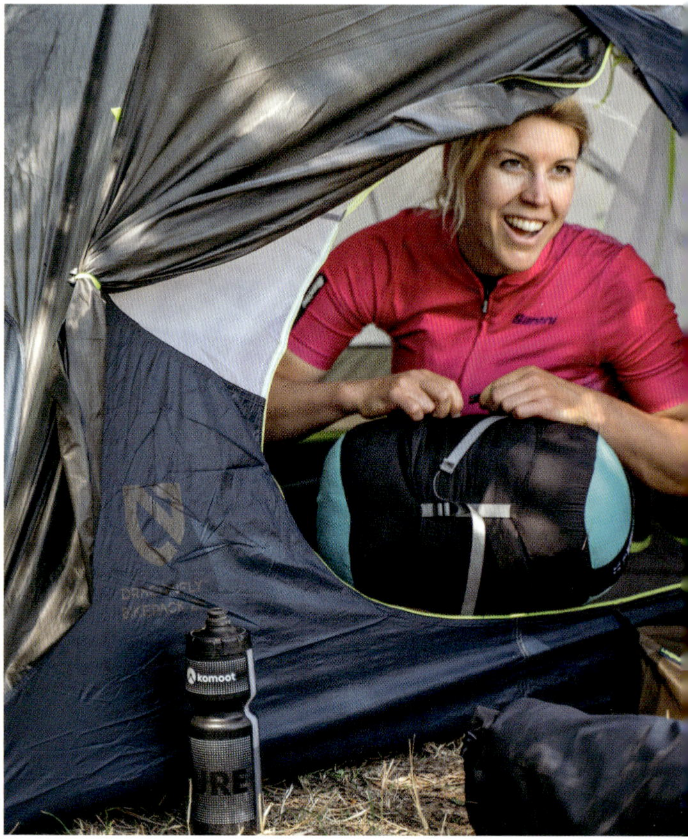
komoot

BIKEPACKING-ZUBEHÖR

Worum geht es dir bei deiner Transalp: um Adventure, Geschwindigkeit oder Komfort? Eine Tour von Hotel zu Hotel unterscheidet sich deutlich von einer mit Zelt. Ich liebe das Gefühl von »Leichtigkeit« auf dem Rad, wenn ich dementsprechend schnell die Anstiege meistern kann. Deshalb entscheide ich mich oft für Hotels. Das Zelten hat allerdings große Vorteile. Der wichtigste ist sicherlich die Unabhängigkeit von jeglicher menschlichen Infrastruktur, vor allem in den teils dünn besiedelten Bergen.

Ich habe mich für meine Transalp zwar für feste Unterkünfte entschieden, habe aber folgende Empfehlungen für dich:

ZELT

Das Nemo 2-Personen Dragonfly Bikepacking-Zelt gefällt mir sehr, da auch Ungeübte den Aufbau intuitiv schaffen. Es bietet ein vergleichsweise großes Innenzelt, in dem man sich nicht eingeengt fühlt, und es hat eine »Landing Zone«, in der man die Dinge, die man lieber außerhalb der Kabine behält, wie Schuhe und Socken, trocken lagern kann. Mit einem Gewicht von 1,6 Kilogramm und seiner kompakten Form ist es speziell für das Bikepacking konzipiert worden.

MATTE

Ich nutze die Nemo Tensor Schlafmatte, die mit 370 Gramm extrem leicht ist und sehr klein verstaut werden kann. Dazu kommt der Pumpsack, der das Aufpumpen sehr vereinfacht. Der Hersteller hat wirklich an alles gedacht, da sich durch die Konstruktion der Matte auch beim nächtlichen Umdrehen die Geräusche stark in Grenzen halten.

SCHLAFSACK

Der Nemo Riff ist ein praktischer 3-Jahreszeiten-Daunenschlafsack. So kann ich auch an etwas kühleren Sommertagen problemlos draußen schlafen. Der Schlafsack punktet darüber hinaus mit vielen praktischen Funktionen: Die Belüftungsschlitze mit Reißverschluss regulieren die Temperatur während der Nacht, der Wärmekragen sorgt für einen angenehmen Schlafkomfort, und eine wasserdichte sowie atmungsaktive Fuß- und Kopfzone hält den Kondensationstand.

KISSEN

Das Fillo Backpacking & Camping Kissen lässt sich schnell aufpusten und bietet den Komfort eines Daunen-Kopfkissens. Es bietet eine großzügige Liegefläche und kann dank des integrierten Packsacks überraschend klein verpackt werden. Die drei parallelen Luftkammern verteilen die Luft gleichmäßig im Kissen. Die zusätzliche dicke Schaumfüllung sorgt für ein weiches Gefühl – anders als bei klassischen aufblasbaren Camping-Kopfkissen.

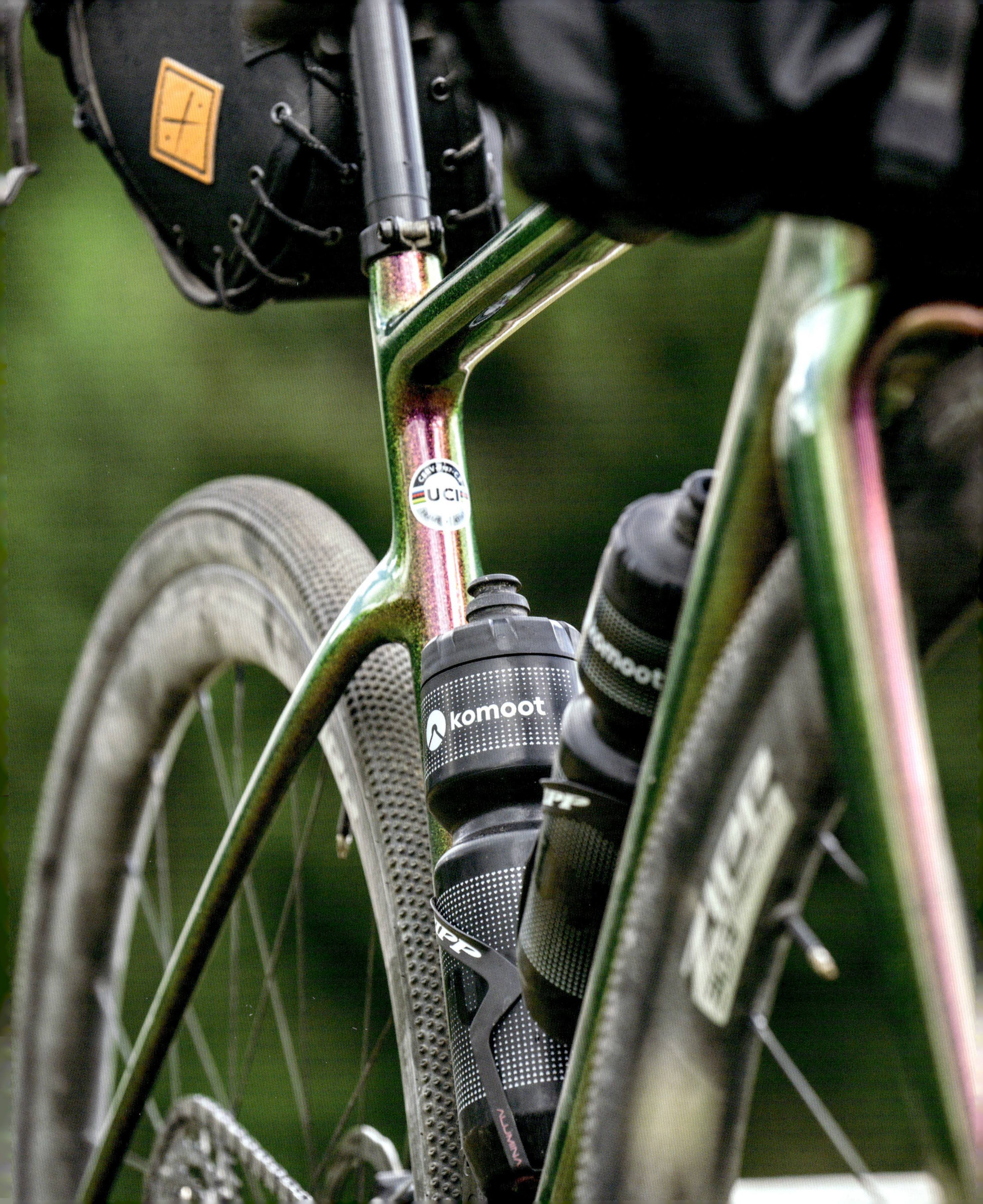
UCI
komoot
komoot

MEINE AUSRÜSTUNG UND PACKLISTE IM DETAIL

FAHRRAD

Rahmen	*Cervélo All-Carbon, Tapered Áspero, 54 cm Rahmen*
Schaltung	*SRAM Mullet eTap AXS, 40t Kettenblatt, 10 x 50 Kassette*
Bremsscheiben	*160/ 160*
Sattel	*PROLOGO DIMENSION Nack-Streben*
Laufräder	*ZIPP 303 Firecrest*
Reifen	*Schwalbe G-One Allround, 40 mm*
Lenker	*Easton EC70AX Carbon, 44 cm*
Vorbau	*Easton EA70 Alloy, 100*
Sattelstütze	*Easton EC70 Carbon*
Licht	*Supernova B54 PRO*

WERKZEUG

Multitool	*PRO Minitool Performance 9*
Kettenöl	*MucOff C3 Ceramic Lube*

PACKTASCHEN

Satteltasche	*Restrap Saddle Bag (14 l)*
Oberrohrtasche	*Restrap Top Tube Bag*
Lenkertasche	*Restrap Bar Bag Large*
Vorbautasche	*Restrap Stem Bag*

KLEIDUNG

Brille	*Bliz Fusion Nano*
Helm	*Lazer Vento Kineticore*
Trikothose	*Santini REDUX ISTINTO*
Trikot	*Santini Delta Kinetic Kurzarm*
2x Socken	*Red Cycling Products Race High-Cut Socken weiß*
Windjacke	*Santini Alpha Trail Jacket*
Armlinge	*Santini Vega Multi Armlinge*
Beinlinge	*Santini Vega Multi Beinlinge*
T-Shirt	*Santini Gravel Delta T-Shirt Woman*
Leggings	*66° North Grettir Running-Leggins*
Stirnband	*Polartec Headband*

SONSTIGES

Navigation	*Garmin Edge 1042 Plus Ladegerät*
Ohrstöpsel	*Ohropax Silicon*

WASCHZEUG

Zahnbürste, Zahncreme, Sonnencreme, Labello, Duschgel, Shampoo, Ibuprofen

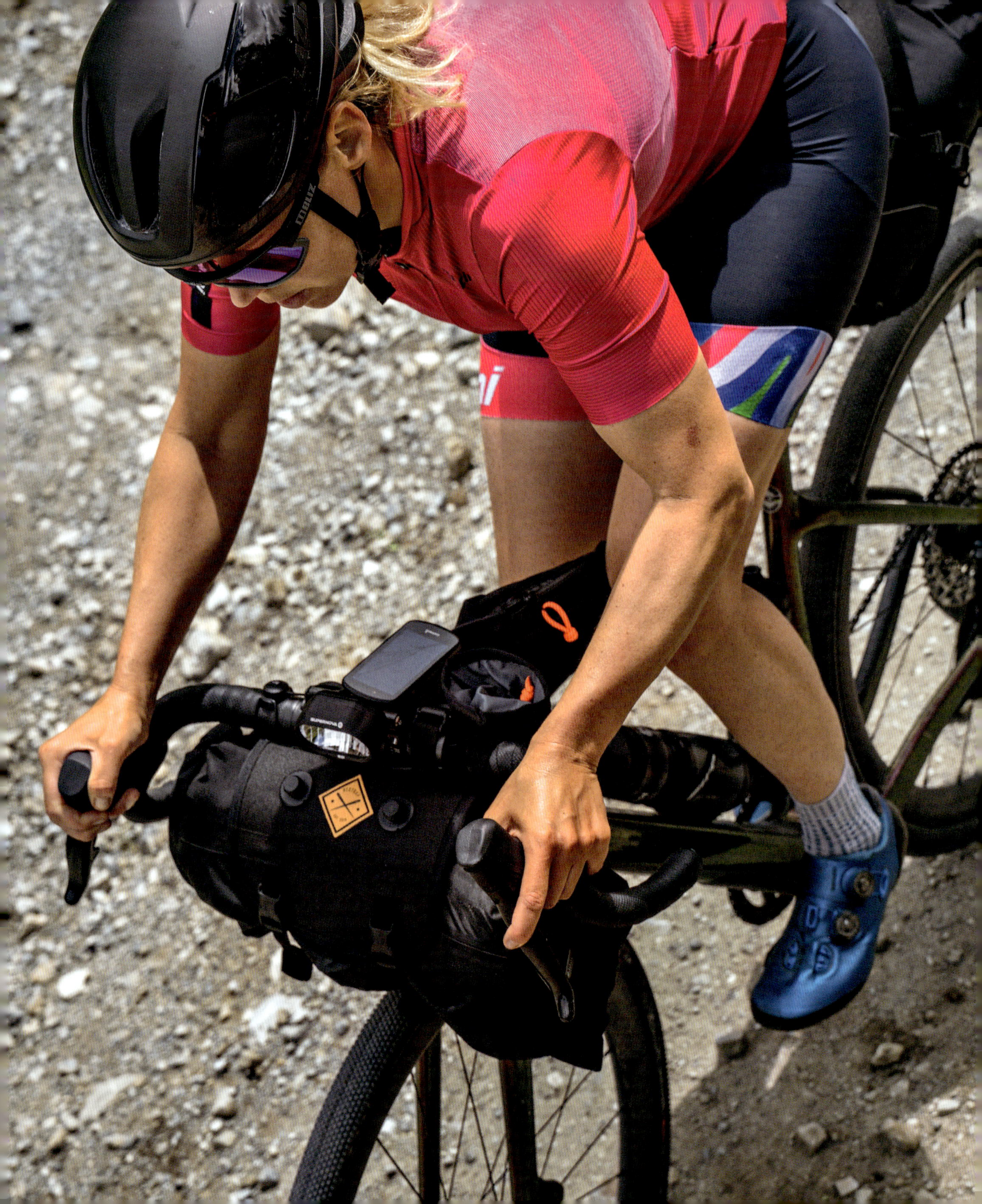

TRAINING

Die physische Vorbereitung für eine Gravel-Tour ist sehr individuell. Ich bin der Meinung, der Spaß muss im Vordergrund stehen – auch bei der Vorbereitung, und daher sollte sie so konzipiert sein, dass man sich darauf freut.

Es gibt so viele verschiedene Ansätze: Manche brauchen einen Trainingsplan, andere fahren nach Gefühl. Die einen fahren lieber allein, andere nur in einer Gruppe. Wichtig ist, dass man seine eigenen Präferenzen kennt und sie befolgt. Am Ende des Tages sollte Radfahren Spaß machen.

Meine Leidenschaft zum Radfahren hat mit Gruppenausfahrten begonnen. Irgendwann wurde mir ans Herz gelegt, einen Coach zu nehmen und einen strukturierten Trainingsplan zu befolgen, damit ich besser werde. Das habe ich ganze vier Wochen durchgehalten, bis ich keine Lust mehr auf stundenlange Soloausfahrten und Fahren nach Puls oder Power hatte. Obwohl mir ein strukturierter Trainingsplan nicht liegt, bin ich froh, dass ich es ausprobiert habe. Für mich war klar: Ich fahre am liebsten mit anderen Menschen und nach Lust und Laune. So war es auch, als ich mich auf die 3.000 Kilometer in Spanien vorbereitet habe. Zwar hatte ich ein paar lange, mehrtägige Ausfahrten in meinen »Lust und Laune«-Plan eingebaut, aber ich habe nicht die Empfehlung meiner Radfreunde befolgt, so viel wie möglich zu trainieren. Ganz im Gegenteil: Ich wusste, dass ich auf die Spanienrundfahrt richtig Lust haben muss. Wenn ich vorher schon 800 Kilometer pro Woche gefahren wäre, dann wäre ich zum Startzeitpunkt der 3.000-Kilometer-Tour schon physisch und – viel wichtiger – mental ausgelaugt gewesen. Deshalb bin ich mehrere Wochen vor dieser Tour nur so viel gefahren, dass ich meinen Trainingsstatus halten konnte. Mein Fazit ist, dass man sich auch bei der Vorbereitung selbst treu bleiben und sie so planen sollte, dass es Spaß macht und in den Alltag passt.

Beim Training sollte der Spaß im Vordergrund stehen und es sollte in deinen Alltag passen.

»

Für die sechstägige Gravel-Transalp plane ich eine Mischung aus Rennrad- und Gravel-Ausfahrten. Die Etappen sind zwar nicht lang, aber es macht immer mehr Spaß, wenn man fit und gut vorbereitet ist.

«

Für die sechstägige Gravel-Transalp plane ich eine Mischung aus Rennrad- und Gravel-Ausfahrten. Die Etappen sind zwar nicht lang, aber es macht immer mehr Spaß, wenn man fit und gut vorbereitet ist. Da ich in Bern wohne, liegen die Berge und damit die Höhenmeter in der Nähe. Eine Ausfahrt in jede Richtung ist somit ein großartiges Training. Es ist immer gut, die Trainingsausfahrten so weit wie möglich dem Gelände, dem Höhenprofil und der Distanz anzupassen. Und wenn ich dabei zusätzlich noch neue Regionen in meiner Gegend erkunden kann, ist das für mich die schönste Art, zu trainieren.

Zum Teil habe ich meine Taschen während des Trainings am Rad, um zu testen, wie gut sie sitzen und ob ich noch was ändern muss. Damit ich mich, wenn es dann losgeht, hundertprozentig auf die Abenteuerfahrt konzentrieren kann, ohne mich mit der Ausstattung auseinandersetzen zu müssen.

Falls du dein Training etwas strukturierter angehen möchtest, kann ich dir ein Buch empfehlen, das ich im Anhang des Buches aufgelistet habe. Meine wichtigste Empfehlung ist, variiert zu trainieren, also den Schwerpunkt auf die Strecken zu legen, die dem Terrain deines geplanten Gravel-Abenteuers am ähnlichsten sind.

Regelmäßige Trink- und Futterpausen füllen die leeren Akkus auf, und du kannst den Blick schweifen lassen.

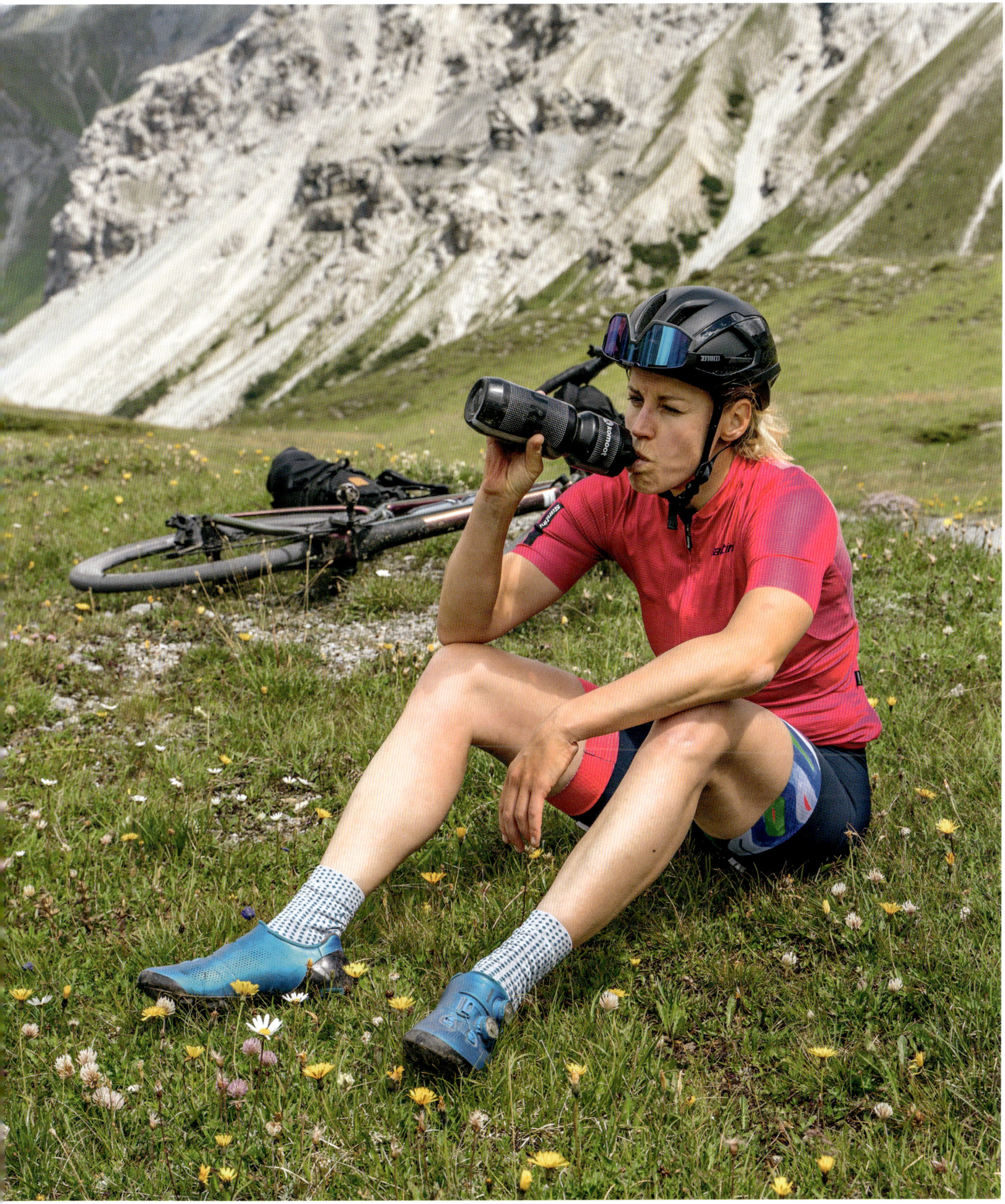

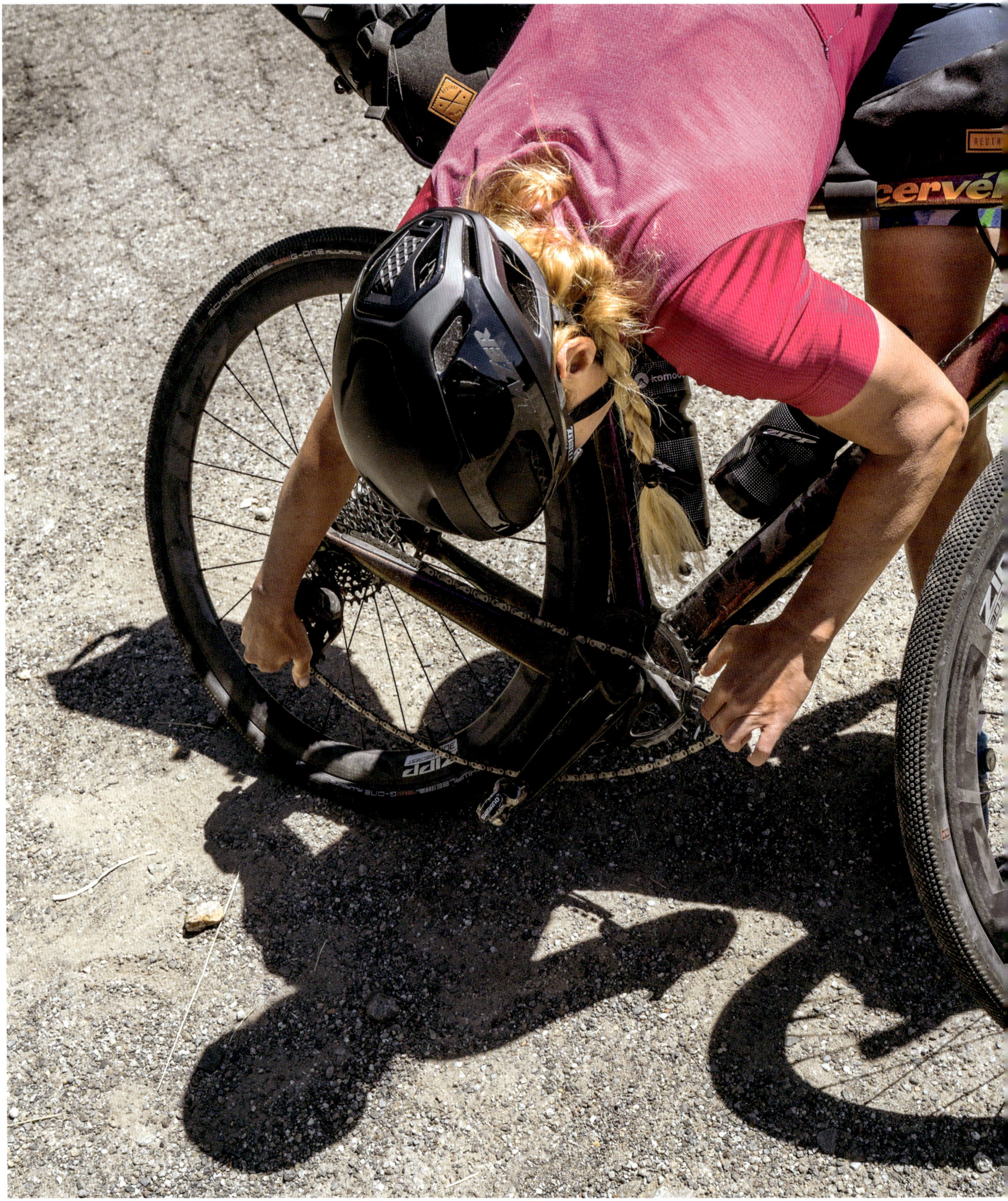

SCHRAUBER-BASICS

Wenn du nicht gerade mit einem Fahrradmechaniker unterwegs sein wirst, lohnt es sich, dir ein paar Basic-Skills anzueignen.

Egal, ob du mit Schlauch oder tubeless fährst, du solltest auf jeden Fall einen Schlauch wechseln können. Selbst für Tubeless-Fahrer können diese Basics nützlich sein, wenn der Reifen nicht mehr durch Plugs abgedichtet werden kann. Dann muss der Schlauch her.

Für die Tubeless-Fahrer unter uns ist es gut zu wissen, wie man die Plugs benutzt. Es lohnt sich, ein oder zwei YouTube-Videos anzuschauen, damit du halbwegs eine Vorstellung hast, was dann zu tun ist. Am besten schon vor der Tour, da solche mechanischen Probleme – frei nach Murphy‘s Law – immer dann auftreten, wenn du an Ort und Stelle keinen Internetempfang hast.

YouTube-Kanal von *TOUR*.

Außerdem kann es hilfreich sein, zu wissen, wie du einen Kettenlink setzt, falls die Kette doch einmal reißen sollte – das ist schnell gelernt und gemacht. Auch zu diesem Thema existieren zahlreiche Videos im Netz. Wie du eine Kette sauber machst und ölst, ist ebenfalls essenziell – der Klang einer trockenen Kette ist fast so schlimm wie Nägel auf einer Tafel.

Es gibt zahlreiche YouTube-Videos im Internet. Einige Brands machen sehr schöne Videos, in denen sie ihr Produkt erklären und wie es funktioniert. Dort würde ich mit dem Mechanik-Online-Crash-Kurs starten. Viele hilfreiche Tipps findest du auch im YouTube-Kanal der TOUR, Europas größter Rennradzeitschrift, die sich ebenfalls dem Graveln verschrieben hat.

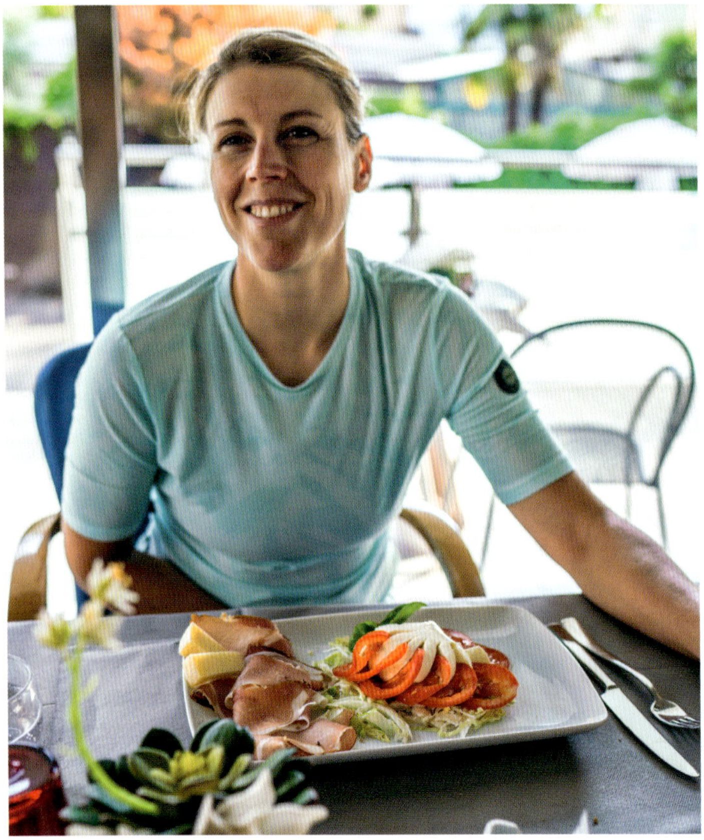

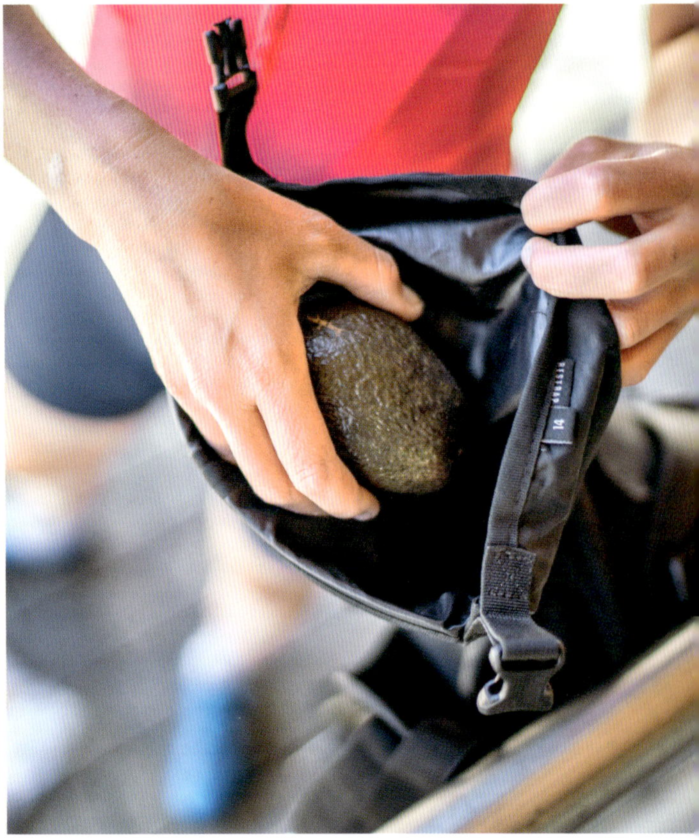

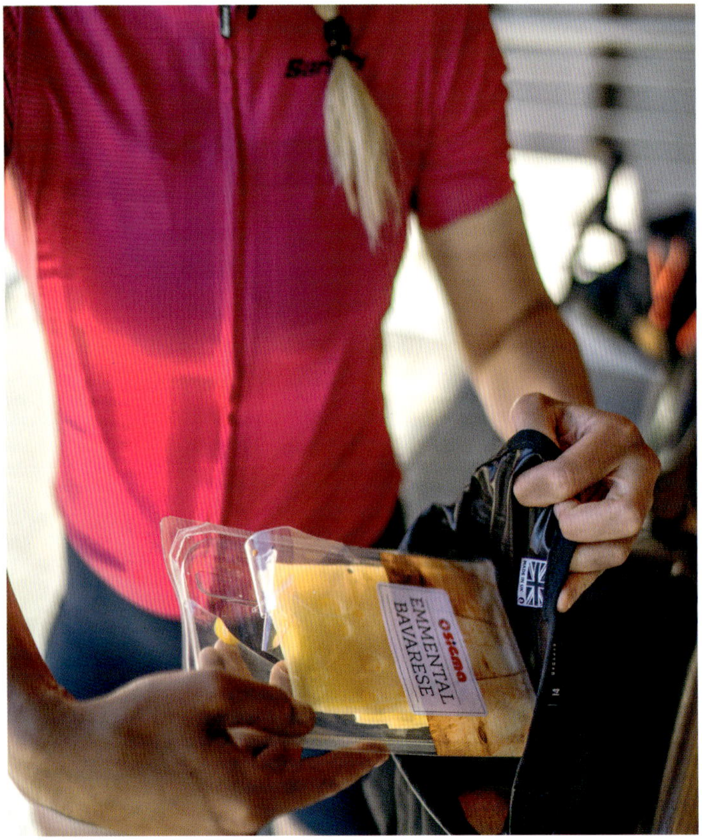
SIGMA
EMMENTAL
BAVARESE

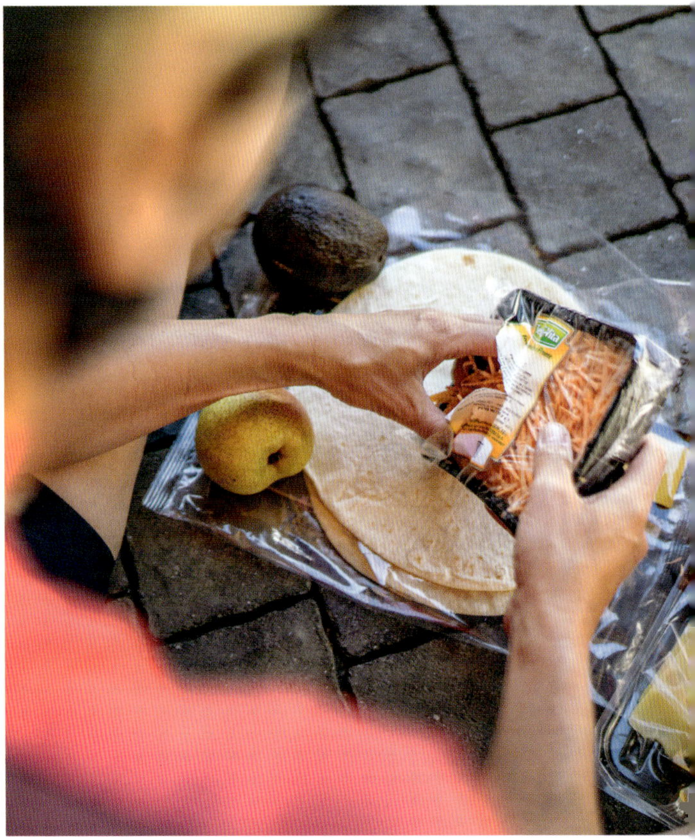

ERNÄHRUNG

Ernährung ist eine sehr persönliche Angelegenheit, und jeder hat seine Vorlieben. Ich bin jemand, der versucht, immer so »natürlich« wie möglich zu essen – allein schon deswegen, weil ich feste Nahrung bevorzuge und ich von zu viel Zucker Magenprobleme bekomme.

Auf der dreiwöchigen Spanienrundfahrt habe ich beispielsweise immer lokales Essen zu mir genommen: Tortilla, Pulpo a la Gallega und viele weitere spanische Spezialitäten. Nur zweimal habe ich zu einem Gel gegriffen, als ich ganz schnell Zucker brauchte, aber das war die Ausnahme.

VOR DER ETAPPE

Ich esse vor der Etappe, also am Morgen, immer das Gleiche: Haferflocken mit Schoko-Proteinpulver und Früchte, und trinke ein paar Tassen Kaffee. Dieses Frühstück stärkt mich für den Tag, ohne dass ich ein Völlegefühl habe.

WÄHREND DER ETAPPE

Meistens habe ich folgende Snacks dabei: Wraps, Käse, Avocado, Bananen und alles was sich gut in Aluminiumfolie einwickeln lässt und im Trikot nicht ausläuft. Am liebsten stoppe ich an Tankstellen und kaufe genau das, worauf ich in dem Moment Lust habe. Manchmal verlangt mein Körper Salz, manchmal Zucker und manchmal beides, und dann entstehen Kreationen wie Honigbrot mit Schinken darauf. Generell bin ich nicht die große Esserin auf dem Rad, ich esse lieber davor und danach. Aber egal, wie wenig ich während der Tour verspeise, ich habe immer einen Notfallriegel oder anderes Essen dabei. Diese Lektion habe ich früh gelernt. Einen Hungerast an einem Ort ohne Verpflegungsstelle weit und breit möchte ich mir ersparen.

Egal, ob Wraps oder Avocado unterwegs oder lokale Spezialitäten nach der Tour: Gutes Essen nährt Körper und Seele.

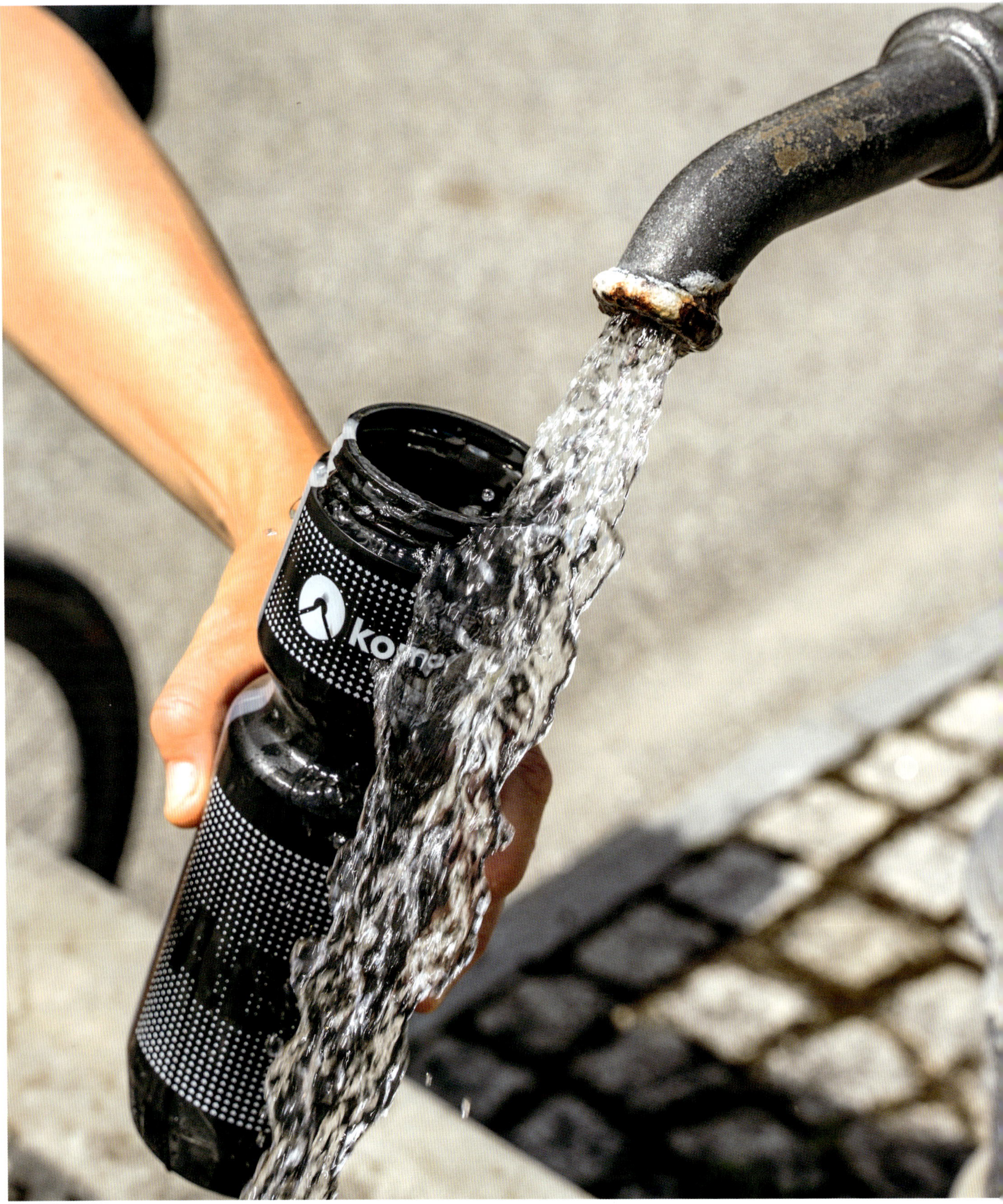

»Entlang der Strecke bieten zahlreiche Brunnen eine willkommene Möglichkeit, meine Flaschen wieder aufzufüllen.«

Zum Trinken nehme ich immer Wasser oder Apfelsaftschorle mit. Ich habe leider Probleme mit säurehaltigen Brausetabletten und Getränken, und das schließt dann sehr viel aus, was ich unterwegs finden kann.

Entlang der Strecke bieten zahlreiche Brunnen eine willkommene Möglichkeit, meine Flaschen wieder aufzufüllen. Pro Tag komme ich je nach Streckenbeschaffenheit und Temperatur auf etwa vier Liter Flüssigkeit.

NACH DER ETAPPE

Das ist die wichtigste Zeit der Nahrungsaufnahme für mich, und ich esse meist in zwei Etappen. Gleich nach der Fahrt versuche ich, etwas leicht Verdauliches zu essen, was der Körper schnell aufnehmen und verarbeiten kann – meistens in Form von Wraps. Später verspeise ich dann eine weitere Mahlzeit, die Fisch mit Gemüse beinhaltet, Salat und noch Kohlenhydrate wie Reis oder Kartoffeln.

KAPITEL 3
MEINE GRAVEL-TRANSALP

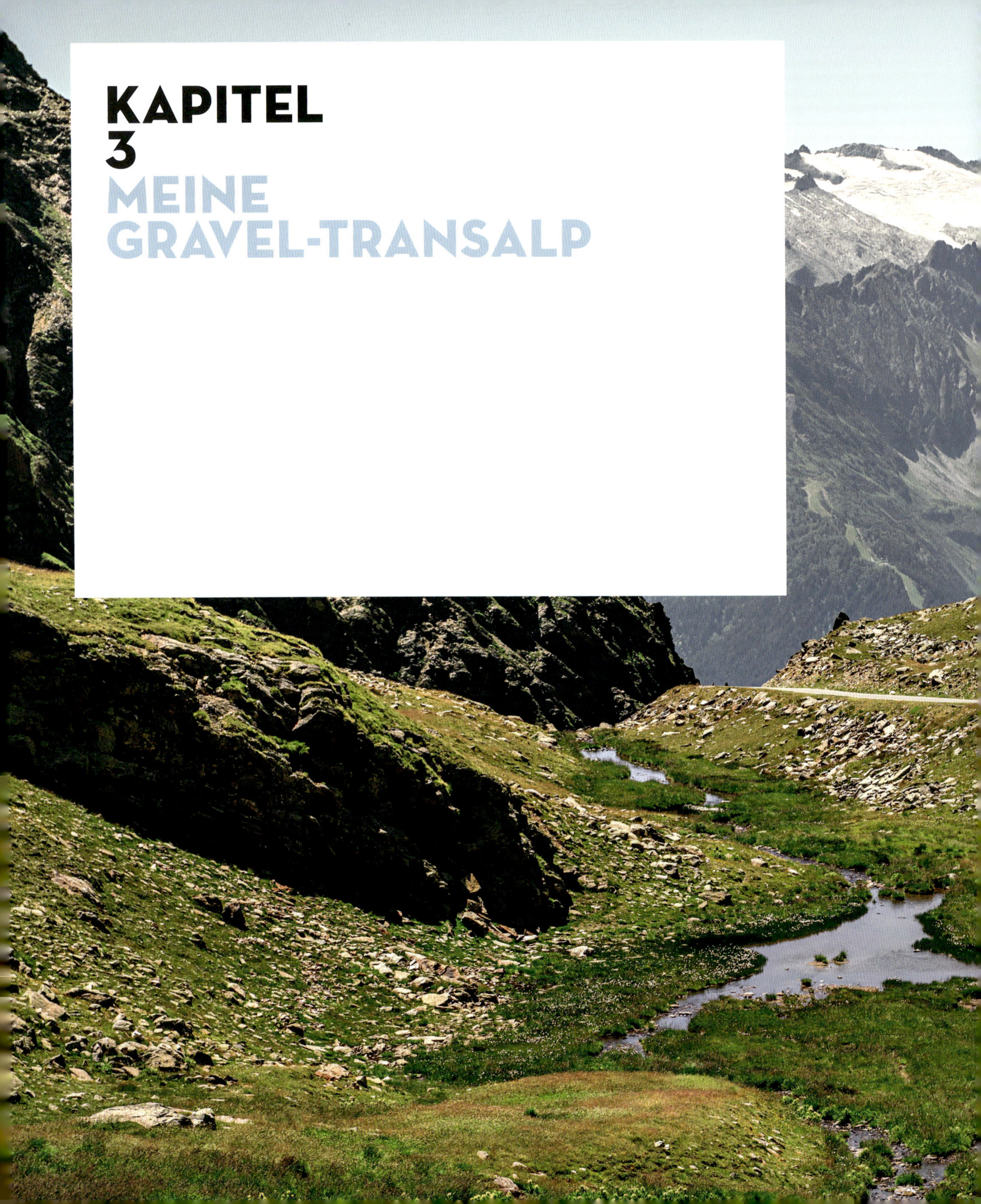

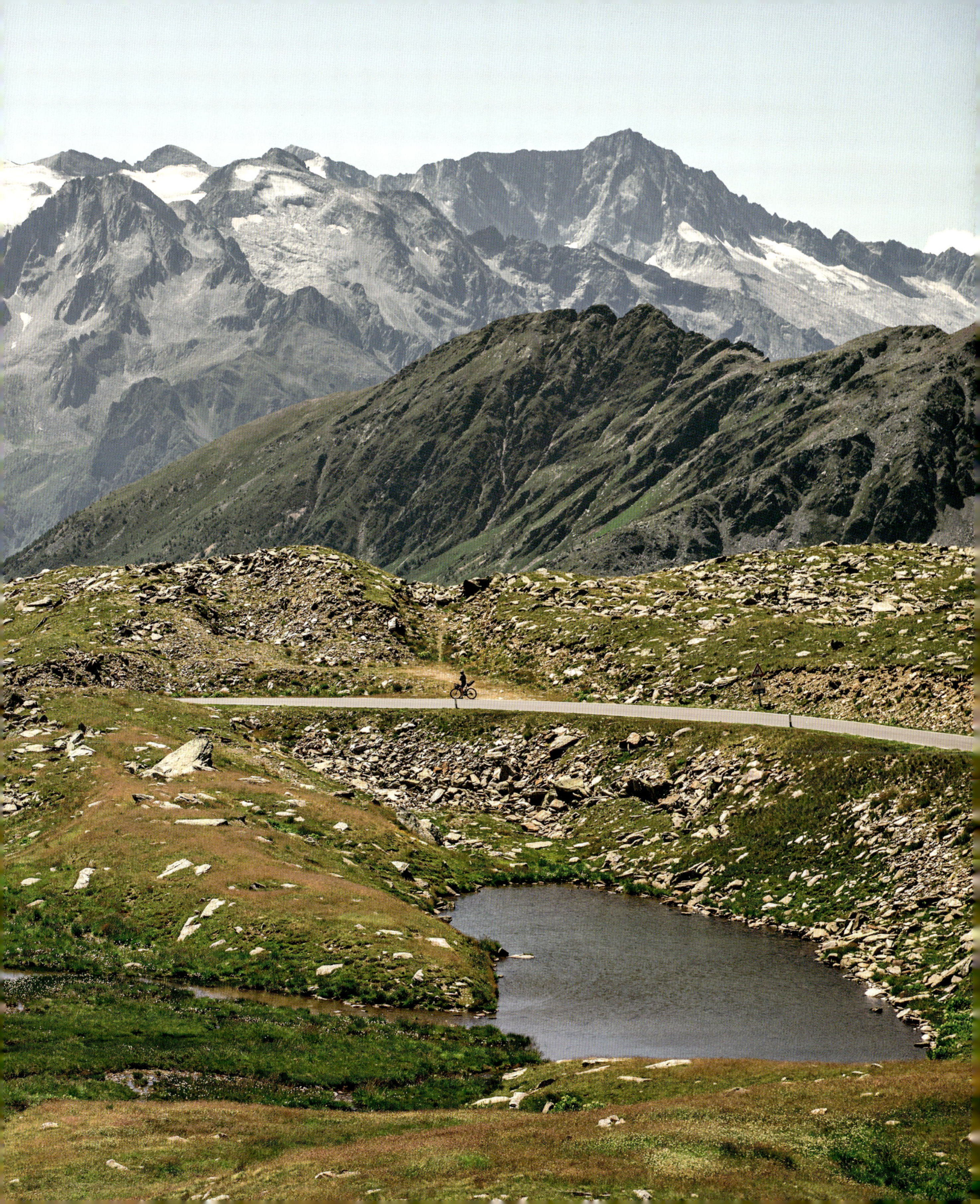

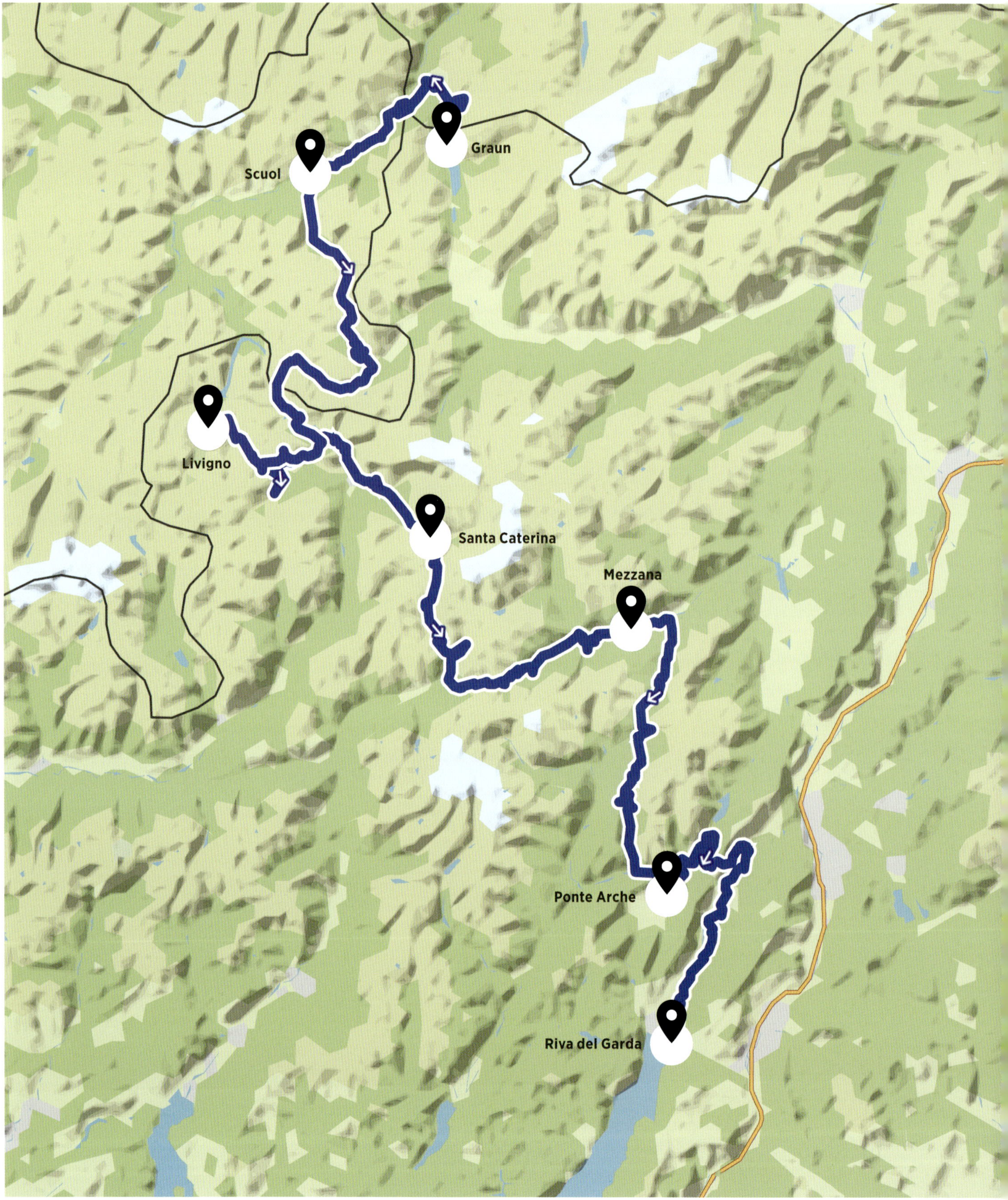
Graun
Scuol
Livigno
Santa Caterina
Mezzana
Ponte Arche
Riva del Garda

MEINE STRECKE: HEAVY (LÄNGERE) TRANSALP-ROUTE

Die sechstägige Gravel-Transalp startet vom italienischen Reschensee und geht über wunderschöne Wege via Österreich und die Schweiz zurück nach Italien zum Gardasee.

Ich bin schon immer von den Alpen fasziniert gewesen und kenne die französischen sowie die Schweizer Alpen ganz gut. Aber in Italien bin ich bisher nur wenig Rad gefahren, und daher ist das der perfekte Moment, nun eine neue Region, vor allem mit dem Gravelbike, zu erleben.

ETAPPENBESCHREIBUNG

Die Route kann in verschiedenen Längen und mit unterschiedlichem Schwierigkeitsgrad gefahren werden. Ich nehme die sechstägige Route in Angriff, die 402 Kilometer lang ist und 11.010 Höhenmeter aufweist. Der Start ist in Graun, einem wunderschönen Ort am Reschensee, in Südtirol. Nach etwa zwei Kilometern geht es gleich steil zehn Kilometer bergauf nach Plamort, was eine super Aussicht ins Tal verspricht. Der Schotter ist sehr gut befahrbar. Oben gibt es einen kleinen Singletrail, den ich laufen muss, aber es sind tatsächlich nur ein paar Meter. Auf der Höhe überquert man die Grenze nach Österreich und fährt einen geschmeidigen Forstweg bergab nach Nauders. Das kleine tirolische Dorf mit rund 1.500 Einwohnern liegt auf 1.394 Metern und ist prädestiniert für sommerliche wie winterliche Aktivitäten. Leider werde ich dafür keine Zeit haben, da es dann gleich wieder leicht ansteigt zur Norbertshöhe und dem nächsten Grenzübertritt in die Schweiz. Von dort geht es via einen schön befahrbaren Forstweg bergab zum Inntal, wo ein Schotterradweg entlang des Flusses nach Scuol führt. Dort werde ich dann meine erste Nacht verbringen. Insgesamt wird die erste Etappe 48 Kilometer und 1.190 Meter Anstieg umfassen.

Streckenkarte im Detail auf komoot.

»

Der Weg ist ein Singletrail und auf einer Seite abschüssig. Wer seiner Linie traut, der kann alles fahren, aber ich schiebe Teilstücke.

«

Die zweite Etappe startet dann von Scuol gleich mit einem Anstieg auf den Pass da Costainas, was rätoromanisch für »abschüssiger Pass« ist. Auch hier ist der Schotter sehr gut befahrbar. Nach 1.200 Höhenmetern und 22 Kilometern befindet man sich dann auf dem Pass, der einer der wenigen über den Alpenhauptkamm ist, die für Fahrzeuge gesperrt und komplett mit dem Mountainbike befahrbar sind. Dort wird der Weg etwas kniffelig und ich muss wegen größeren Steinen, die hervorragen, zum Teil absteigen und gehen. Dann geht es runter ins Val Müstair, wo ich wieder die Grenze nach Italien überquere. Zuerst war die Abfahrt zu steil zum Fahren. Da muss ich tatsächlich runterschieben. Auch der Untergrund ist zu steinig. Dann aber kann ich es schön rollen lassen bis zum Döss-Radond-Anstieg, der zwar einen einfachen Untergrund hat, aber eine anständige Steigung beinhaltet. Von dort geht es entlang des Val-Mora-Hängetals an den Lago San Giacomo di Fraele. Der Weg ist ein Singletrail und auf einer Seite abschüssig. Wer seiner Linie traut, der kann alles fahren, aber ich schiebe Teilstücke. Am Lago San Giacomo di Fraele kann man sich kurz erholen, bevor es via Passo Foscagno und Passo d'Eira in Richtung des Ziels in Livigno geht. Das ist entweder asphaltierte Straße oder leicht körniger Schotterweg. Livigno, der bekannte Wintersportort, entwickelt sich immer mehr zu einem Radsportmekka. Eine Giro-d'Italia-Etappe endete 2005 hier, und die Mountainbike Weltmeisterschaften wurden im gleichen Jahr ausgetragen. Mit 99,6 Kilometern ist diese Etappe die längste und hat auch die meisten Höhenmeter mit 3.020 Metern.

Ein paar Singletrail-Abschnitte, auf denen ich teilweise absteigen muss, erwarten mich nach den ersten beiden knackigen Anstiegen auf den Passo d'Eira und den Passo Foscagno während der 3. Etappe.

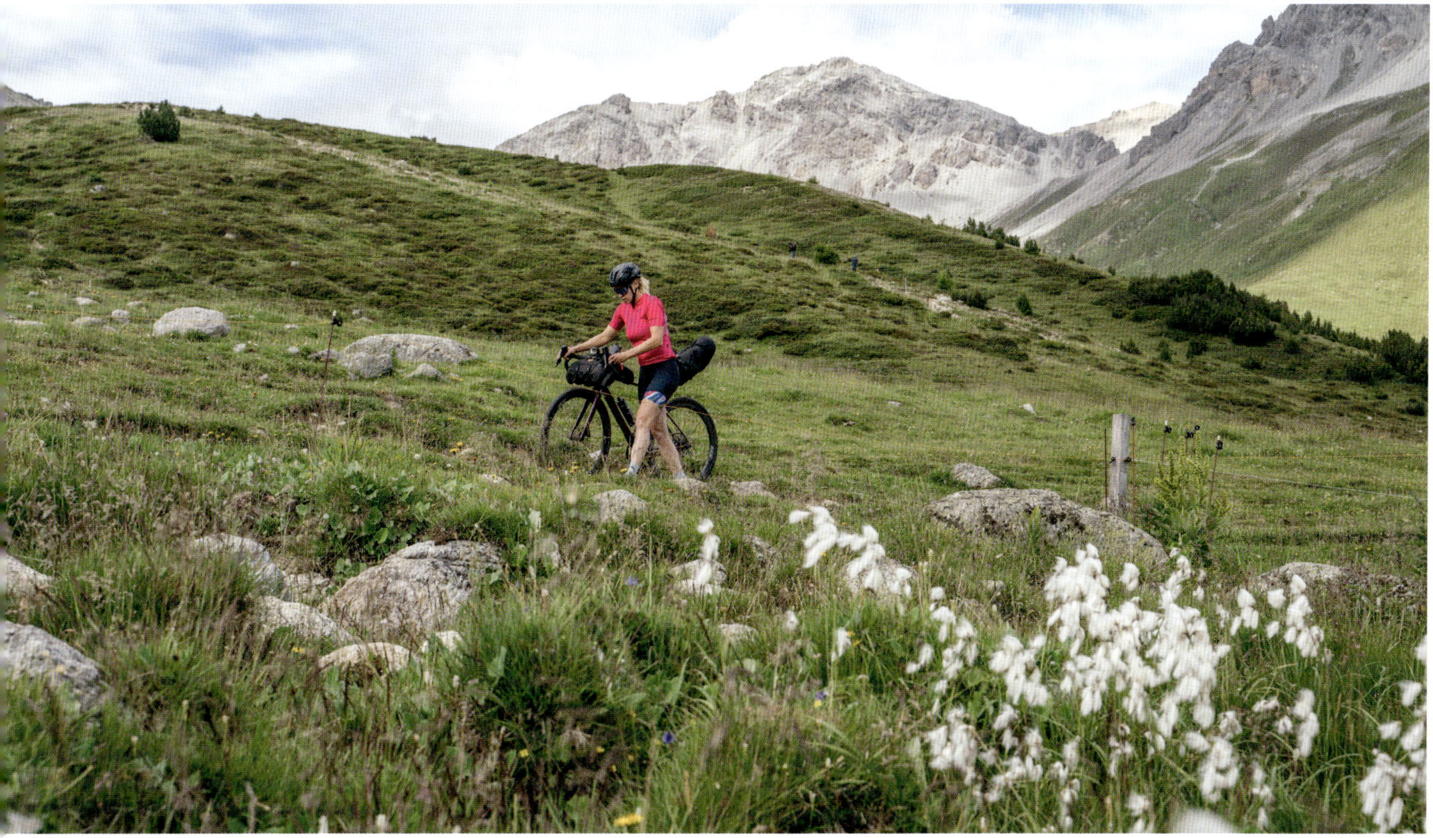

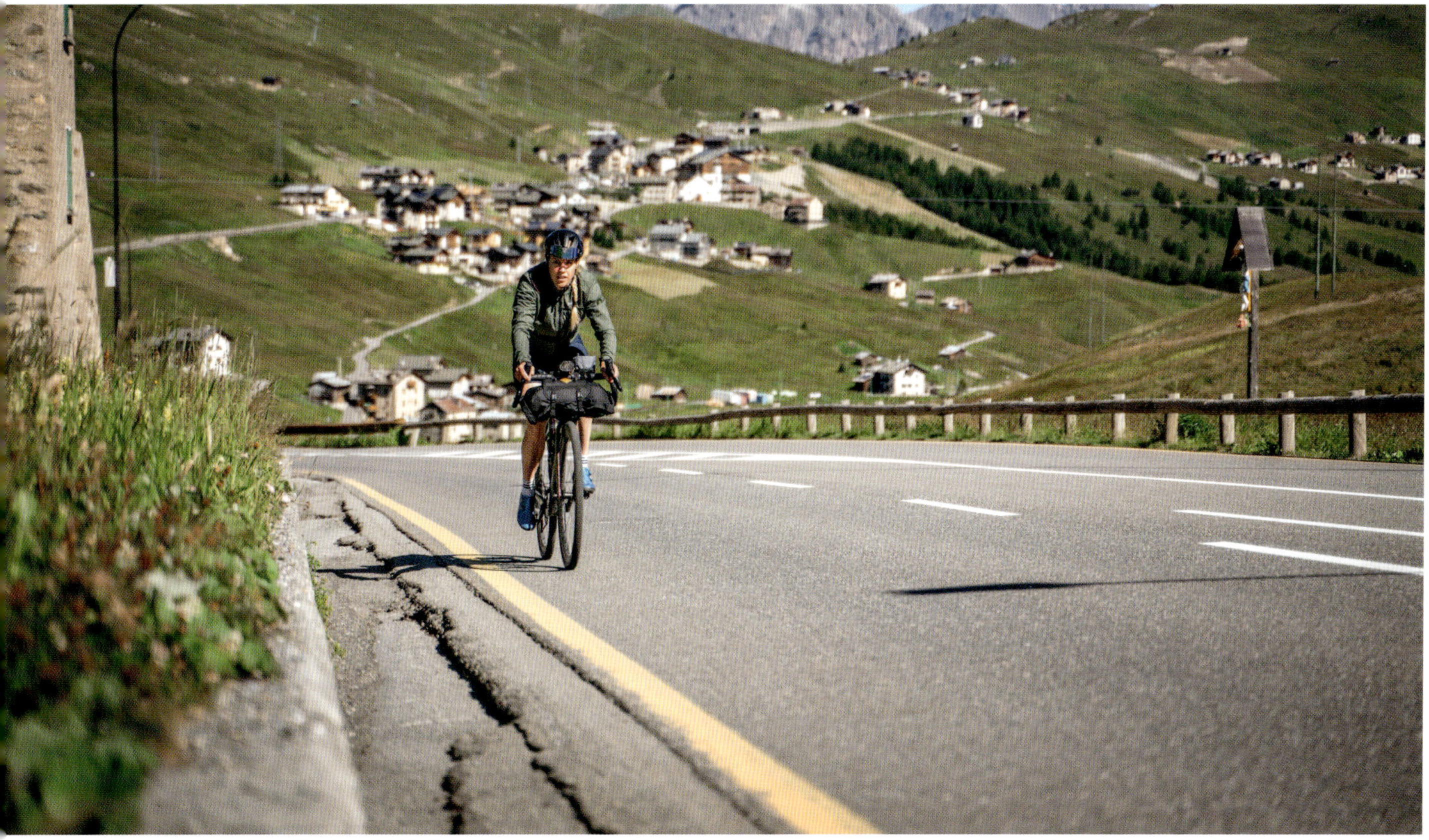

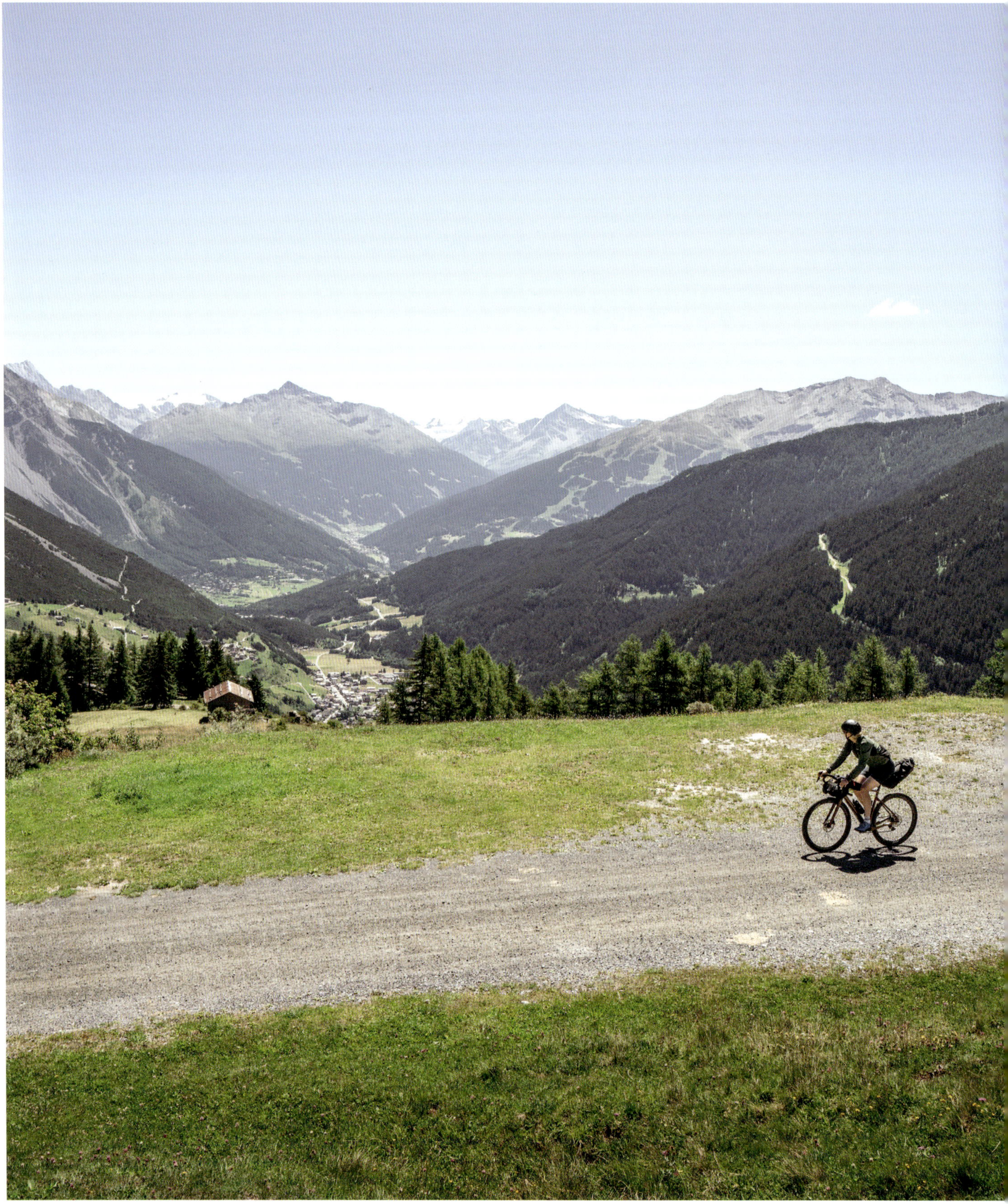

Die dritte Etappe beginnt mit einem asphaltierten Anstieg über den Pass d'Eira, gefolgt vom Passo Foscagno, der den gleichen Untergrund aufweist. Anschließend führt die Panorama-Schotterstraße Decauville nach Torri di Fraele. Auf dem Weg gibt es ein nettes kleines Café an der Staumauer des Lago di Cancano, in dem man eine kleine Pause einlegen kann, bevor es dann weiter entlang des Sees nach Boscopiano geht. Über die Stilfser Hochstraße komme ich dann auch an der Abzweigung zum berühmten Stilfser Joch vorbei und radele auf dem Höhenweg oberhalb von Bormio ins Valfurva. Dort nehme ich den groben Forstweg bis zum Ziel des Tages: Santa Caterina. Diese 59 Kilometer lange Etappe hat 1.650 Höhenmeter.

Die vierte Etappe beginnt in Santa Caterina mit einem 900 Meter asphaltierten Anstieg auf den Gavia-Pass und der Abfahrt nach Pezzo. Via Tonale-Pass geht es dann Richtung Val di Sole, meinem Ziel. Die 74-Kilometer-Route hat einen Anstieg von 1.950 Höhenmetern, aber beinhaltet noch mehr Tiefenmeter, nämlich 2.800 »Gratismeter«. Diese Etappe hat die meisten asphaltierten Straßen.

Die vorletzte Etappe startet in Mezzana, wo ich auf einem schönen Schotter-Waldweg bis Madonna di Campiglio unterwegs bin, das ich nach einem Anstieg von 1.100 Höhenmetern erreiche. Nach einer sechs Kilometer langen Abfahrt zuerst auf einer asphaltierten Straße, die schnell zum Singletrail wird, aber dann wieder zu einem steinigen Schotterweg, folgt dann ein knackiger Anstieg zum Passo Bregn da l'Ors, bei dem ich 150 Höhenmeter hochschiebe, um Malga Movlina zu erreichen. Es ist ein zauberhafter Platz, und das vorherige Schieben lohnt sich. Danach geht es 20 Kilometer zuerst auf rauem Schotterweg und dann asphaltierter Straße bergab in das Val d'Algone nach Stenico, meinem Tagesziel. Mit 60 Kilometern und 1.800 Höhenmetern ist auch diese Etappe nicht ohne.

Während der 3. Etappe von Livigno nach Santa Caterina bietet sich mir eine Hammeraussicht auf die in der Ferne liegenden Bergketten.

Die letzte Etappe beginnt erst nach zehn Kilometern mit einem Anstieg. Zuerst alles auf asphaltierter Straße und dann über Schotterwege und Kopfsteinpflaster bergauf. Ab Kilometer 18 geht es dann tendenziell bergab auf der Straße via Ranzo und Fraveggio, direkt zum Gardasee. Mit 62 Kilometern und 1.410 Höhenmetern fühlt sie sich im Vergleich zu den anderen Etappen relativ flach an.

Für diejenigen, die etwas weniger Höhenmeter und Distanz zurücklegen möchten, stelle ich noch zwei Alternativrouten vor, die trotz ein paar Abkürzungen die schönsten Passagen enthalten (siehe Seite 128 ff.).

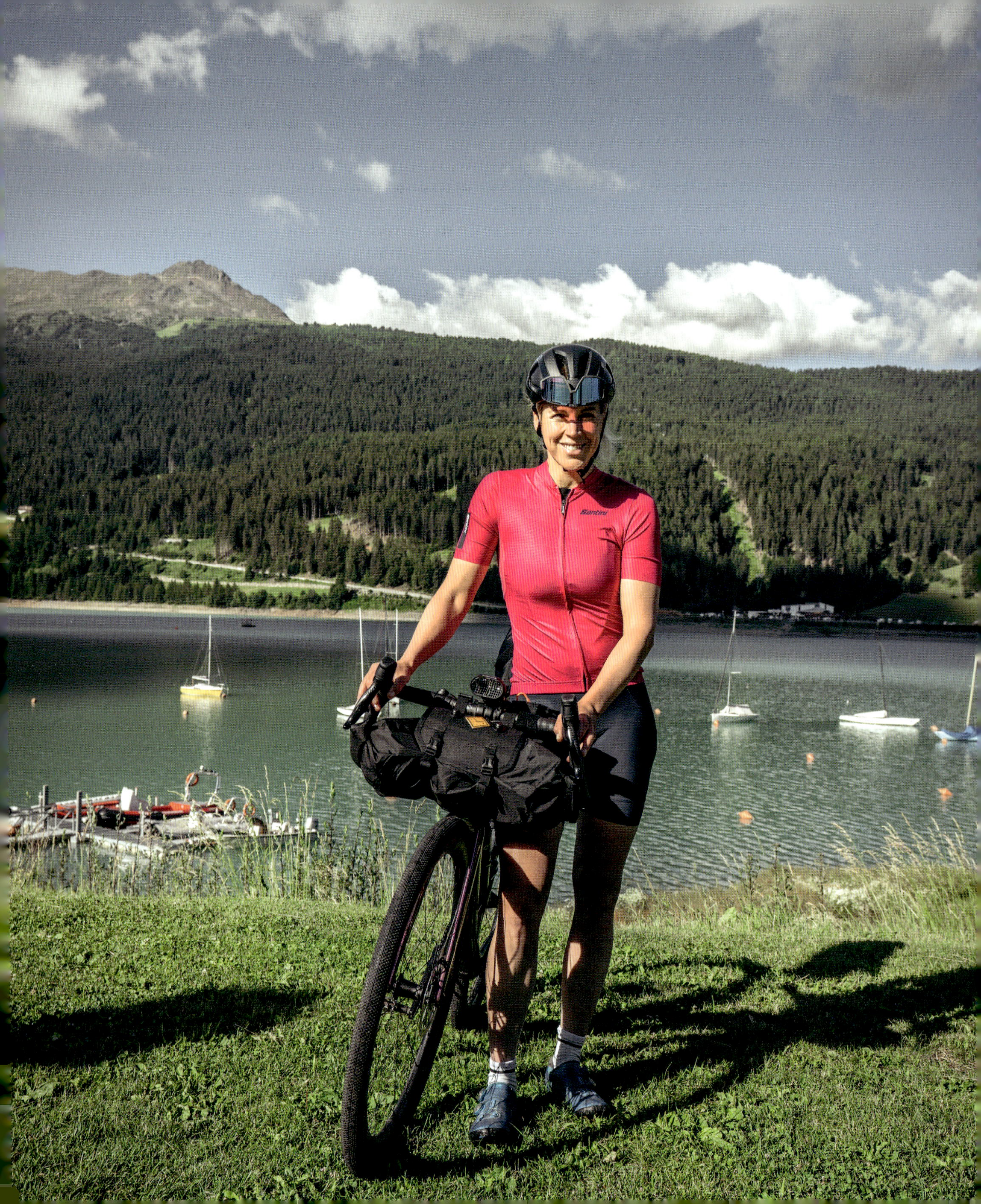
Santini

AM START

Schon auf dem Weg nach Graun am Reschensee bin ich von der Natur und den Bergen begeistert. Alles ist wunderbar grün, die Sonne blinzelt durch die Wolken, und die Schatten der Umgebung spiegeln sich auf dem See.

Im Hotel werde ich herzlichst in Empfang genommen. Es bietet eine wunderbare Aussicht auf den See und lädt regelrecht auch zum längeren Verweilen ein.

Der Reschensee ist übrigens künstlich angelegt worden, und man erkennt noch die Spitze einer versunkenen Kirche. Sie erinnert an die über 150 Familien, die mit der Stauung des Sees ihr Zuhause verlassen mussten. Rund um den geschichtsträchtigen Ort kann man in der Natur Wandern, Radfahren und Kitesurfen. Zudem hat das Hotel ein Spa. Leider ist die Zeit viel zu kurz, um alles genießen zu können. Die Gegend strahlt sofort Ruhe aus, und das Farbenspiel zwischen blauen See, grünen Wiesen und Wald ist beeindruckend.

Zudem kann man hier auch gut essen: Die Schönebenhütte besitzt eine wunderschöne Panorama-Terrasse, die Rescher Alm sowie das Mein Dörfl wurden mir vom Tourismusbüro empfohlen, da traditionelle Südtiroler Speisen mit mediterranen Einflüssen zu kulinarischen Erlebnissen kombiniert werden. Ich werde auf jeden Fall in diese wunderschöne Gegend zurückkommen.

Nun muss ich mich aber der Vorbereitung für die nächsten sechs Tage widmen: Taschen packen, Essen im kleinen Supermarkt neben dem Hotel besorgen und mir einen Überblick verschaffen, ob ich alles dabeihabe. Um 22:00 Uhr knipse ich dann das Licht aus, aber schlafen kann ich natürlich noch nicht. Ich bin viel zu aufgeregt. Aber irgendwann nach dem tausendsten Schäfchen schlafe ich dann doch endlich ein.

Mein Startpunkt am Reschensee: Ich freue mich auf das Gravel-Abenteuer zum Gardasee.

ÜBERNACHTUNGSMÖGLICHKEITEN

Luxushotel
4-STERNE TRAUBE POST,
GRAUN
https://www.traube-post.it/

Mittleres Hotel
3-STERNE SEEHOTEL PANORAMA RELAX
https://www.seehotel.it/de/

Budgethotel
2-STERNE HOTEL SCHWARZER ADLER,
RESCHEN
http://www.adler-reschen.it/

VERPFLEGUNGSMÖGLICHKEITEN

SCHÖNEBENHÜTTE
www.schoeneben.it/de/ski-bike-wanderresort/huetten-kulinarik-detail/highlight-unser-neues-restaurant-schoeneben/

RESCHER ALM
Genussvolle Gerichte, ein tolles Panorama und die junge Hüttenwirtin Elin erwarten die Gäste. Ob ein Apfelstrudel, ein Kaiserschmarrn oder hausgemachte Käseknödel – für jeden ist etwas dabei.
www.rescheralm.it

MEIN DÖRFL
Traditionelle Südtiroler Speisen werden mit mediterranen Einflüssen zu kulinarischen Erlebnissen.
www.meindoerfl.com/de/restaurant-reschen/

AKTIVITÄTEN

Am Reschensee kann man sich den Turm im See anschauen:
https://www.vinschgau.net/de/reschenpass/kultur-kunst/sehenswuerdigkeiten/turm-im-see.htmEl

Zudem ist das Gebiet wunderschön zum Wandern
https://www.roterrucksack.com/die-panzersperre-plamort-bei-reschen-wandern-im-vinschgau

Ein kleines Schmankerl in Form von Schokopudding mit Rhabarbersoße vor meinem Start am Reschensee.

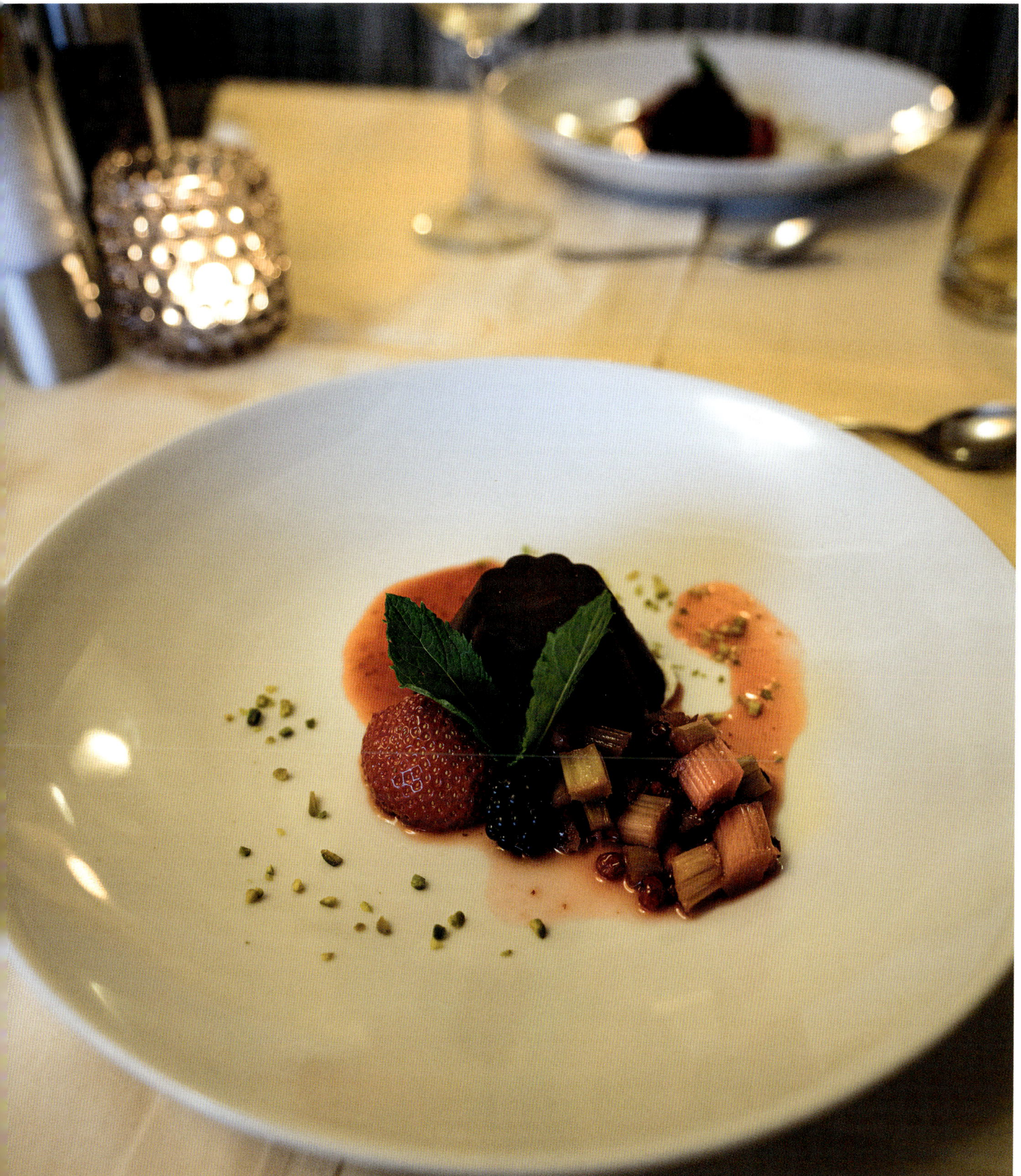

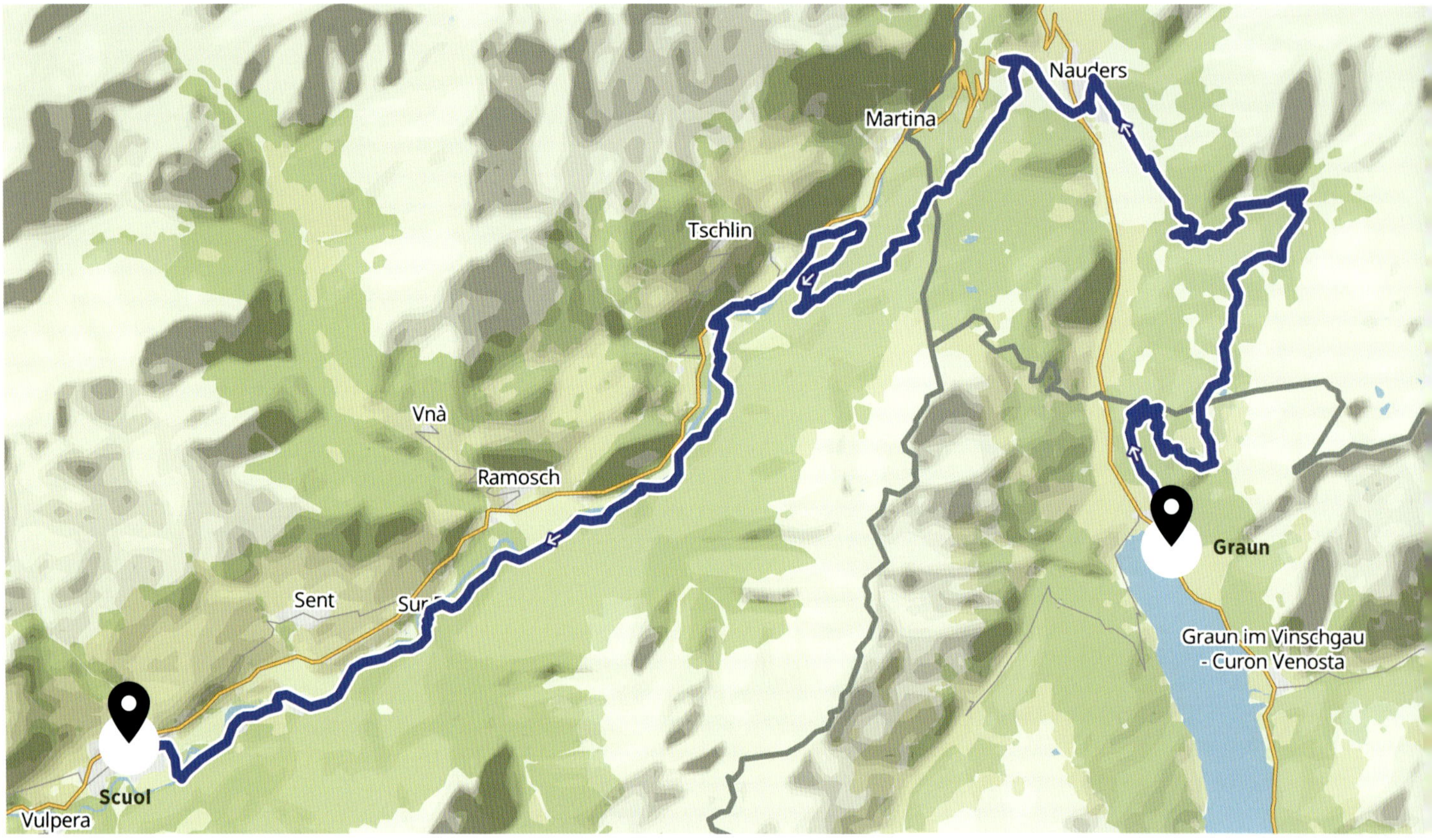

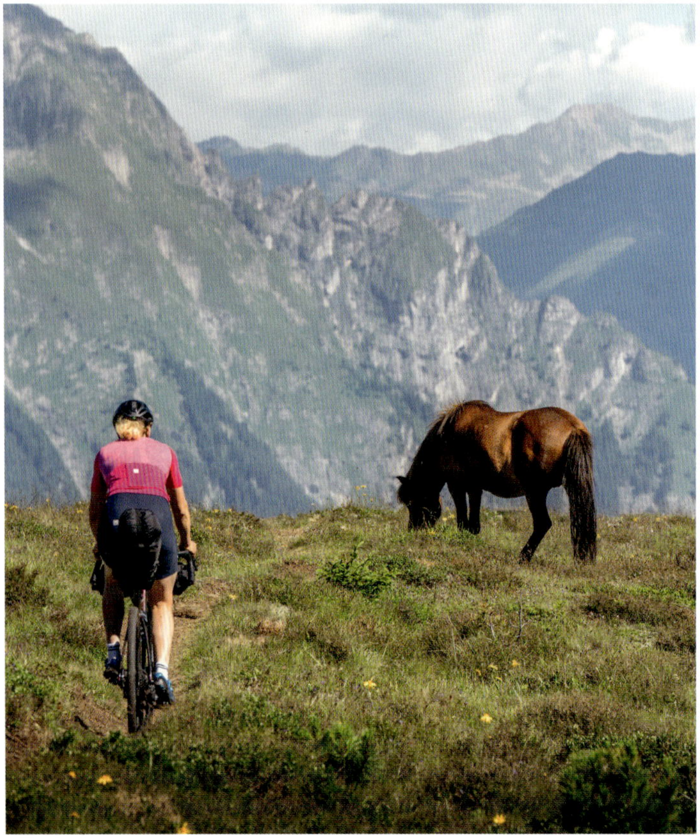

HÖHENPROFIL

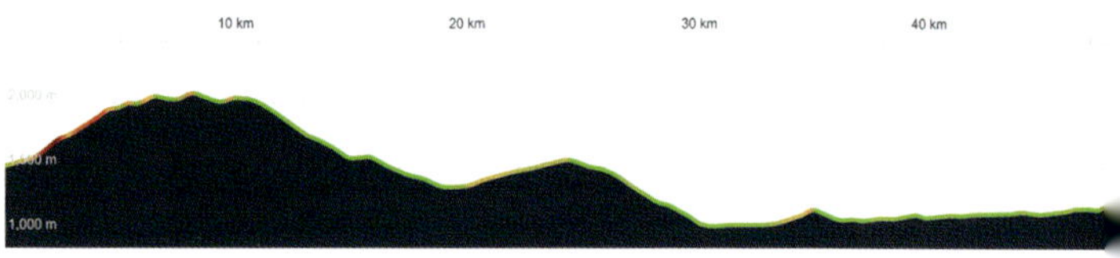

WEGTYPEN

Offroad: 35 km / Asphalt: 13 km

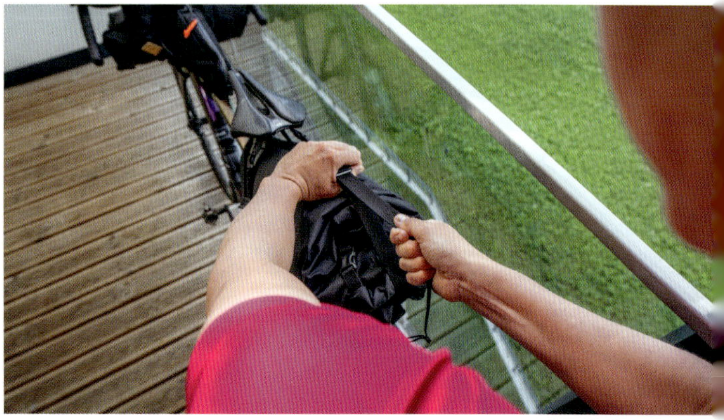

ETAPPE 1

GRAUN NACH SCUOL

48 KILOMETER UND 1.190 HÖHENMETER

Ich wache vor meinem Wecker um 6:00 Uhr auf. Aufgeregt und ungeduldig, um endlich die erste Etappe zu beginnen. Ich kreiere jede Route auf der komoot-App und ziehe sie dann auf meinen Garmin, den ich dann für die Routennavigation nutze. Aber zuerst gibt es etwas zu essen. Ich bin ziemlich langweilig, wenn es um das Frühstücken geht, da ich immer das Gleiche esse: mitgebrachte Haferflocken in heißem Wasser, Schoko-Proteinpulver und Früchte und ein paar Tassen Kaffee. Ich möchte keinesfalls morgens experimentieren, da es Auswirkungen auf den ganzen Tag haben könnte. Mit meinem üblichen Frühstück weiß ich, dass ich genügend Energie habe, aber mich auch nicht zu schwer fühle, um die Berge hochzufahren.

Streckenkarte im Detail auf komoot.

Das Wetter ist perfekt: Sonne, angenehm kühle Temperaturen, aber mit der Aussicht auf Wärme im Lauf des Tages. Los gehts mit der sechstägigen Gravel-Transalp.

Noch keine 100 Meter entfernt vom schönen Reschensee, geht es dann auch gleich auf einem Schotterweg in den Anstieg. Er führt durch den Wald auf 2.000 Meter Höhe. Auf halber Strecke lädt eine kleine Bank dazu ein, kurz Platz zu nehmen. Man merkt sofort, dass man in den Bergen ist. Graun selbst liegt auf 1.500 Metern. Die Luft ist viel frischer, trockener und belebender als auf Meereshöhe. Nach den 500 Höhenmetern Anstieg bin ich dann oberhalb der Baumgrenze und habe eine Wahnsinnsaussicht auf den Reschensee, an dem der ganze Spaß begonnen hat.

Der Blick auf die Berge im Hintergrund zeigt ein faszinierendes Panorama. Auf dem Teil-

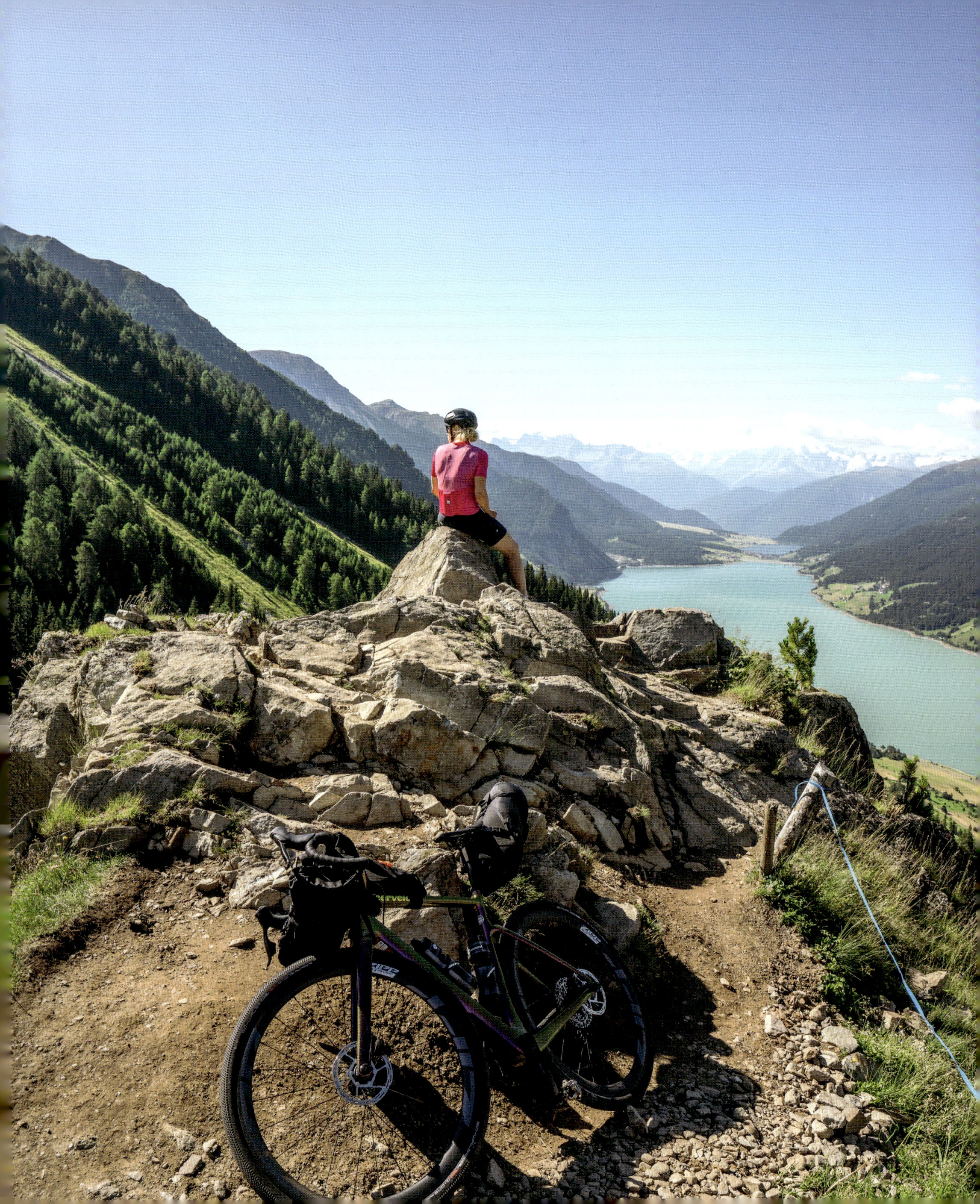

» *Aber ich weiß, dass sich die oft kurzen Fußwege lohnen und man häufig mit wunderschönen Strecken und Aussichten belohnt wird.* «

stück zum nun folgenden Singletrail laufe ich ein kurzes Stück. Für Gravelbiker gehören mögliche Trage- und Schiebepassagen dazu, da man ja nie weiß, was vor einem liegt und es hier und da zu steileren oder unbefahrbaren Passagen kommen kann. Ich bin kein Fan von Hike-a-Bike-Passagen, da ich lieber auf dem Fahrrad als neben meinem Fahrrad bin. Aber ich weiß, dass sich die oft kurzen Fußwege lohnen und man häufig mit wunderschönen Strecken und Aussichten belohnt wird. So auch nach dieser kurzen Schiebepassage, nach der es dann wieder auf den Sattel und an Pferden und Kühen vorbei zur österreichischen Grenze geht. Trotz einiger Mountainbiker, die mir entgegenkommen, fühlt es sich weit weg von Zivilisation an. Ein intensiver Kontrast zu heute Morgen, da ich ja erst vor ein paar Stunden in Graun losgefahren bin.

Gleich nach dem ersten Anstieg werde ich mit dem himmlischen Ausblick auf den Reschensee belohnt.

Die Grenze erkennt man sofort an den Pfeilern, die im Zweiten Weltkrieg als Panzersperre zwischen den beiden Ländern errichtet wurden. Bunker kann man ebenfalls besichtigen. Nach dem Grenzübertritt geht es für eine kurze Zeit auf einem Singletrail weiter. Sehr viele Mountainbiker sind unterwegs, und je weiter ich den Trail hochfahre, desto klarer wird mir, dass ich in der falschen Richtung unterwegs bin.

Jetzt heißt es umplanen. Mithilfe der guten komoot-Karte finde ich ziemlich schnell einen anderen Weg und schiebe mein Bike ein paar Meter den Hang hoch. Nach ein paar Höhenmetern befinde ich mich dann zum Glück auf einem breiten Schotterweg, der keine Einbahnstraße ist. Den Schotterweg fahre ich nun von 2.100 Metern nach Nauders runter, das auf 1.352 Metern liegt. Der Schotter

»

Der Schotter ist sehr angenehm zu fahren, und es macht Spaß, die zehn Kilometer runterzurollen.

«

ist sehr angenehm zu fahren, und es macht Spaß, die zehn Kilometer runterzurollen. Nach der langen und angenehmen Abfahrt halte ich im österreichischen Nauders zum Mittagessen. Nauders liegt im Dreiländereck von Italien, der Schweiz und Österreich und ist daher historisch sehr interessant.

Ich nutze die niedrigeren Einkaufpreise, bevor es in die Schweiz geht. Somit tigere ich schnurstracks in den Supermarkt des Ortes und kaufe mir die üblichen Produkte für meinen Wrap. Anschließend setze ich mich direkt vor dem Supermarkt aufs Gras und in Nullkommanichts breite ich mein Picknick aus, um die verlorenen Kalorien aufzufüllen. Ich liebe diese Art des Essens während einer Tour: Im Supermarkt einkaufen und sich dann irgendwo breitmachen.

Danach geht es zum zweiten Anstieg des Tages mit rund 200 Höhenmetern. Die ersten paar Kilometer fahre ich auf der Hauptstraße, aber nach einer Abzweigung in den Wald bin ich dann fern von Lärm und Autos – so, wie ich es liebe! Der Anstieg durch den Wald ist sehr angenehm, und ich kann die Aussicht vollkommen genießen. Ich liebe den Geruch des Waldes, und da ich nun auf 1.500 Metern und höher unterwegs bin, ist die Luft immer frisch und befreiend.

Die darauffolgende Abfahrt führt durch einen dunklen Tunnel, und ich schalte mein Licht ein. Das letzte Mal, als ich durch einen dunklen Tunnel gefahren bin, war am Col du Sanetsch im schweizerischen Wallis. Seitdem habe ich immer Licht dabei – auch vorn, da man manchmal von Tunneln überrascht wird und dann nicht weiß, wie lang

Entlang der italienisch-österreichischen Grenze treffe ich auf längst vergangene Relikte: Mussolini ließ hier einst bizarr anmutende Panzersperren errichten. Der Supermarkt in Nauders bietet mir zahlreiche neue Energiequellen für den nächsten Anstieg. Im Tunnel auf der Abfahrt ins letzte Tal hatte ich dank meiner Supernova ausreichende Sicht.

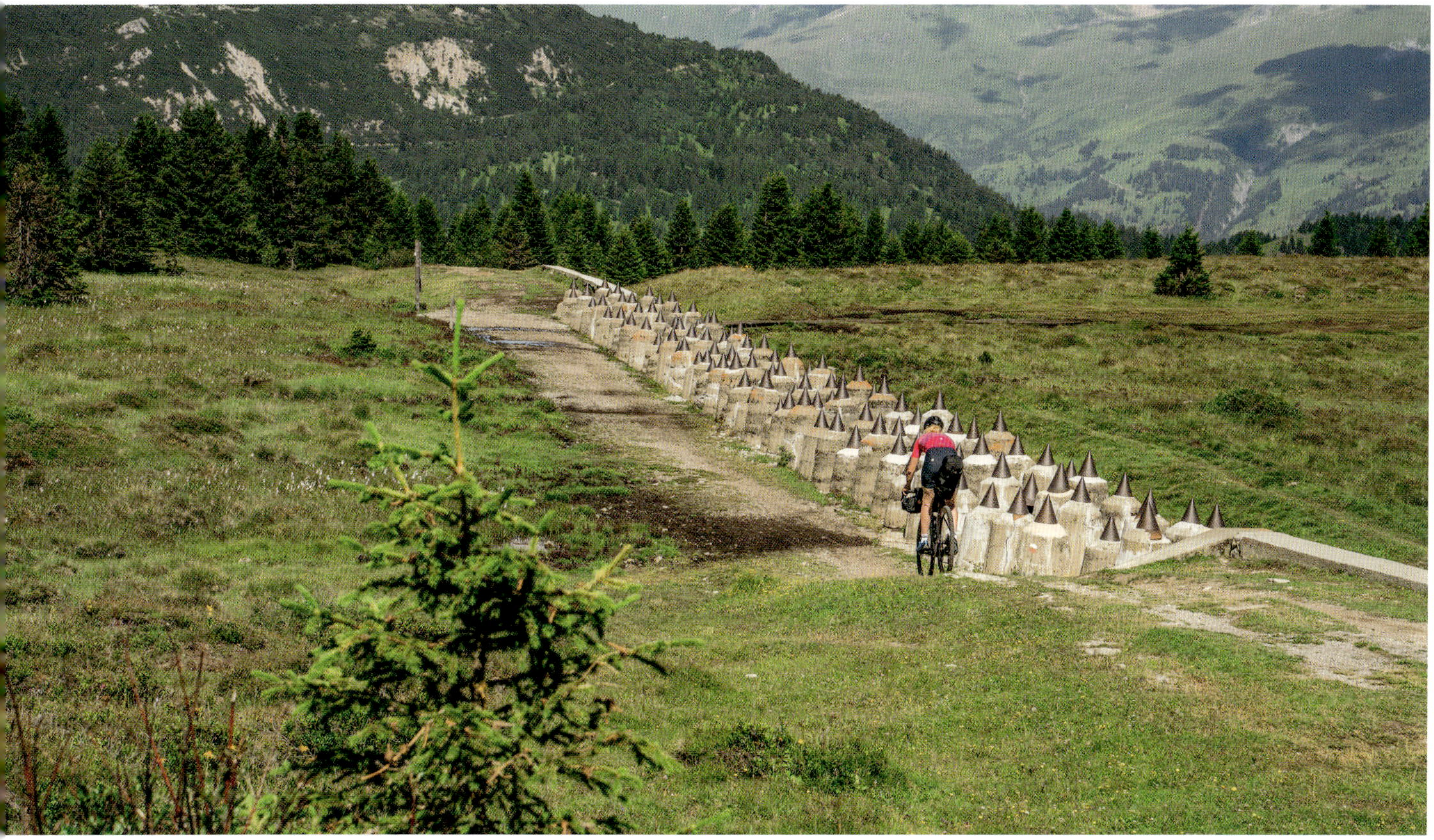

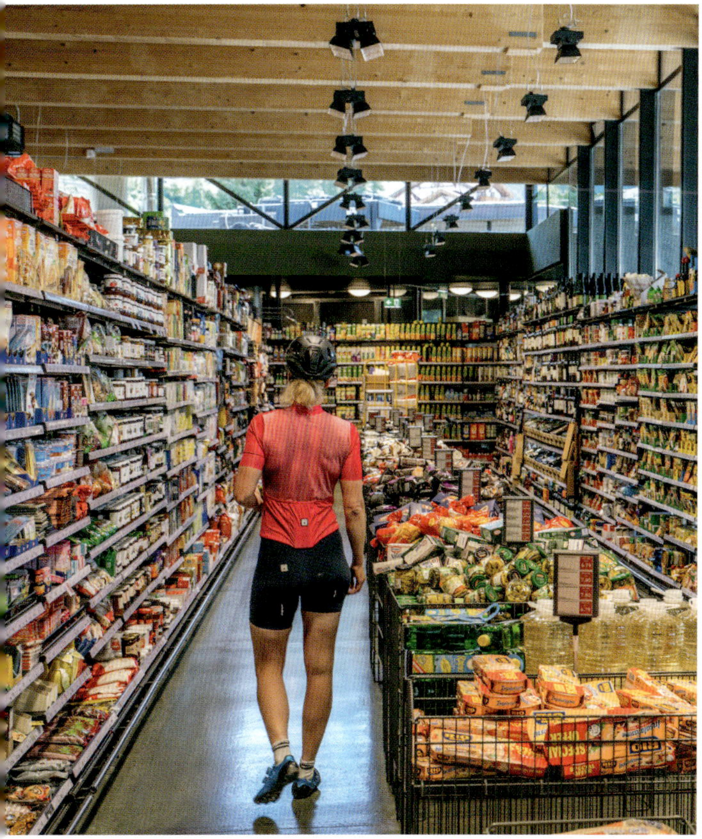

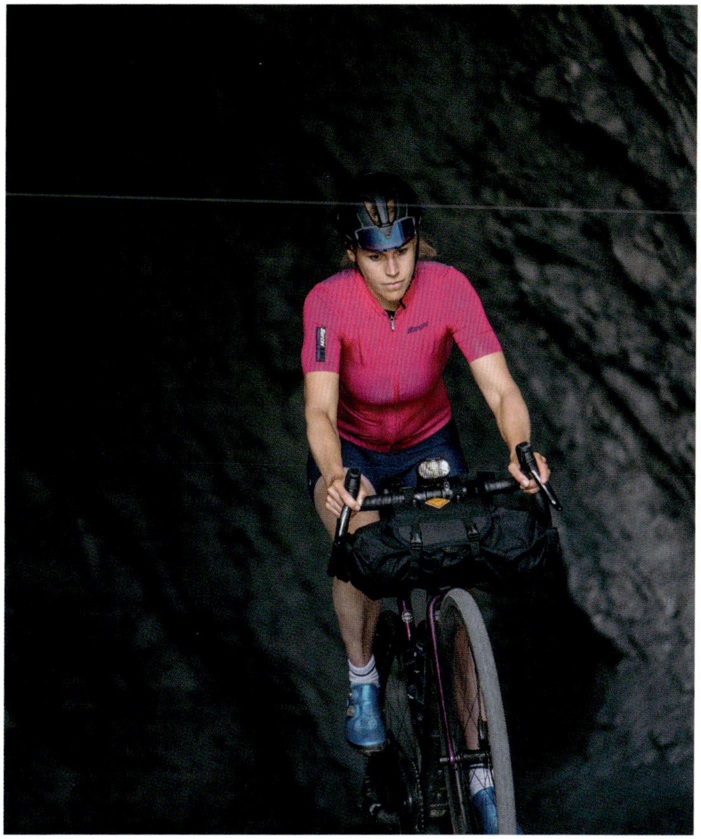

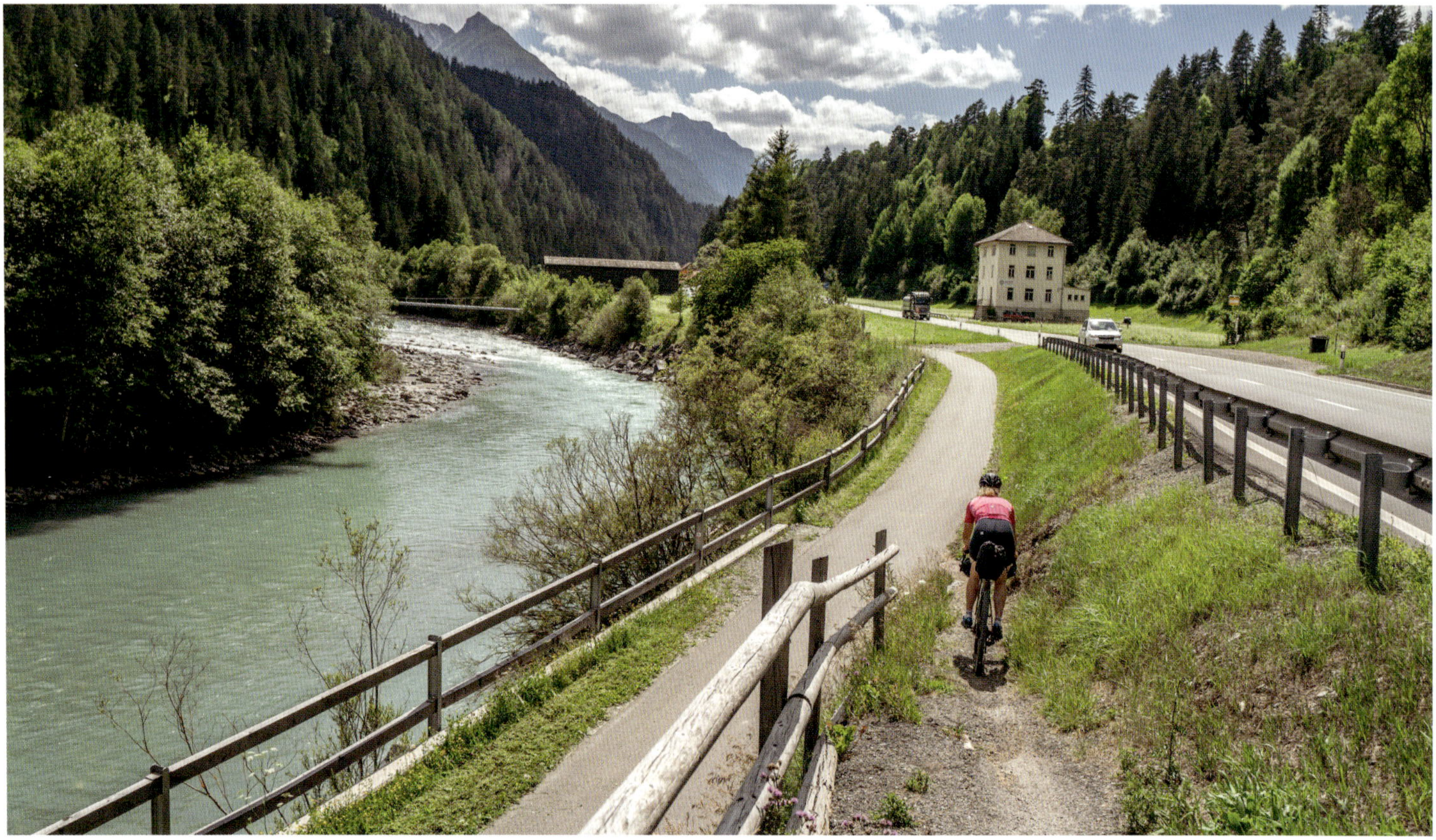

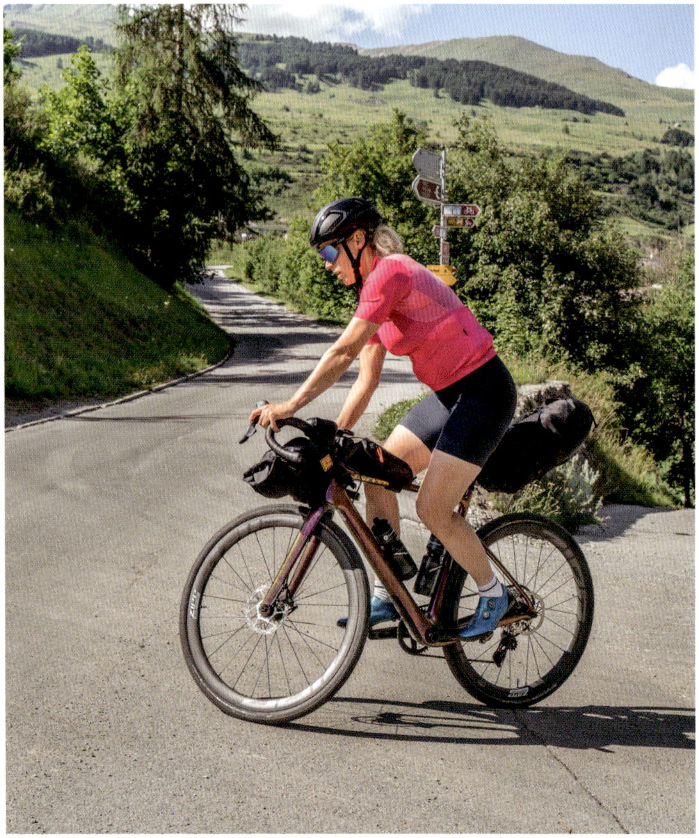

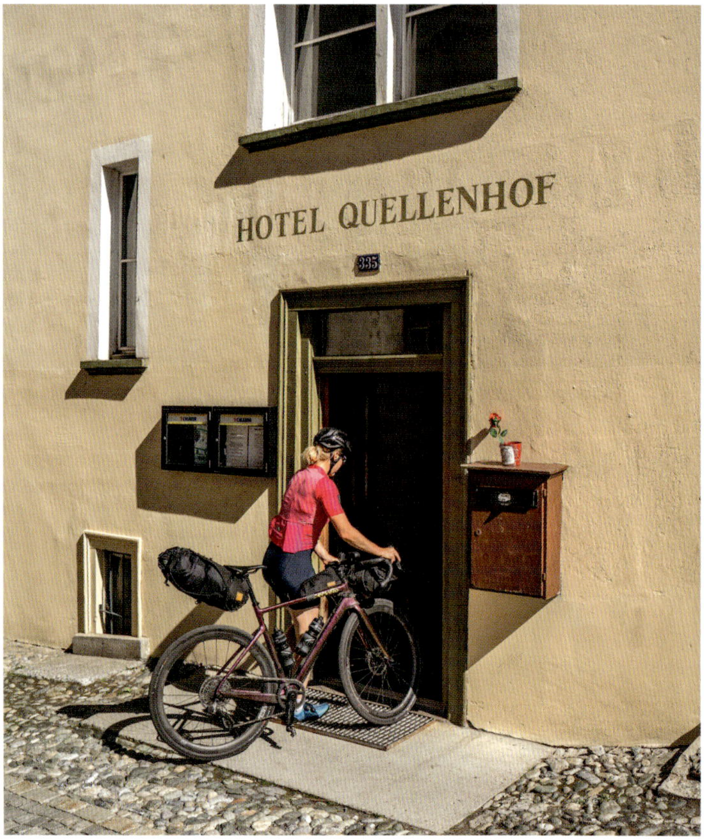
HOTEL QUELLENHOF
335

»

Obwohl die Strecke am Fluss zuerst flach ist, kommen dann doch noch ein paar Hundert Höhenmeter zusammen.

«

sie sind. Auch in diesem Tunnel war das Ende nicht in Sicht, und ich musste erst mal in die Dunkelheit fahren, um dann kurze Zeit später das Ende erahnen zu können. Die anschließende Abfahrt führt zu einem türkisfarbenen Fluss, den man bis nach Scuol entlangfährt.

Obwohl die Strecke am Fluss zuerst flach ist, kommen dann doch noch ein paar Hundert Höhenmeter zusammen. Entlang der Route gibt es aber mindestens einen Brunnen, an dem man noch einmal Wasser nachfüllen kann. Am Schluss führt die Strecke noch über die letzte Brücke und einen knackigen Anstieg hinauf nach Scuol. Scuol liegt im Schweizer Kanton Graubünden. Es zählt zur flächengrößten Schweizer Gemeinde und ist Heimat der größten bündnerromanischen Gemeinde, in der die Mehrheit der Einwohner rätoromanisch spricht – die vierte Landessprache der Schweiz neben Deutsch, Französisch und Italienisch. Cirka 40.000 Menschen sprechen die Sprache, die an Latein angelehnt ist. Der kleine Ort bietet ein wunderschönes Bergpanorama, und eine Besichtigung des Stadtkerns lohnt sich auf jeden Fall. Kommt man nicht aus der Region, wette ich, wird man den Ortsnamen vermutlich falsch aussprechen. Wie würdest du »Scuol« aussprechen? Google doch einmal die Phonetik. Liege ich richtig?

Im Hotel Quellenhof, oberhalb des Zentrums von Scuol, bin ich untergebracht. Die Aussicht auf den morgigen Tag kann ich in dem einfachen, aber gemütlichen Hotel wortwörtlich schon vom Fenster aus genießen. Bevor ich an das Abendessen denken kann, muss ich erst ein paar Routinedinge erledigen. Zuerst: Radklamotten waschen. Meistens weiche ich sie im Waschbecken mit Seife ein, während ich dusche. Danach wickle ich jedes einzelne Stück in Handtücher und stelle mich für ein paar Minuten drauf. Das entzieht den Kleidungsstücken so viel Feuchtigkeit, dass sie bis zum nächsten Morgen trocken sind. Anschließend hänge ich sie auf einen Kleiderbügel in den Luftdurchzug. Die Socken kommen meistens auf die Fensterbank. Ich hänge dann noch mein Garmin ans Ladekabel, um es während des Essens aufzuladen. Jeglicher Müll des Tages wird noch entsorgt, und dann geht es endlich zum Abendessen. Heute steht eher einfache Kost auf dem Speiseplan: Salat, Brot und gegrilltes Hähnchen. Anschließend bereite ich noch kurz den nächsten Tag vor und falle schlaftrunken ins Bett.

ÜBERNACHTUNGSMÖGLICHKEITEN

Luxushotel:
PARADIES HOTEL, FTAN
(Achtung: ist nicht in Scuol)
https://www.paradieshotel.ch/

Mittleres Hotel:
3-STERNE HOTEL BELLAVAL
SCUOL ENGADIN
https://www.bellaval-scuol.ch/

HOTEL QUELLENHOF
(meine Übernachtung)
https://quellenhofscuol.ch/

Campingplatz:
TCS CAMPING SCUOL
https://www.tcs.ch/de/camping-reisen/camping-insider/campingplaetze/tcs-campingplaetze/campingplatz-scuol.php

VERPFLEGUNGSMÖGLICHKEITEN

RISTORANTE PIZZERIA LA VITA È BELLA
https://ristorante-lavitaebella.ch/

Restaurant am Berg:
LA MOTTA, SCUOL
https://www.bergbahnen-scuol.ch/de/gastro/restaurants/restliche-bergrestaurants

AKTIVITÄTEN

In Scuol kann man sich noch weiter sportlich austoben, falls man noch die Energie dazu hat. Das Angebot reicht von Rafting über Seele-baumeln-Lassen am See. Zudem befinden sich römische Thermalbäder, die Bogn Engiadina, in Scuol.

Der Ausblick auf den Piz Lavetscha (2.788 m) aus meinem Hotelfenster. Ich kann schon meinen morgigen Startpunkt ausmachen.

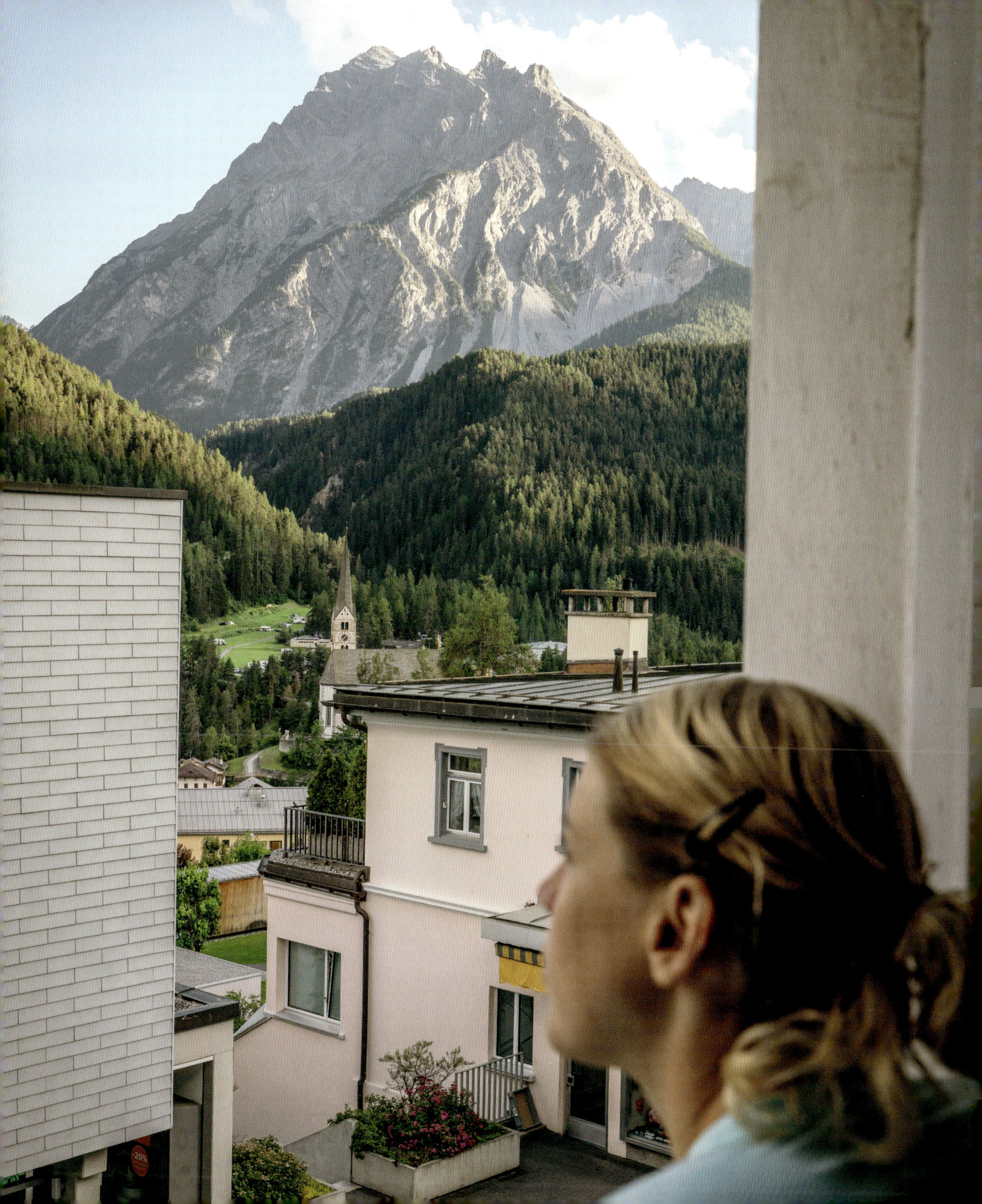

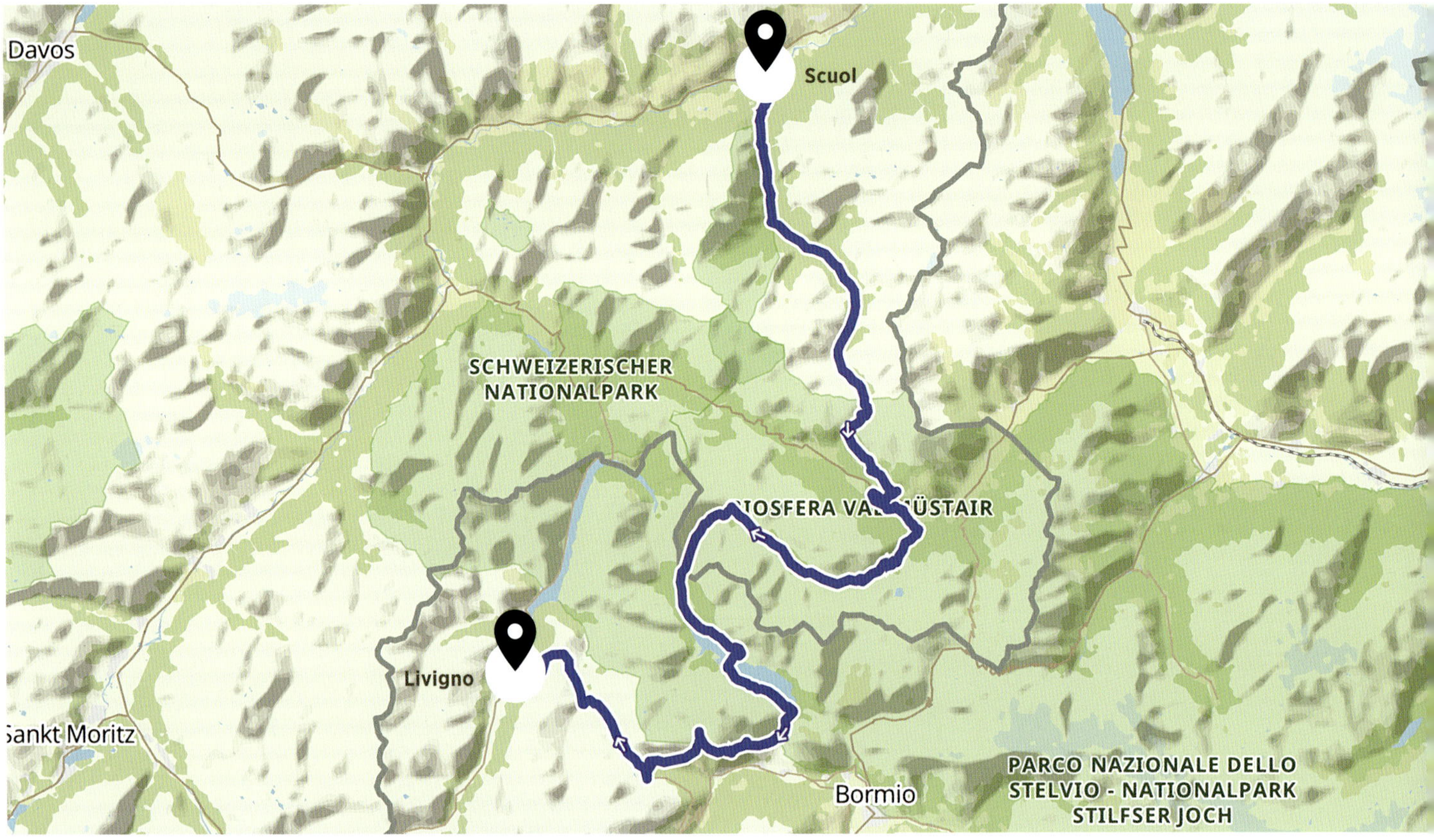

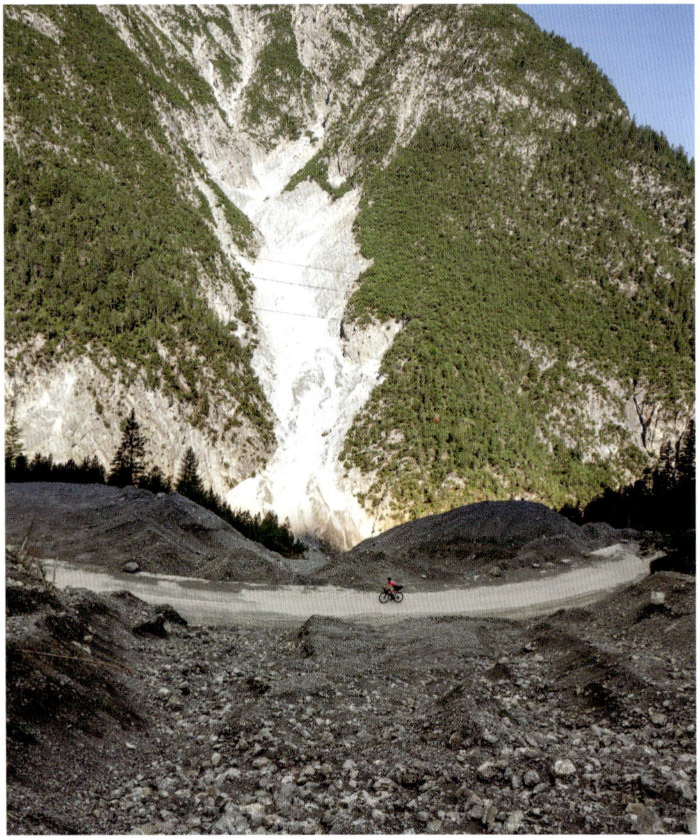

HÖHENPROFIL

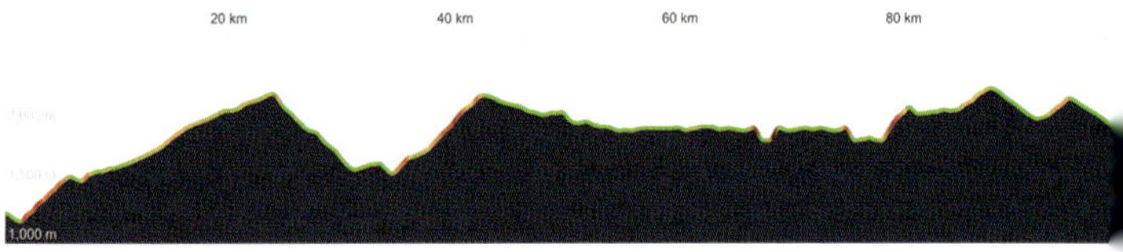

WEGTYPEN

Offroad: 64,1 km / Asphalt: 35,4 km / Kopfsteinpflaster: 100 m

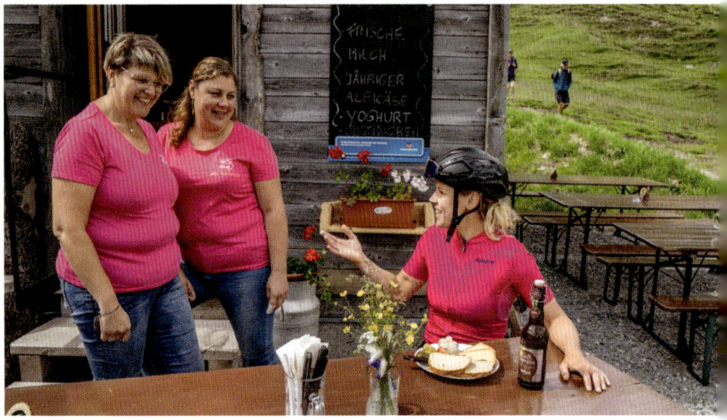

ETAPPE 2:
SCUOL NACH LIVIGNO
99,6 KILOMETER UND 3.020 HÖHENMETER

Um 6:50 Uhr klingelt der Wecker, und ich wache mit einem Kater auf. Vom Sprudelwasser am Abend zuvor kann er wohl kaum stammen, daher führe ich ihn auf die Hitze und die Höhenlage zurück. Nach ein paar Tassen Kaffee ist alles wieder im Lot. Unglaublich, wie ein Getränk mich verwandeln kann. Heute möchte ich früh los, da es ein langer Tag wird mit rund 99,6 Kilometern und 3.020 Höhenmetern. Normalerweise beginnt das Frühstück erst um 8:00 Uhr, aber da noch ein paar andere Gäste sehr früh aufstehen müssen, habe ich Glück und kann mich gestärkt um 8:00 Uhr aufs Rad schwingen.

Bei Sonnenschein und perfekten Radtemperaturen geht es dann zuerst zum Fluss hinunter und anschließend auf der anderen Seite hinauf zum ersten und größten Anstieg des Tages. Ich fahre zuerst auf einer gut asphaltierten Straße, die sich höher und höher hinaufschlängelt, bis sie in einen Schotterweg mündet. Steinfelder sorgen dafür, dass ich mich wie auf dem Mond fühle – ein beeindruckender Anblick. Schließlich erreiche ich das kleine Dorf S-charl, den letzten Ort, bevor ich über den Pass ins nächste Tal gelange. An einem Brunnen fülle ich meine Wasserflaschen auf und fahre dann weiter auf Schotterwegen entlang eines Bergbaches bis zu einem kleinen Bergrestaurant, das lokale Produkte und Speisen anbietet. Die Besitzer des Restaurants empfangen mich voller Freude. Ich bin wohl der erste Gast heute, und mein Käseteller ist köstlich

Ab hier geht es erst einmal auf einem Singletrail weiter. Zum Teil muss ich schieben, aber die Aussicht auf die riesigen Berge um mich herum lenkt mich ab. Diese Passage ist

Streckenkarte im Detail auf komoot.

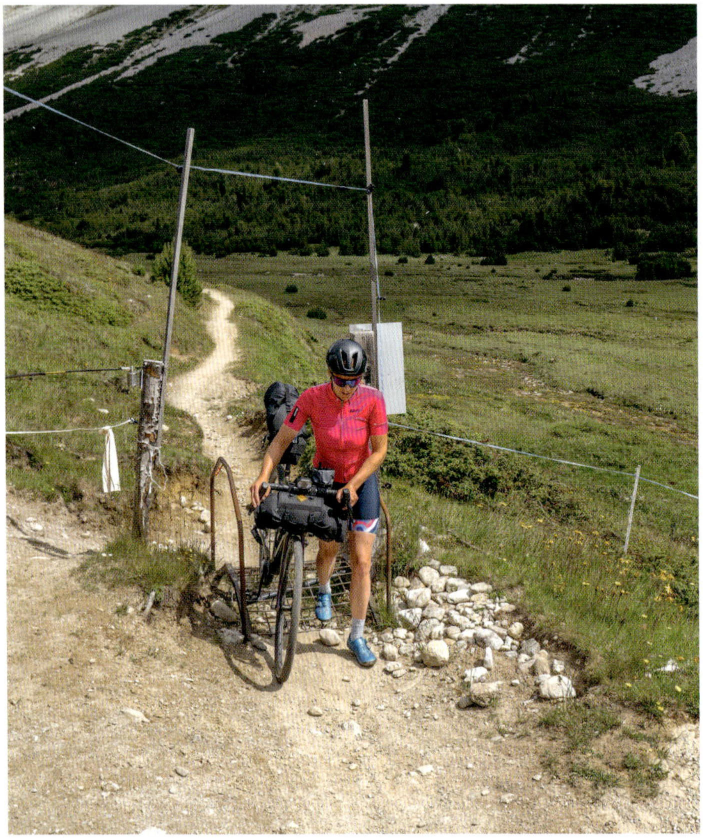
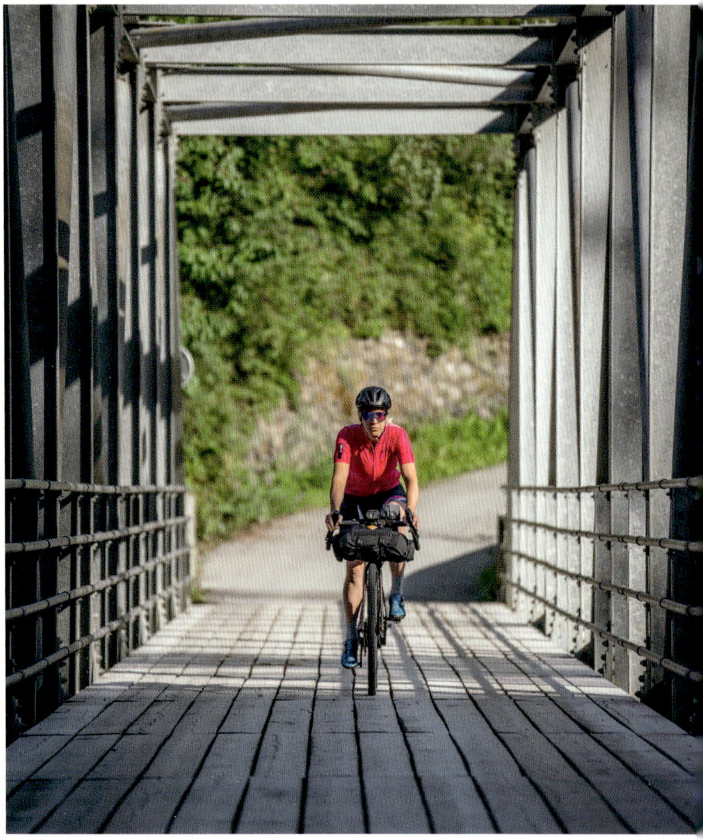
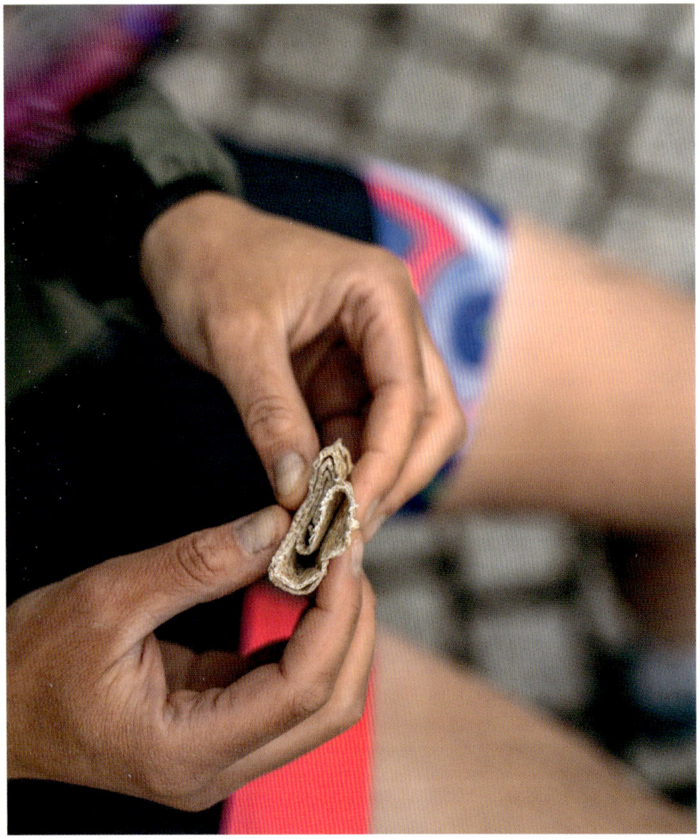
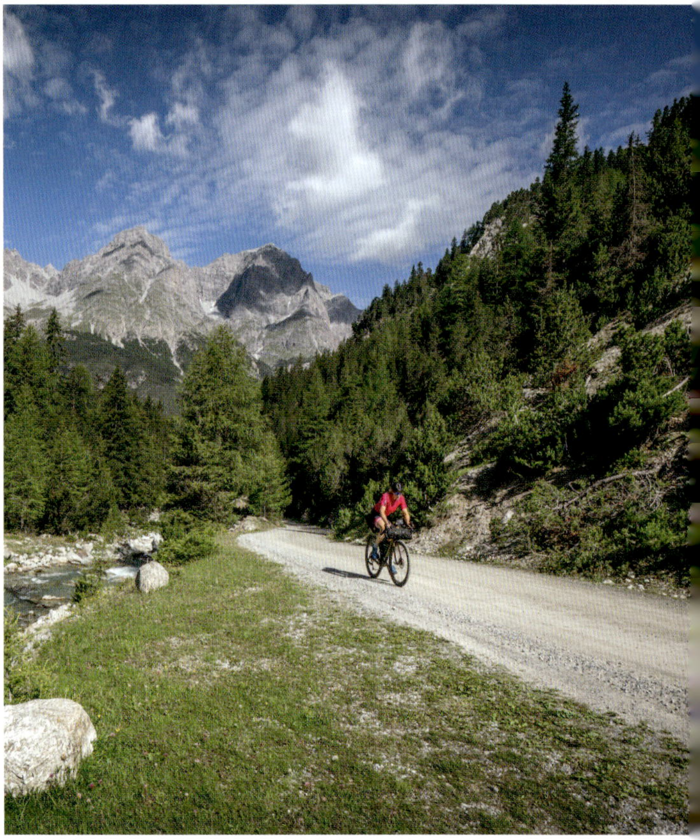

»

Umgeben von hohen Bergen, kommt das Gefühl auf, komplett abgeschottet von der Zivilisation zu sein. Die Berge lassen mich unglaublich klein erscheinen und demütig werden.

«

Diese Etappe gestaltet sich sehr abwechslungsreich und immer wieder staune ich über die majestätischen Berge und die wunderschöne Landschaft.

glücklicherweise kurz, und ein Schotterweg führt mich anschließend zur Passhöhe. Ab da geht der Weg dann nur noch bergab bis ins nächste Tal. Rollen lassen kann ich es vorerst dennoch nicht, da der obere Teil zu steil zum Fahren ist. Somit folgt eine weitere kurze Schiebepassage, aber dann kann ich es endlich rollen lassen, vorbei an Pferden und Kühen, nach Fuldera, einem kleinen Örtchen im Tal, das auf 1.638 Metern Höhe liegt. Die Abfahrt ist wunderschön, und die Temperatur, obwohl etwas kühl, belebt. Angekommen in Fuldera, suche ich nach einem Supermarkt, werde leider nicht fündig und bin froh, dass ich meine Wraps dabeihabe. Mein Picknickort der Wahl ist der Brunnen. Gleich nebendran ist ein niedliches Hotel-Restaurant, das sehr einladend aussieht. Falls man also kein Essen mitgenommen hat, gibt es auf jeden Fall Optionen.

Egal, für welches Essen man sich entscheidet, ich würde eine leicht verdauliche Mahlzeit empfehlen, da der nächste Anstieg ein Kracher ist. Zwar führt der Weg nach einem kurzen Anstieg erst mal runter, aber man sollte sich nicht zu früh freuen, da kurz danach 600 sehr anstrengende Höhenmeter lauern. Rhythmus finden und lostreten ist die Devise. Der erste Teil ist mit Steigungen bis 14 Prozent sehr steil, aber die wunderschöne Aussicht auf Wasserfälle und ins Tal belohnt im weiteren Verlauf für die Anstrengungen. (Auf dem Schotterweg finden sich zum Teil lose Steine, und ich suche nach der perfekten Spur, gerade im steilen Part.) Die Passhöhe begeistert mich: Kein Mensch weit und breit. Umgeben von hohen Bergen, kommt das Gefühl auf, komplett abgeschottet von der Zivilisation zu sein. Die Berge lassen mich unglaublich klein erscheinen und

»

Nach einer kurzen Verschnaufpause geht der geschmeidige Schotterweg leicht bergab an Pferden und Kühen vorbei.

«

demütig werden. Ich liebe den Kontrast zu dem, was ich nur ein paar Stunden vorher im Tal erlebt habe. Zudem sind die Wiesen voll mit Bergblümchen, und die Natur scheint unberührt. Nach einer kurzen Verschnaufpause geht der geschmeidige Schotterweg leicht bergab an Pferden und Kühen vorbei. Plötzlich sehe ich noch andere Tiere über die Wiese flitzen. Hasen? Nein. Es sind tatsächlich Murmeltiere, aber zu schnell für die Kamera. Bei der leichten Bergabfahrt kann ich die Aussicht und Umgebung in vollen Zügen genießen. Irgendwann ist das Genießen vorbei, als ich auf einen knorrigen Singletrail stoße, der mich vom Schwärmen ins Hier und Jetzt befördert. Der Trail scheint fernab von fahrbar zu sein. Gedanklich male ich mir schon aus, dass ich nun stundenlang den Berg runterlaufen muss, als sich der Weg in einen fahrbaren Singletrail wandelt, der auch einer relativ talentfreien Mountainbikerin wie mir Freude bereitet. Der Trail führt entlang eines Flussbettes in Richtung Lago di Giacomo. Wer keine Angst hat, weil es direkt nebenan ein paar Meter in die Tiefe geht, kann den Trail in vollen Zügen genießen. Ich entscheide mich an einigen Stellen dann doch dafür, Schiebe-Passagen einzulegen.

Der Singletrail führt schließlich in eine scheinbare Mondlandschaft voll mit Steinen. Erneut fühle ich mich fernab der Zivilisation und bin umso mehr überrascht, dass nach ein paar Kilometern der Blick auf den türkisen Lago di Giacomo auf mich wartet – wieder eine neue atemberaubende Aussicht und ein kompletter Kontrast zur vorherigen. Bevor ich am See den nächsten Anstieg erreiche, nutze ich die Gelegenheit, um meine Wasservorräte am Camping-Brunnen

An neugierigen Kühen vorbei über Felder und Weiden in Richtung Lago di Giacomo.

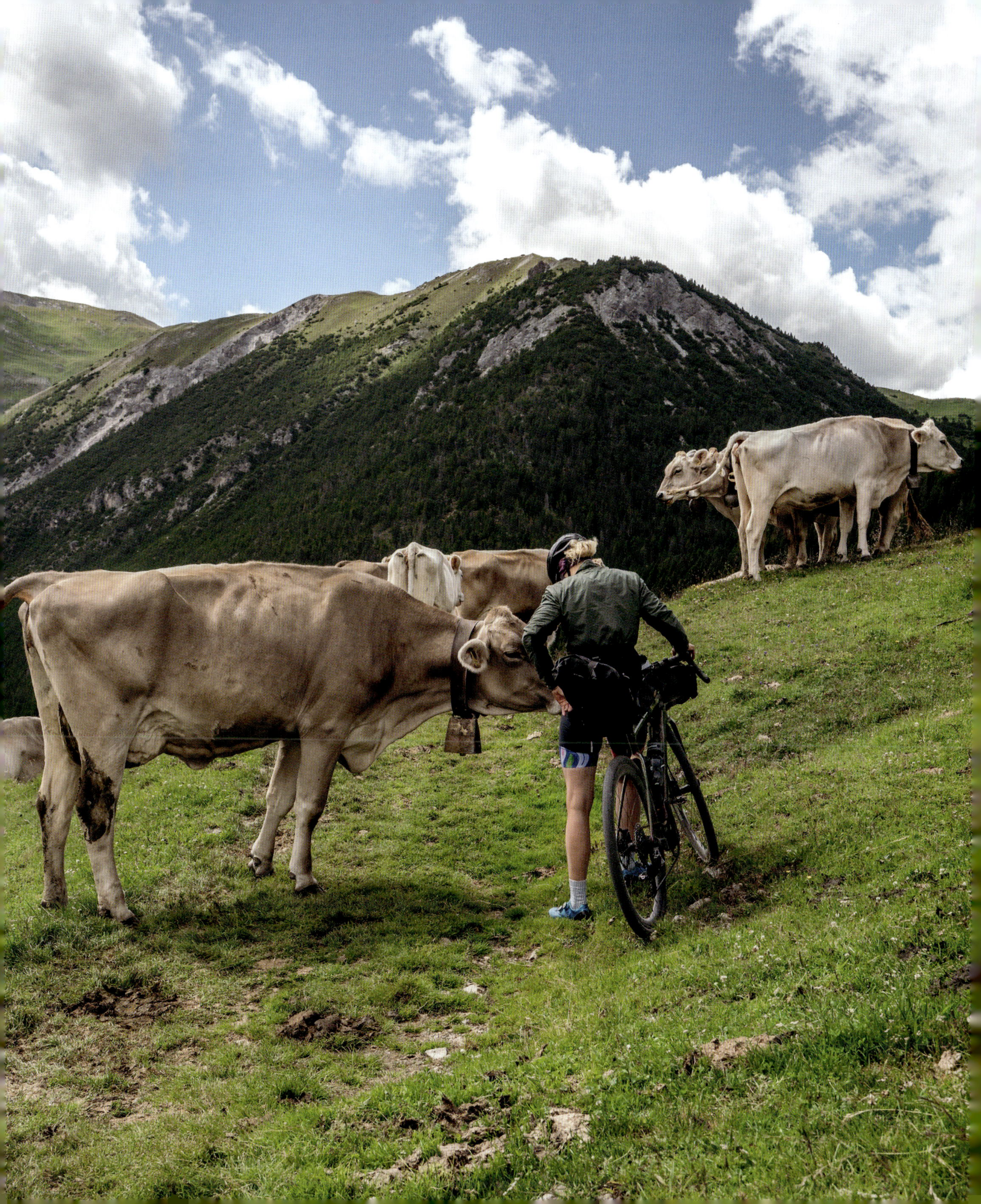

aufzufüllen und eine Toilette aufzusuchen. Weiter geht es am Lago di Giacomo und dem Lago di Cancano entlang, bis ich nach einer Spitzkehre auf einen sehr schönen Schotterweg Richtung Passo Foscagno treffe, der dann via Passo d'Eira bis nach Livigno führt.

Livigno ist ein perfekt gelegener Ort für Radfahrer, die ein paar Höhenmeter machen wollen, da es ein genialer Ausgangspunkt für viele verschieden Routen und Pässe ist. Das Skiresort liegt 1.816 Meter hoch und ist ein beliebter Wintersportort mit 115 Kilometern Pistenstrecke. Da es ein italienisches Zollausschlussgebiet ist und keine Mehrwertsteuer erhoben wird, tummeln sich hier viele Touristen. Bis 1951 war der Ort jedes Jahr für sechs Monate von der Außenwelt abgeschnitten. Jetzt wird der Passo Foscagno ganzjährig freigehalten, und somit kann das Tal immer erreicht werden.

Mein Hotel, das Bivio Alpenhotel, liegt am Rand des Ortes, direkt auf dem Weg zum Passo Foscagno. Der Spa- und Wellnessbereich des Hotels steht als Erstes auf meiner Agenda – für meine müden Beine die perfekte Erholung. Ich fühle mich im Hotel sofort wohl: Die Zimmer sind komfortabel eingerichtet mit einem heimischen Flair. Nach meiner Radklamotten-Wäsche-Garmin-Laden-Routine stärke ich mich abends am Buffet, das mit seiner reichen Vielfalt an verschiedenen Gerichten ein absoluter Traum für jeden hungrigen Radfahrer ist.

ÜBERNACHTUNGSMÖGLICHKEITEN

Luxushotel:
4-STERNE BIVIO GROUP HOTEL, LIVIGNO
www.biviogroup.it
(meine Übernachtung)

Mittleres Hotel:
3-STERNE HOTEL VALTELLINA, LIVIGNO
https://www.hvaltellina.it/

Budgethotel:
2-STERNE HOTEL RISTORANTE FEDERIA, LIVIGNO
http://www.federia.com/ita/

Campingplatz:
CAMPING PEMONT, LIVIGNO
http://www.campingpemont.it/CampingPemont/de1.html

VERPFLEGUNGSMÖGLICHKEITEN

AL PERSEF
https://ristorantealperseflivigno.com/it/

LA PIÖDA
https://www.lapioda.com/

AKTIVITÄTEN

Ein Ausflug zu den Cascata della Val Nera, den etwa zehn Kilometer entfernten Wasserfällen, lohnt sich, wenn man etwas mehr Zeit hat.

Nachdem ich mich durch die einsame Geröllwüste gekämpft habe, erwartet mich schon der malerische Lago di Giacomo.

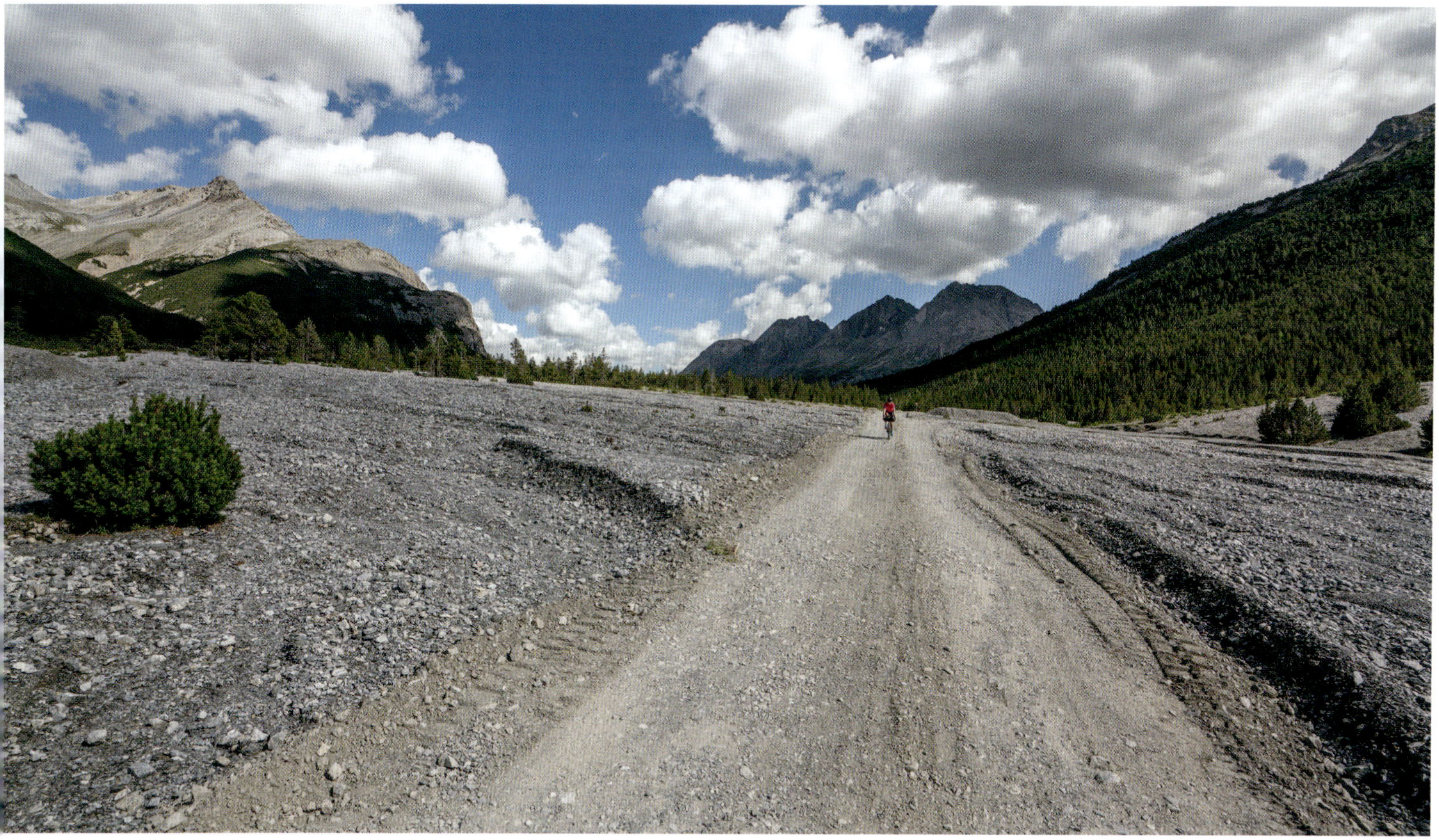

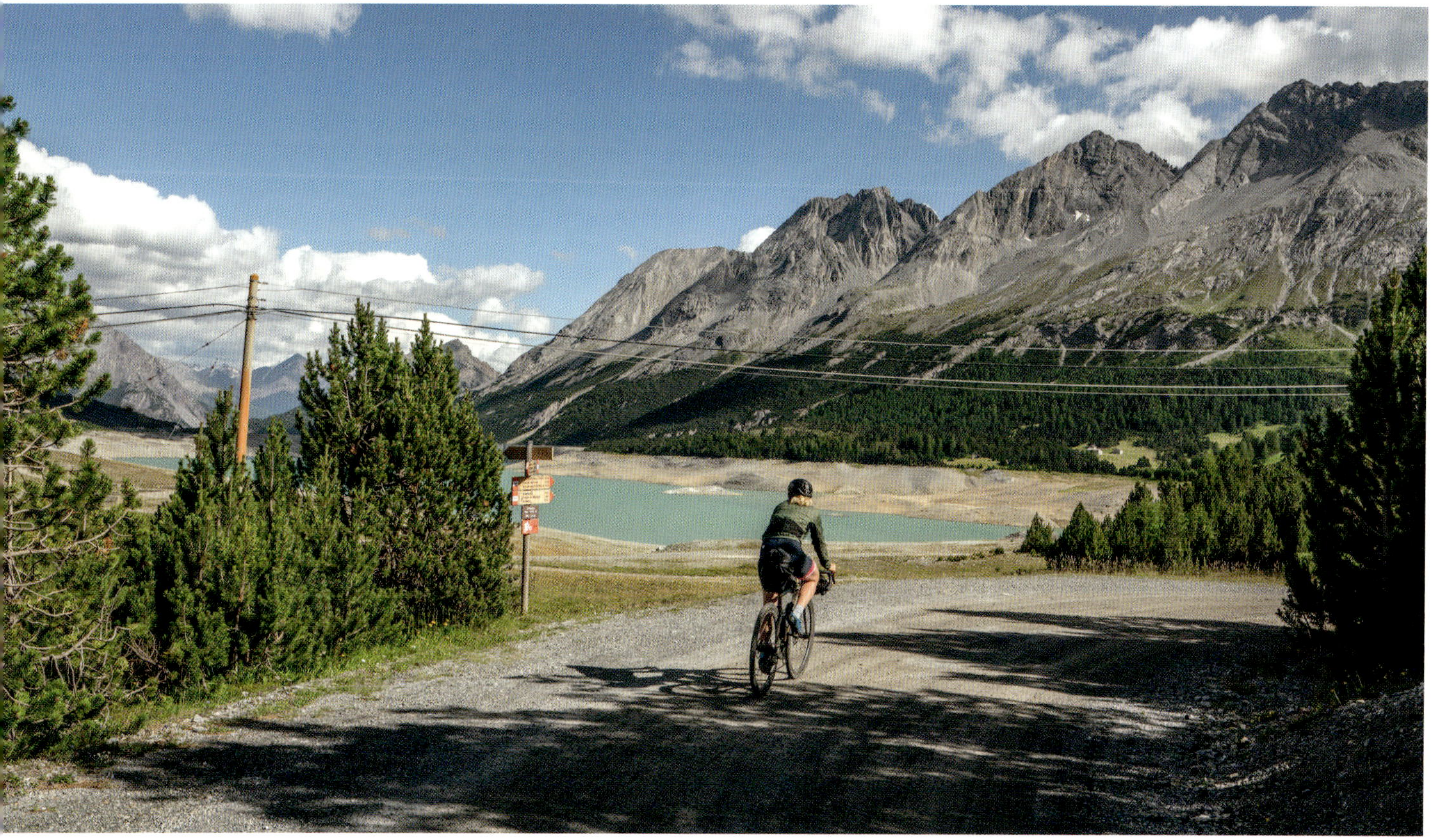

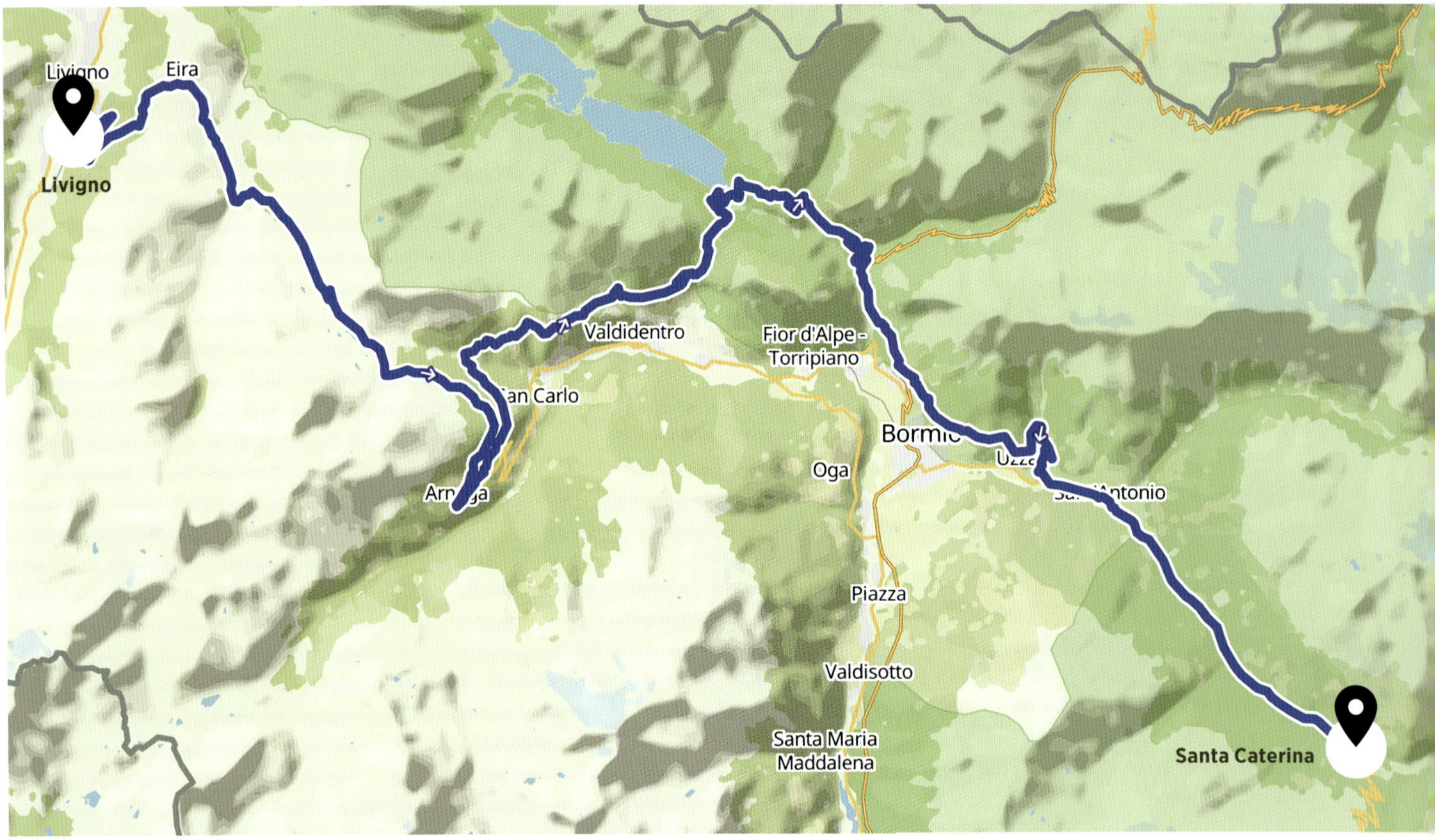

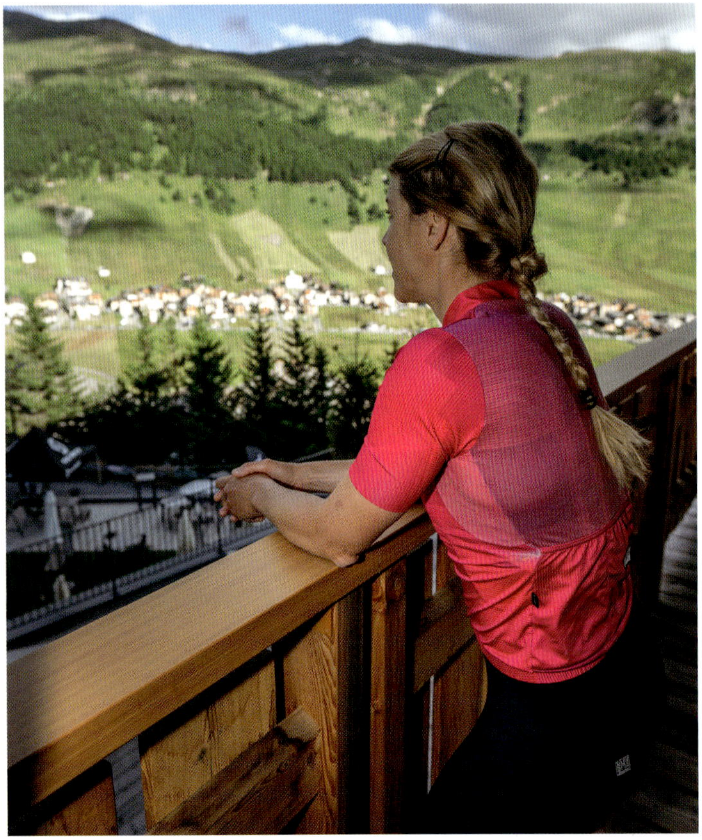

HÖHENPROFIL

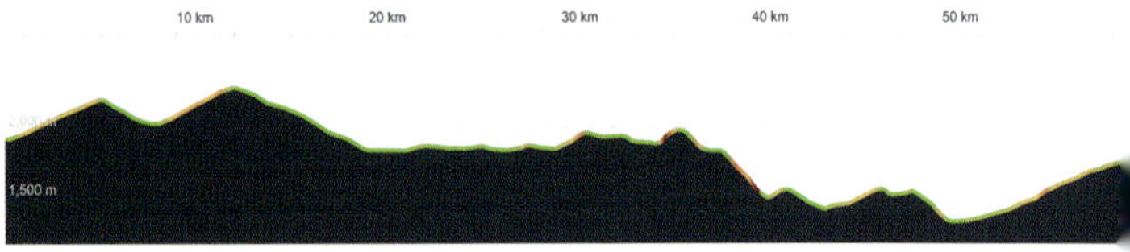

WEGTYPEN

Asphalt: 34 km / Offroad: 24 km

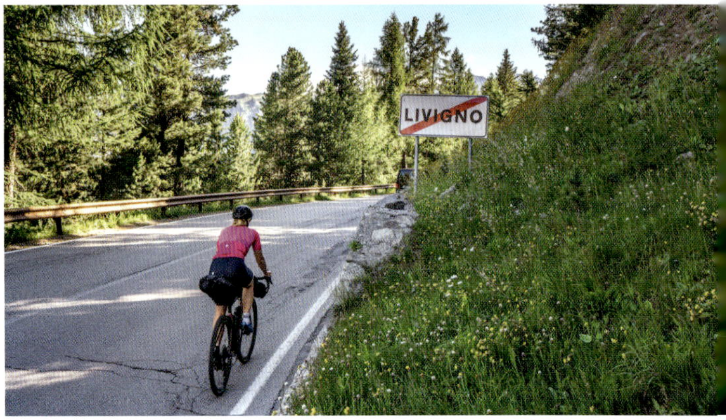

ETAPPE 3:
LIVIGNO NACH SANTA CATERINA
59 KILOMETER UND 1.650 HÖHENMETER

Guten Morgen Livigno! Ich genieße die fantastische Aussicht vom Zimmerfenster und vom Frühstücksraum meines Hotels auf den Ort und in die Berge. Nach meiner gewohnten Morgenroutine erwartet mich direkt der Anstieg zum Passo d'Eira. Den ersten Teil der Strecke kenne ich schon vom Vortag. Da es eine stark befahrene Straße ist, empfehle ich einen frühen Start. Die Berge sorgen für recht kühle Temperaturen, und ich trage den ganzen Morgen meine Windjacke. Während ich den Berg hochkurbele, schaue ich ein letztes Mal auf Livigno. Nach dem Pass folgt eine kurze Abfahrt, bevor ich mich zum nächsten Anstieg auf die Passo di Foscagno mit der Zollgrenze mache. Schließlich folgt eine schöne Abfahrt Richtung Bormio. Bisher bin ich nur auf Asphalt unterwegs, aber das ändert sich mit dem Linksabbiegen auf einen sehr sanften Schotterweg, der sich oben am Berg entlanghangelt. Ich treffe einige Radfahrer auf der Strecke. In einer der Kurven liegt eine kleine Imbissbude, die Burger und Sandwiches verkauft. Bei einem Stopp lässt sich der Gletscher auf der anderen Talseite wunderbar betrachten.

Nach einer kurzen Pause mache ich mich auf zu den berühmten Spitzkehren, die zu den Laghi di Cancano führen. Ich komme genau an der vorletzten Kehre raus und sehe den Aussichtpunkt bereits von unten. Nach ein paar Minuten gelange ich zur Aussichtsplattform, die mit einer wunderschönen Sicht auf alle 17 Spitzkehren sowie ins Tal punktet und einige Touristen anzieht – kein Wunder. Weiter geht es zum Lago di Cancano. Vor dem Staudamm befindet sich auf der linken Seite ein schönes Café, in dem ich auch meine

Streckenkarte im Detail auf komoot.

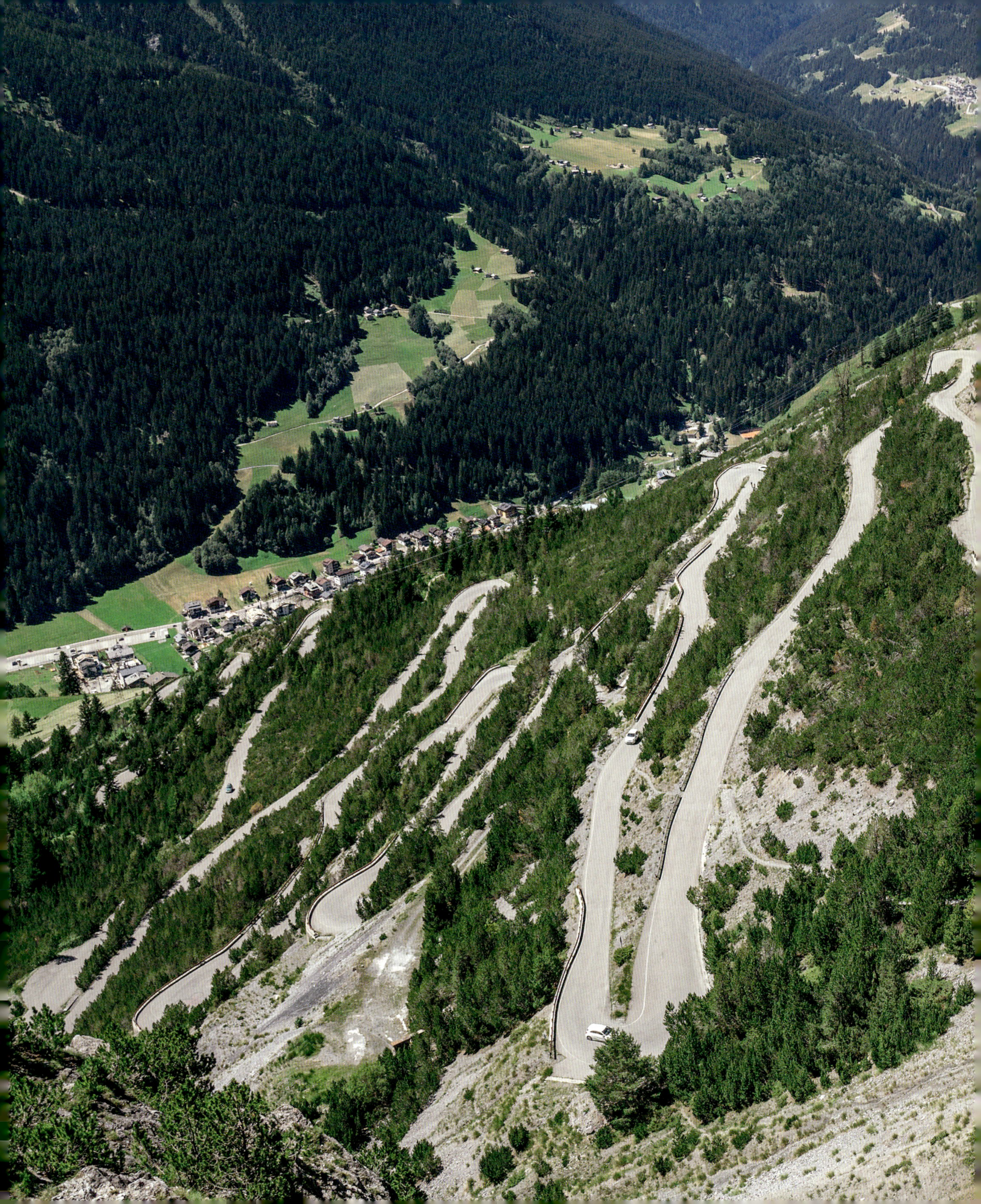

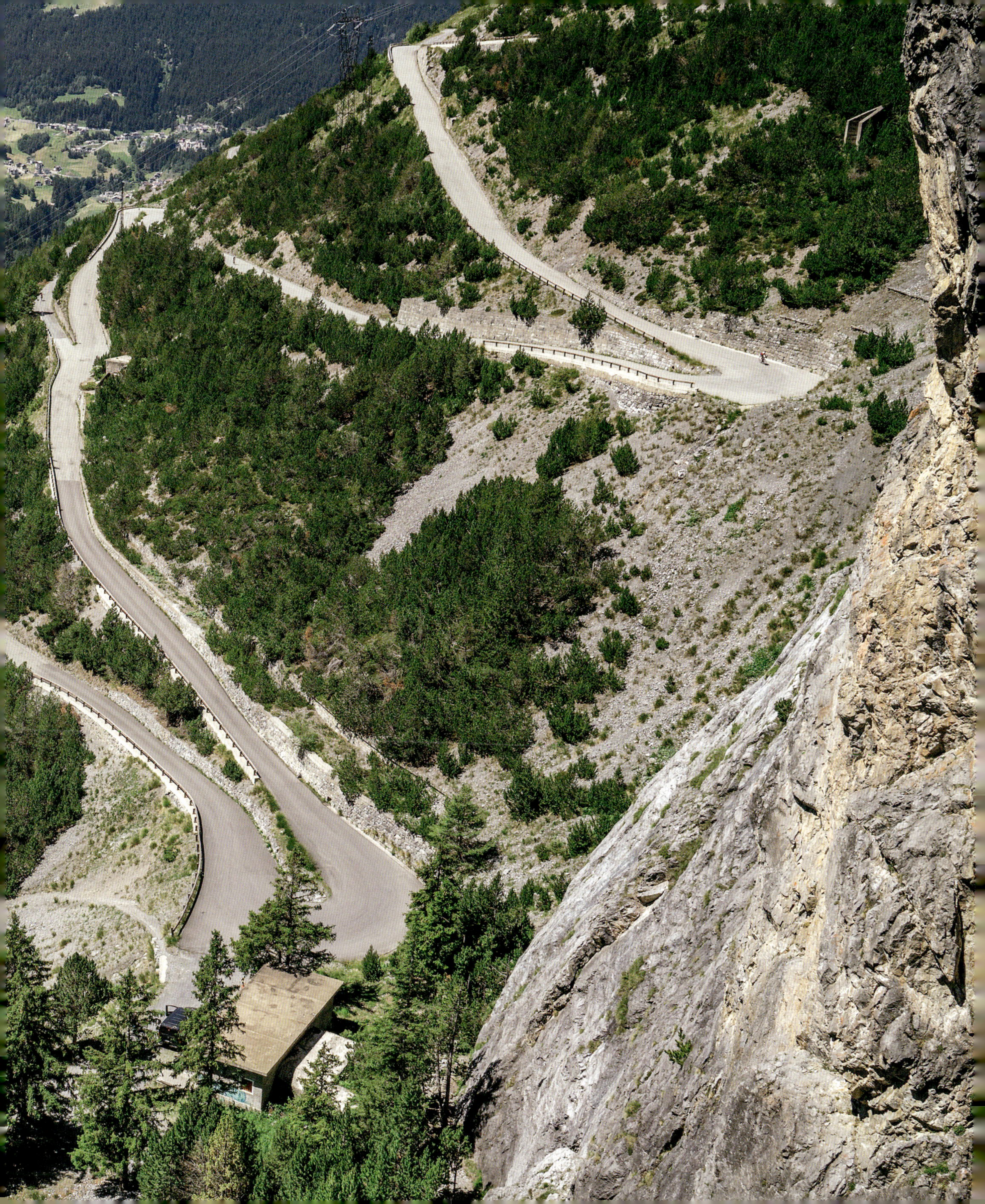

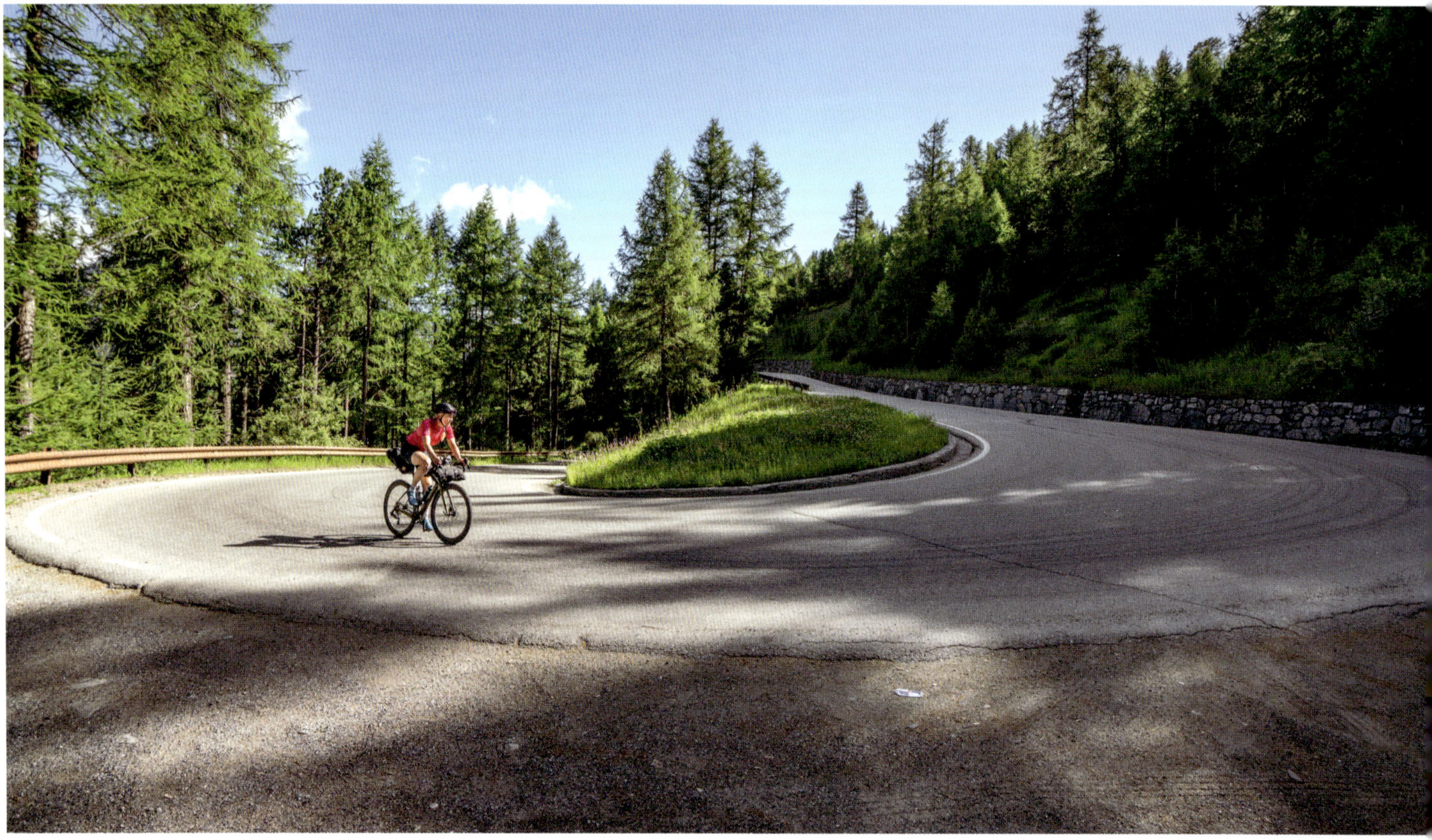
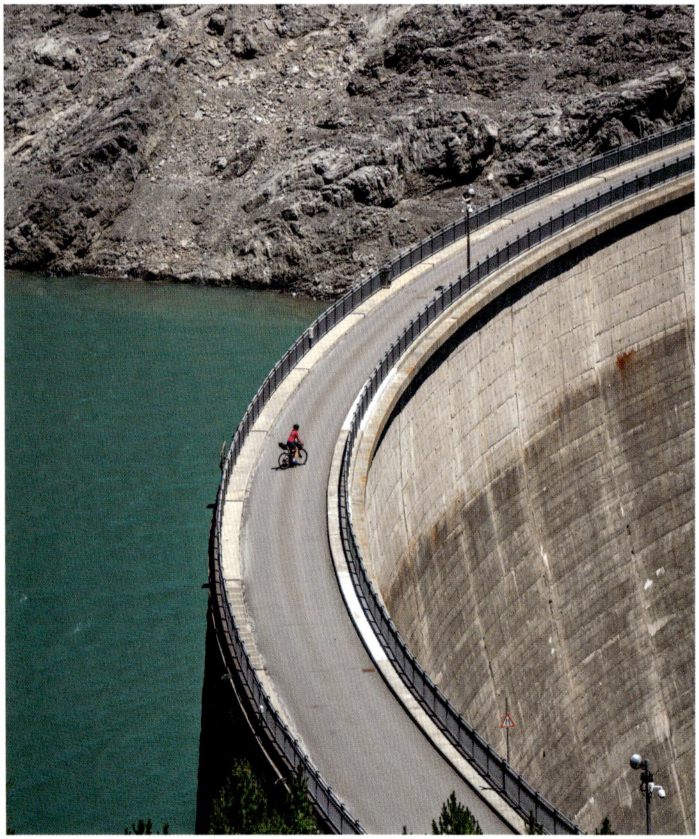
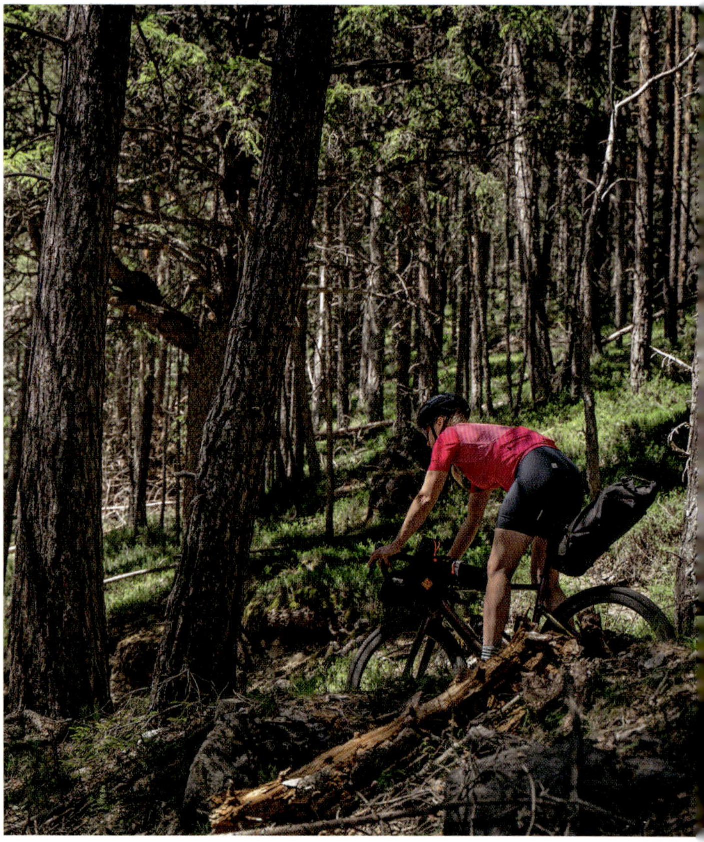

ÜBERNACHTUNGSMÖGLICHKEITEN

Luxushotel:
4-STERNE HOTEL RESIDENCE 3 SIGNORI,
SANTA CATERINA VALFURVA
https://www.3signori.it/de/
(meine Übernachtung)

Mittleres Hotel:
3-STERNE HOTEL SPORT,
SANTA CATERINA VALFURVA
https://www.hotelsport.info/de_default.aspx

Budgethotel:
3-STERNE HOTEL SAN MATTEO
(trotz 3 Sternen ist es relativ günstig)
https://www.hotelsmatteo.com/

VERPFLEGUNGSMÖGLICHKEITEN

RIFUGIO BRANCA
https://www.rifugiobranca.it/

SUNNY VALLEY
http://www.sunnyvalley.it/

AKTIVITÄTEN

So nahe an einem Gletscher lohnt sich eine kleine Wandertour, um die tolle Aussicht zu genießen.

Nach den Kehren hinauf zum Lago di Cancano erwartet mich dort eine atemberaubende Aussicht. Anschließend führt mich mein Weg auf einer Schotterpiste durch ein einsames Waldstück.

Wasserflaschen auffülle, da die nächste Möglichkeit einige Kilometer entfernt ist.

Der Weg über den Damm auf einer einsamen Schotterstraße in Richtung Bormio ist der absolute Hammer! Mitten im Pinienwald ist es herrlich ruhig, und man sieht keine Menschenseele. Der Duft ist betörend und erfrischend in der Sommerhitze. Nach einem guten Stück auf dem Schotterweg biege ich wieder auf die Straße ab, die links zum Stilfser Joch führt und rechts in Richtung Bormio. Ich wähle die Strecke in Richtung Bormio, auch wenn ich dadurch ein paar zusätzliche Höhenmeter machen muss. Im ersten Supermarkt kaufe ich Wraps, Käse und Gemüse – gut für die Verdauung und länger haltbar.

Zurück an der Gabelung, führt der Schotterweg in Richtung Santa Caterina. Der Ort liegt bereits im Anstieg zum Gavia und fernab des Touristentrubels in Bormio und ist damit perfekt für mich. Ich merke schnell, dass ich mich auf 1.734 Meter Höhe befinde: Die Luft ist kühler, frischer und trocken. Mir gefällt das sehr, da sie sehr belebend ist und sich nicht so schwer anfühlt wie im Tal. Mein Spa-Hotel, Residence 3 signori, verfügt über geräumige Zimmer und versprüht heimisches Flair. Im Schwimmbad und in verschiedenen Saunas lasse ich den Tag ausklingen, stärke mich anschließend am Buffet und kuschele mich wohlig ins Bett.

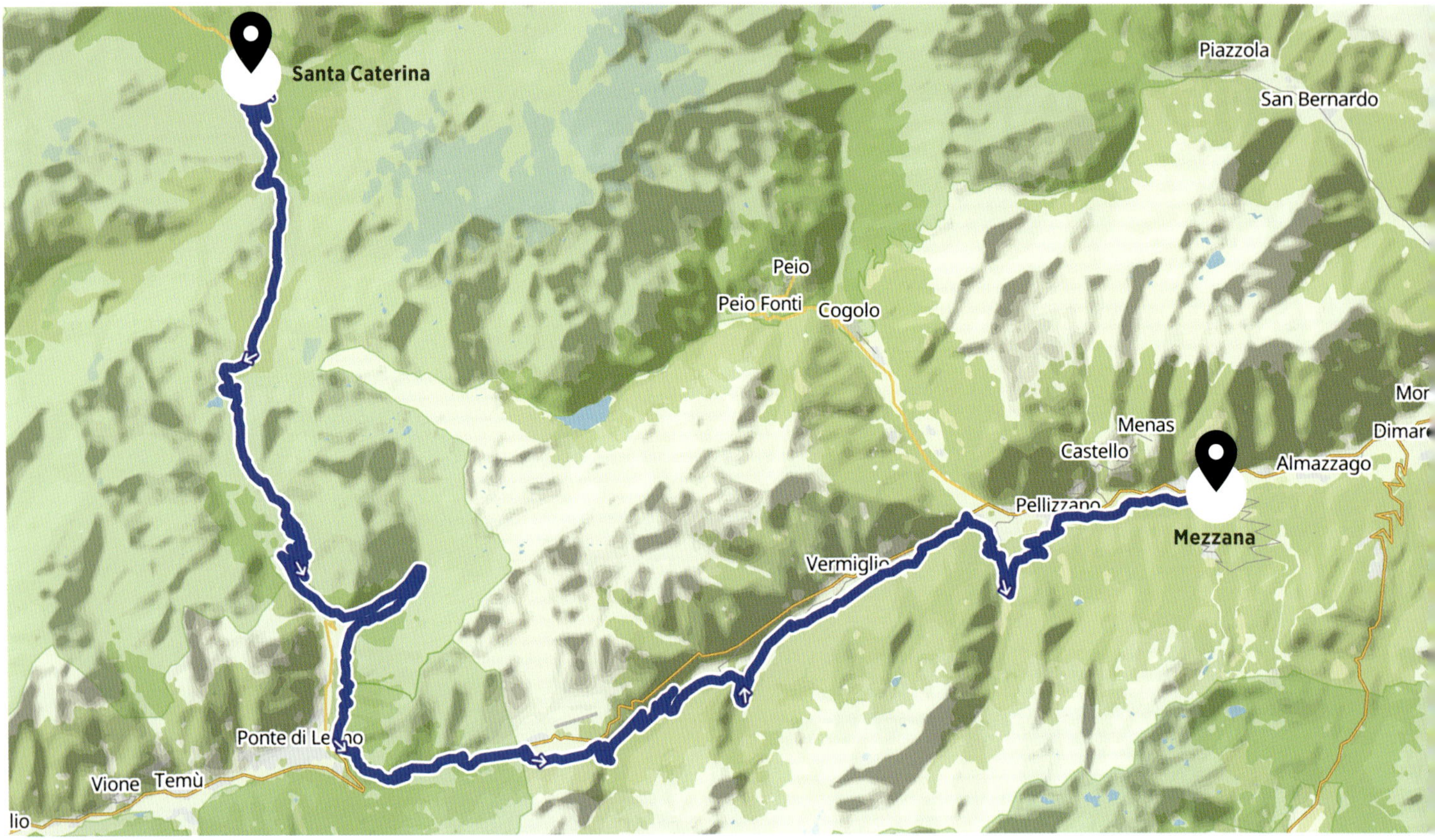

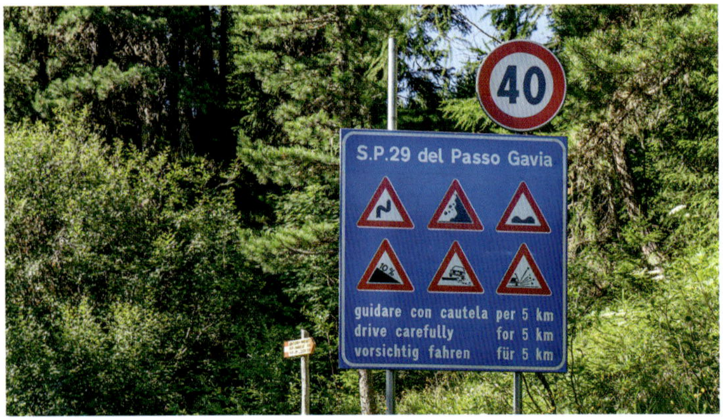

HÖHENPROFIL

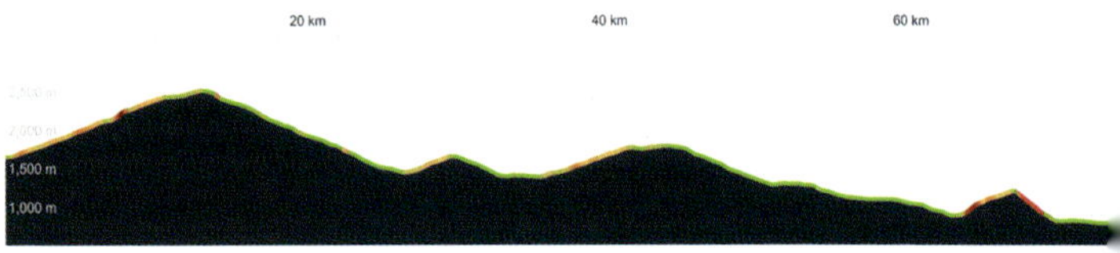

WEGTYPEN

Asphalt: 48,3 km / Offroad: 25,3 km / Kopfsteinpflaster: 300 m

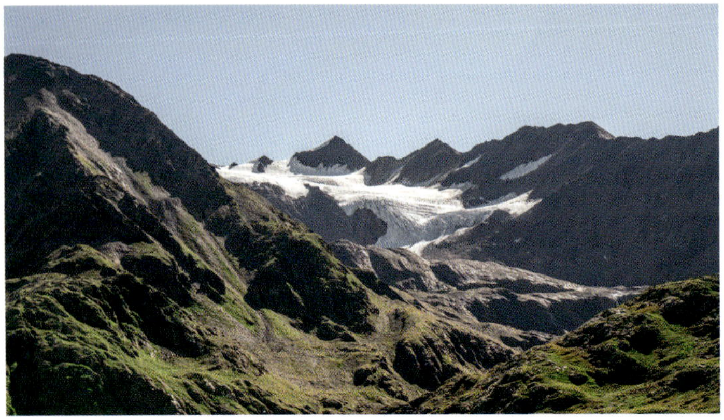

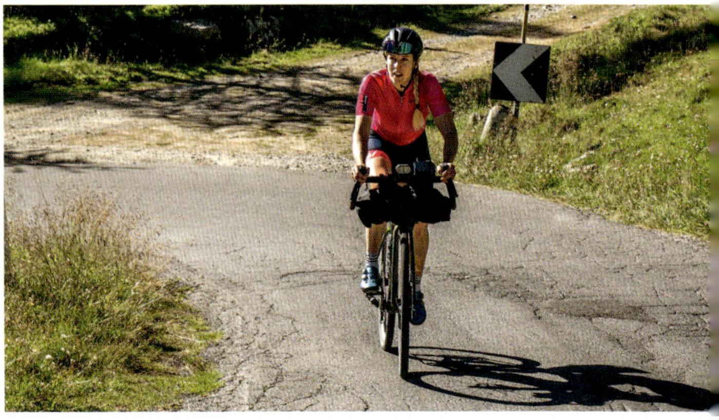

ETAPPE 4:

SANTA CATERINA NACH MEZZANA

73,9 KILOMETER UND 1.950 HÖHENMETER

Mein Erholungsplan geht auf: Die Bergluft zusammen mit einem ruhigen, kühlen Zimmer verschafft mir den tiefen Schlaf, den ich brauchte, um Tag vier anzugehen. Nach der täglichen Morgenroutine starte ich gleich mit dem Highlight des Tages: dem Gavia-Pass. Mit einer Höhe von 2.621 Metern ist er der zehnthöchste Straßenpass in den Alpen. Ein wunderschöner Pass, den ich in Ruhe genießen möchte. Deshalb starte ich schon sehr früh am Morgen. Bei Motoradfahrern ist er nämlich genauso beliebt, und wer den Aufstieg unter der Woche plant, kann den Berg deutlich entspannter hochkurbeln.

Was mir am Gavia besonders gefällt, ist, dass er eine schöne gleichmäßige Steigung hat. Zwar gibt es ein paar steilere Abschnitte, aber man kann sich danach relativ schnell auf etwas flacherem Terrain wieder erholen. Der Anstieg führt mit einer tollen Aussicht auf den Sforzellina-Gletscher hoch. Wenn man einen kleinen See sieht, dann weiß man, das Ende ist in Sicht. Oben angekommen, kehre ich in ein Restaurant ein, das schon allein wegen seines Innendesigns einen Besuch wert ist – vom guten Kaffee und den leckeren Kuchen ganz zu schweigen.

Nach der kleinen Pause geht es dann für mich auf der anderen Seite runter, aber weit komme ich nicht, da ich an jeder Ecke anhalten muss, um Fotos von der genialen Aussicht zu machen. Und es ist eine lange Abfahrt! Fast unten angekommen, biege ich auf eine Route mit Schotterwegen ab, die am Tal entlang verläuft und an deren Ende mich der Gravel-Weg wieder auf die Hauptstraße führt. Auf der Straße nehme ich den viel befahrenen Passo Tonale in Angriff, der auf 1.883 Me-

Streckenkarte im Detail auf komoot.

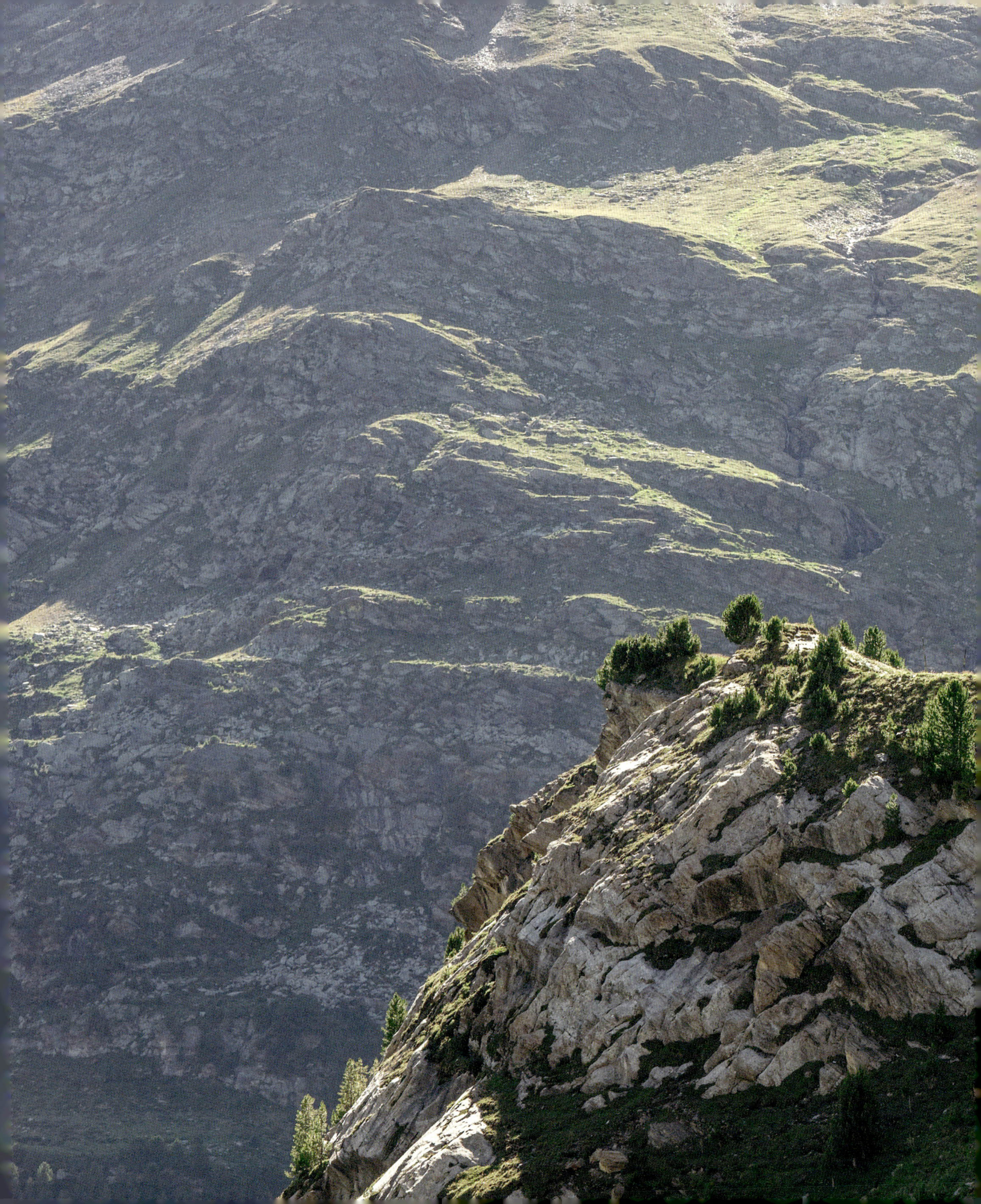

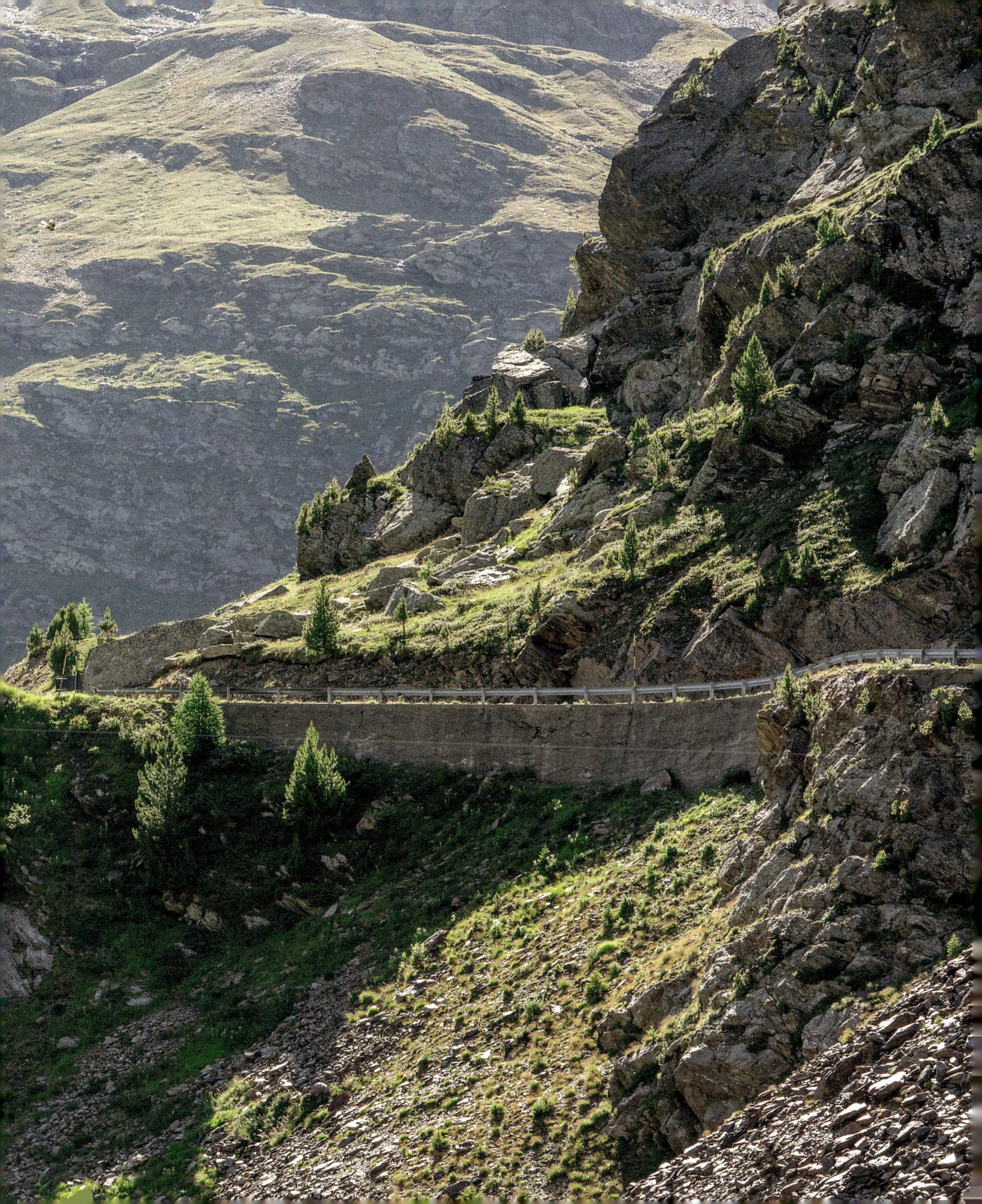

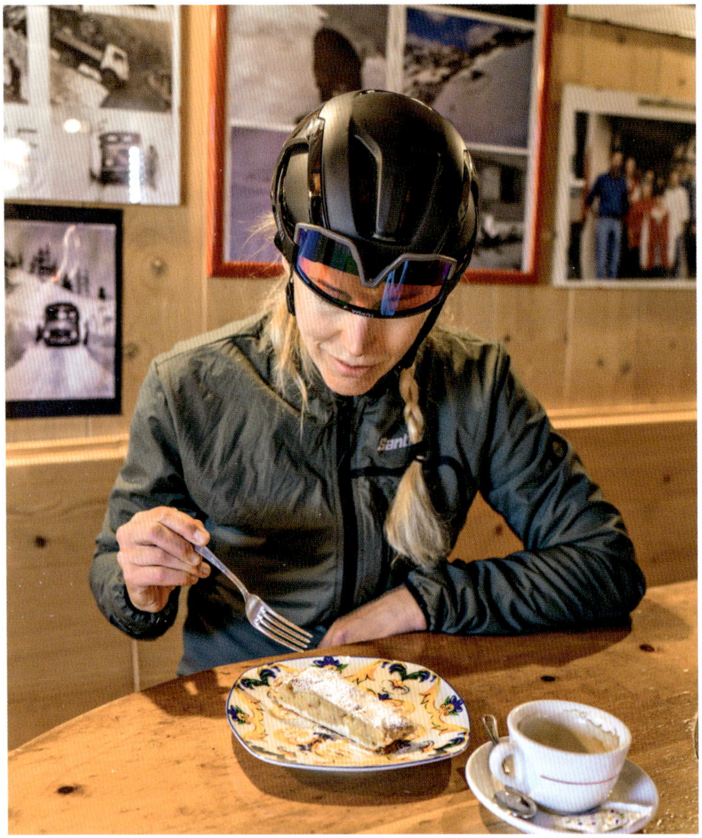

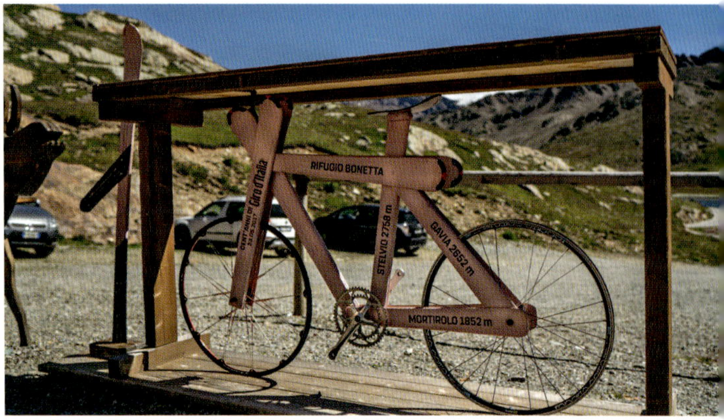
RIFUGIO BONETTA
STELVIO 2758 m
GAVIA 2652 m
MORTIROLO 1852 m

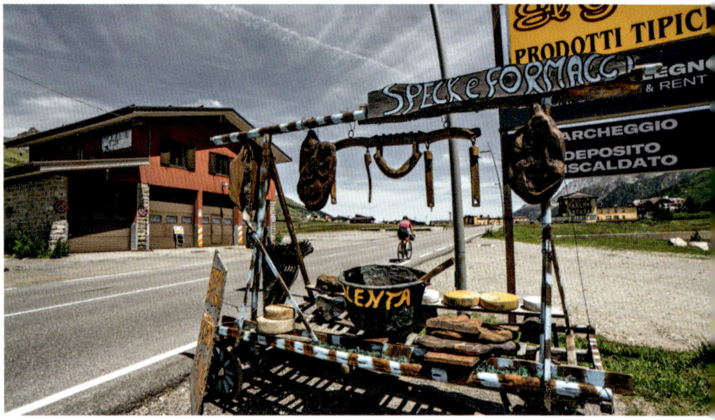
DEPOSITO

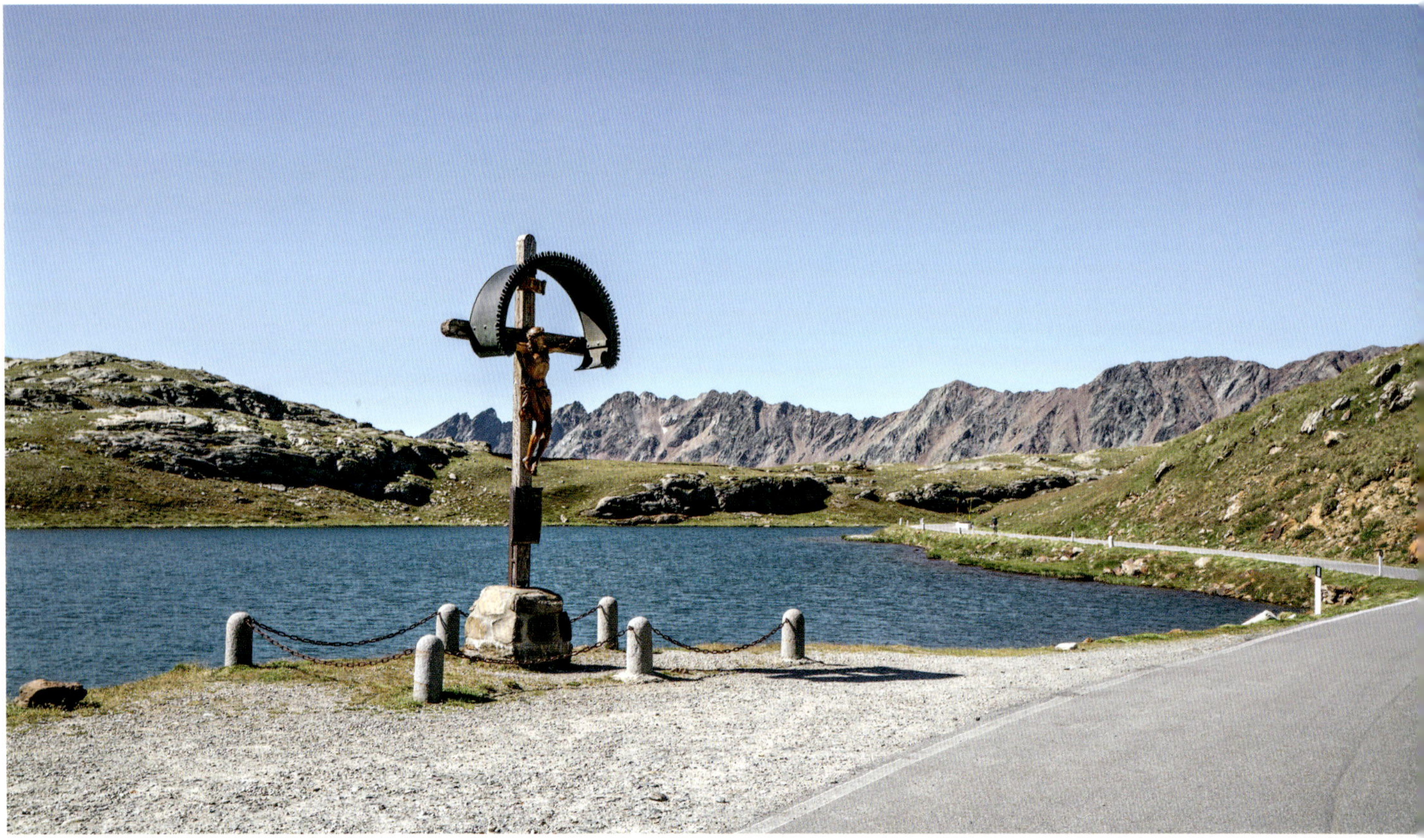

ÜBERNACHTUNGSMÖGLICHKEITEN

Luxushotel:
4-STERNE HOTEL GARNÌ PARADISI
Wellness & Spa, Mezzana
https://www.hgparadisi.it/

Mittleres Hotel:
3-STERNE HOTEL RAVELLI, MEZZANA
https://ravellihotels.com/

Budgethotel:
APARTMENT: CASA VANNA, MEZZANA
https://appartamentigermanabrunet.com/appartamento-casa-vanna/

Campingplatz:
AGRICAMPEGGIO AI GAGGI, PELLIZZANO

VERPFLEGUNGSMÖGLICHKEITEN

RISTORANTE PIZZERIA AL SOLE
https://www.facebook.com/profile.php?id=100057170570344

LOUNGE 34
http://www.animaenatura.com/

AKTIVITÄTEN

In Mezzana gibt es einige hübsche historische Plätze sowie die pittoreske Chiesa di San Romedio Eremita.

Erst die Arbeit, dann das Vergnügen: Nach dem Anstieg hinauf zum Gavia belohne ich mich mit einem köstlichen Stück Kuchen auf der Passhöhe. Kurz vor dem Café passiere ich den Lago Bianco.

tern liegt. Oben angekommen, besuche ich am Ortseingang auf der linken Seite einen Schokoladenshop namens Casa di Cioccolato. Es lohnt sich auf jeden Fall, einen Blick in den Laden zu werfen, schon wegen des flüssigen Kakaos, der die Wand runterläuft.

Nach der süßen Erfrischung biege ich gleich rechts in einen Weg ab, der fernab der Hauptstraße den Pass hinunter durch einen Wald zum Fluss führt. Falls man noch etwas Zeit hat, kann man sich im eiskalten Fluss abkühlen, bevor es dann weiter am Fluss entlang in Richtung Osana geht. Der kleine Ort schmiegt sich in den Anstieg, wo es dann auch noch einmal steil wird. Aber es lohnt sich, denn auf der anderen Seite erwartet mich das Sporting-Hotel Ravelli in Mezzana. Ein Drei-Sterne-Hotel mit Spa – auf meinen Touren bin ich schon eine Genießerin. Wer es lieber ursprünglicher mag, findet in der Nähe ein paar sehr schöne Campingplätze. Da ich wirklich gern in einem gemütlichen Bett schlafe, bevorzuge ich das Hotel, obwohl es das Naturabenteuer deutlich schmälert.

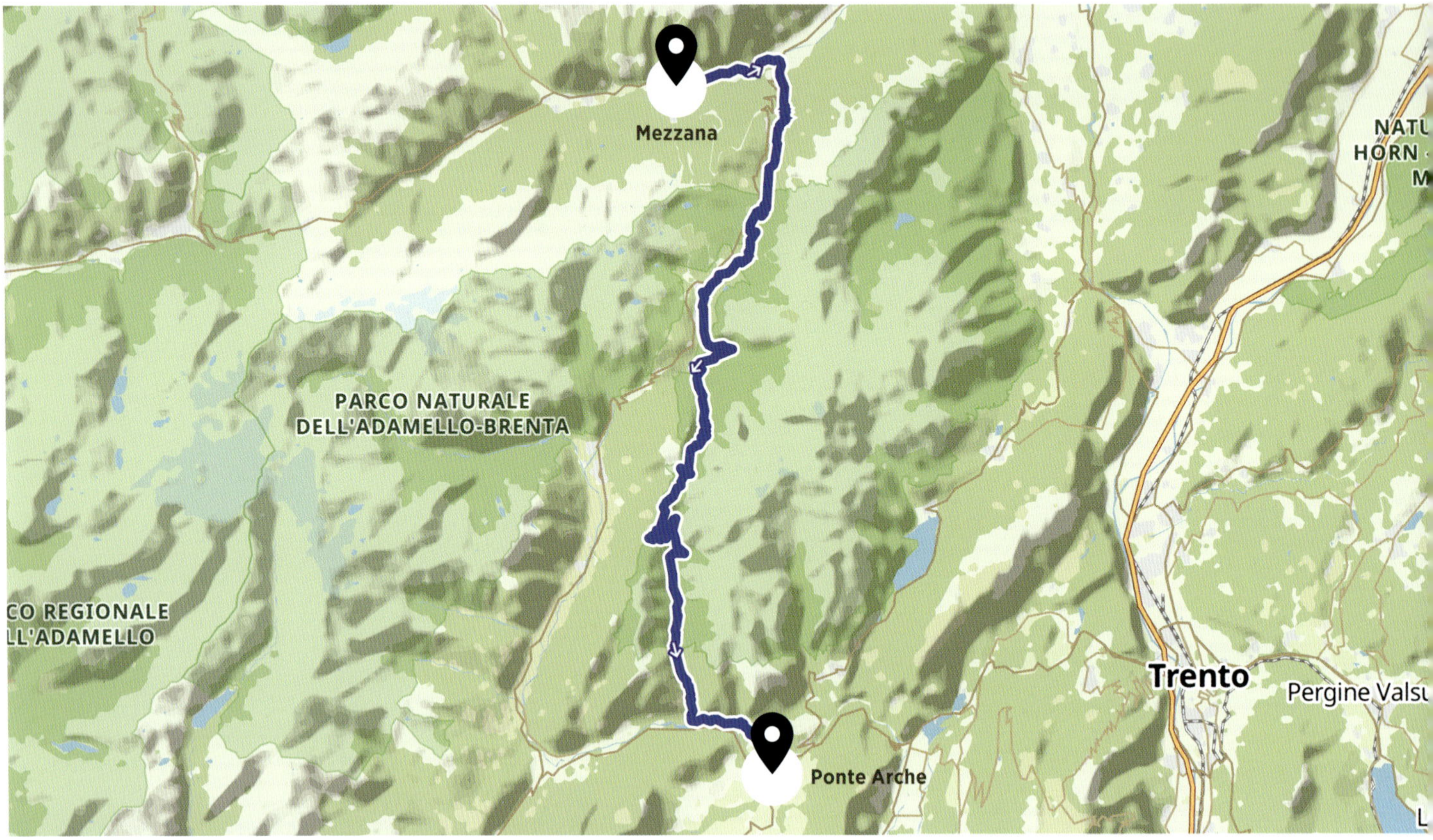

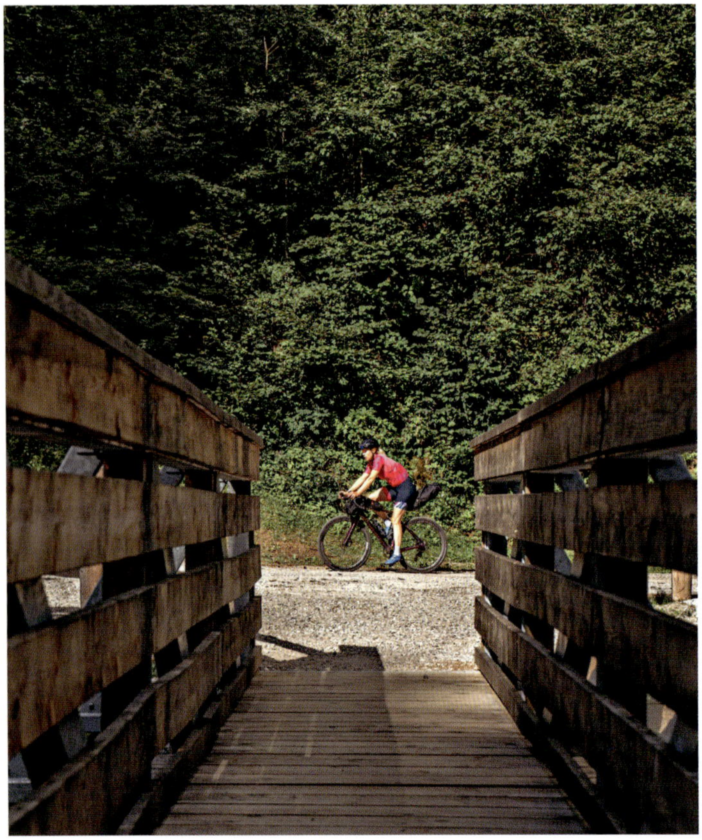

HÖHENPROFIL

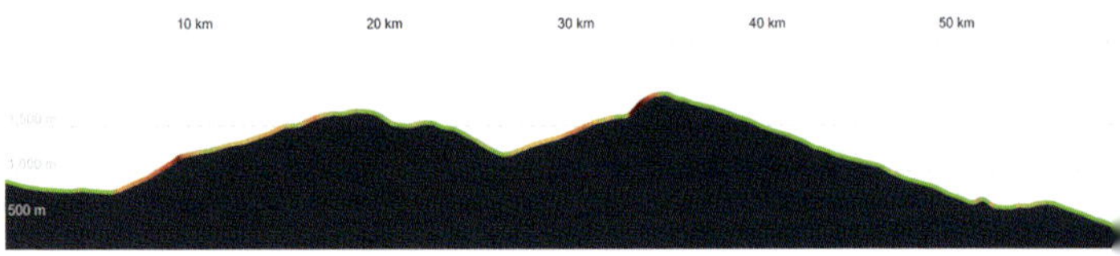

WEGTYPEN

Offroad: 34,1 km / Asphalt: 24,8 km / Kopfsteinpflaster: 160 m

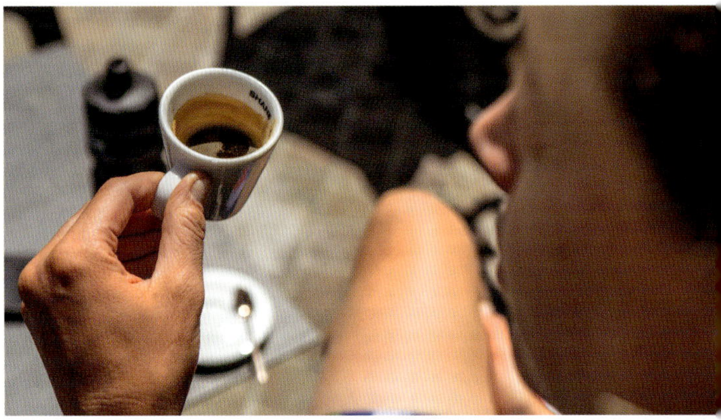

ETAPPE 5:
MEZZANA NACH PONTE ARCHE
59,1 KILOMETER UND 1.790 HÖHENMETER

Wie an den anderen Tagen, bin ich vor meinem Wecker wach. Ich fühle mich wieder fit, aber Kaffee und meine Haferflocken sowie das Proteinpulver dürfen trotzdem nicht fehlen. Mein heutiges Ziel Ponte Arche liegt in der Region Giudicarie Esteriori. Der kleine Ort ist wegen seiner Thermen ein beliebtes Ferienziel. Bevor ich die entdecken kann, muss ich über zwei lang gestreckte Hügel – oder besser Monsteranstiege.

Der erste Anstieg beginnt nicht lang nach meiner Abfahrt. Ein wunderschöner Schotterweg beansprucht ziemlich schnell meine Beine und testet das Reifenprofil. 18 Prozent Steigung stehen zwischenzeitlich auf meinem Tacho. Aber da ich am Waldrand und entlang eines Baches unterwegs bin, erscheint mir die Anstrengung an diesem jetzt schon warmen Sommertag erträglich. Über 14 Kilometer erklimme ich etwa 900 Höhenmeter. Später wird die Strecke wesentlich flacher und sehr angenehm. Der Wald erfrischt die Luft, und da es eine ruhige Region ist, hört man lediglich das Geplätscher des Baches und das Zwitschern der Vögel.

Oben angekommen, kehre ich in eines der Cafés im Skiresort Madonna di Campiglio ein. Es liegt auf 1.522 Meter Höhe, hat 57 Lifte und bietet 150 Kilometer Skiabfahrten. Hier finden im Winter auch Ski-Weltcup- und Snowboardrennen statt und 1999 sowie 2015 endete jeweils eine Etappe des Giro d'Italia in dem belebten Ort. Der Unterschied zu meinem ruhigen Waldabschnitt zuvor ist gewaltig.

Nach der kurzen Pause führt mich ein schöner Schotterweg auf einen technisch anspruchsvolleren Singletrail. Glücklicherwei-

Streckenkarte im Detail auf komoot.

»

Mit Schrecken stelle ich fest, dass ich auf meinem Vorderrad nur mit 0,5 bar unterwegs bin. Hut ab vor meinen ZIPP-Felgen und Schwalbe-Reifen, dass sie so gut standhalten.

«

se ist der Abschnitt recht kurz – ich muss ihn laufen – und ich bin schnell zurück auf einem breiten Gravel-Pfad, der mich zum Fuß des Berges führt. Da ich in den letzten fünf Tagen meine Reifen nicht aufgepumpt habe, schlagen meine Felgen leider mehrmals in der Abfahrt durch. Ich brauche dringend eine neue Luftpumpe, da meine alte offensichtlich ein Problem hat. Zum Glück treffe ich unten am Fluss auf einen Laden, der Fahrräder vermietet. Da in dieser Region kaum Englisch und Deutsch gesprochen wird, kann ich mich auf Spanisch verständigen, das dem Italienischen ähnelt. Ich bitte also auf Spanisch um Hilfe, während der Fahrradvermieter mir auf Italienisch antwortet. Es funktioniert wunderbar. Mit Schrecken stelle ich fest, dass ich auf meinem Vorderrad nur mit 0,5 bar unterwegs bin. Hut ab vor meinen ZIPP-Felgen und Schwalbe-Reifen, dass sie so gut standhalten.

Mit aufgepumpten Reifen fährt es sich gleich besser, und ich kann beruhigt in den nächsten Anstieg gehen, der mit 700 Höhenmetern auf acht Kilometern zu Buche schlägt. Auf einer schönen, moderat ansteigenden Schotterstraße im Wald fängt es erst einmal harmlos an. An einem See wird es dann spannend, da ich die nächsten 200 Höhenmeter schieben muss. Bei 32 Prozent Steigung hilft mir auch der kleinste Gang nichts mehr. Aber die Passage lohnt sich: Oben angekommen, genieße ich eine unglaubliche Aussicht, egal, wo man hinschaut. Ich bin komplett von hohen Bergen umgeben.

Nachdem ich mich sattgesehen habe, führt mich der holprige Weg auf dem Grat dann

Nach dem technisch anspruchsvollen Singletrail kurz nach Madonna di Campiglio gelange ich zum Fuß des Passo Bregn da l'Ors. Anschließend stelle ich fest, dass ich einen Platten habe und meine Luftpumpe defekt ist – ein freundlicher italienischer Fahrradvermieter hilft mir aus der Patsche.

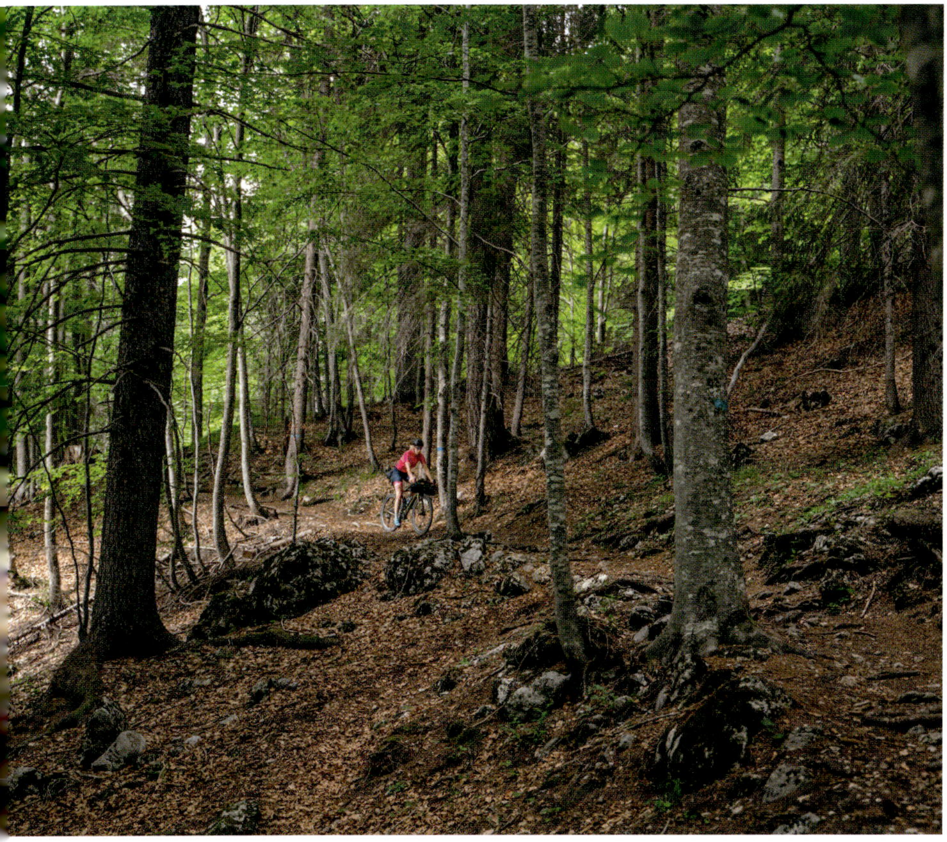
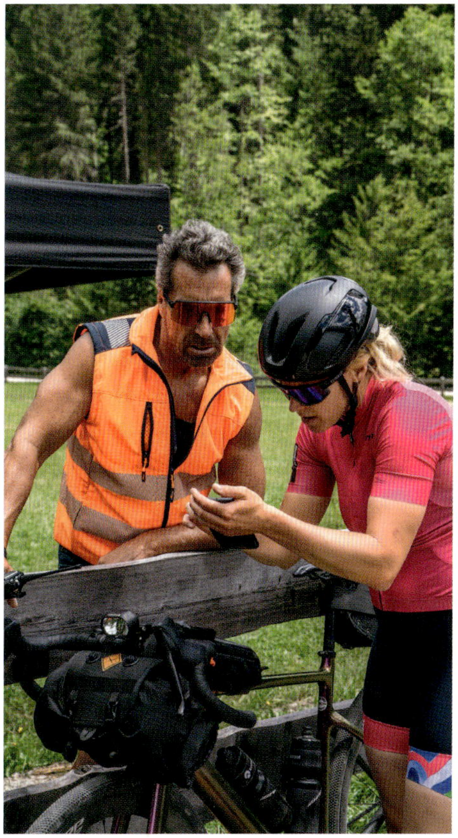
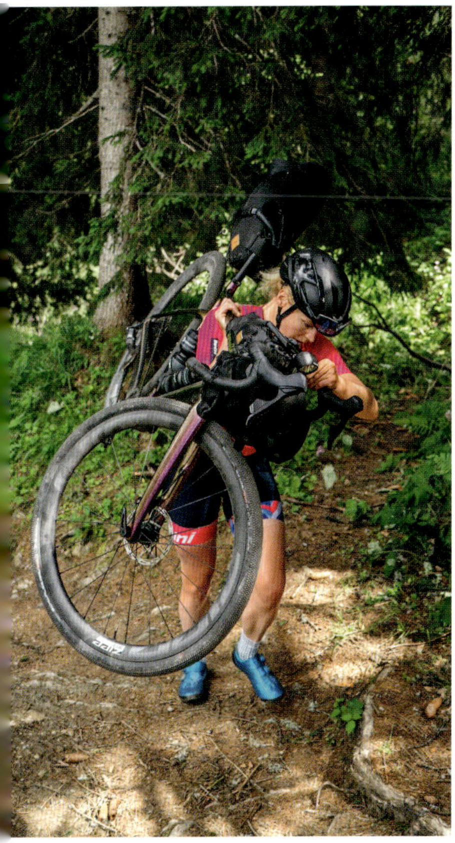
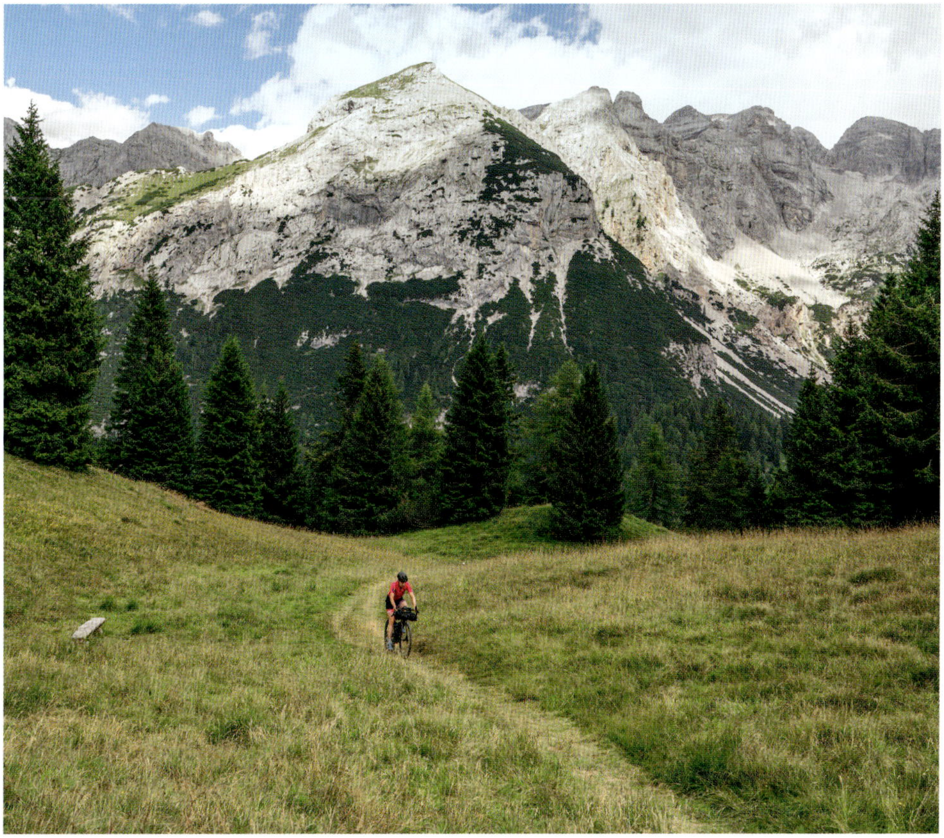

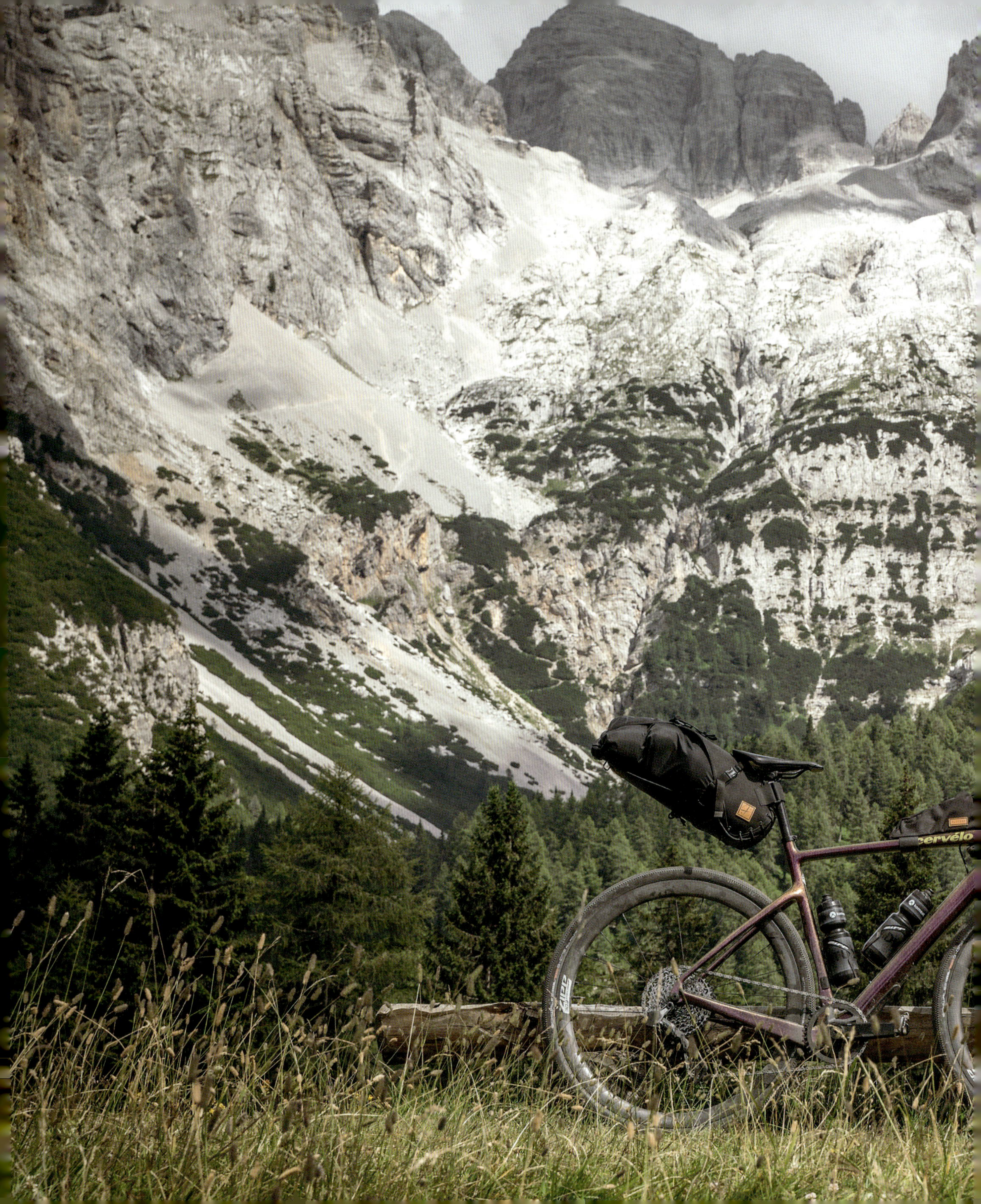
cervélo

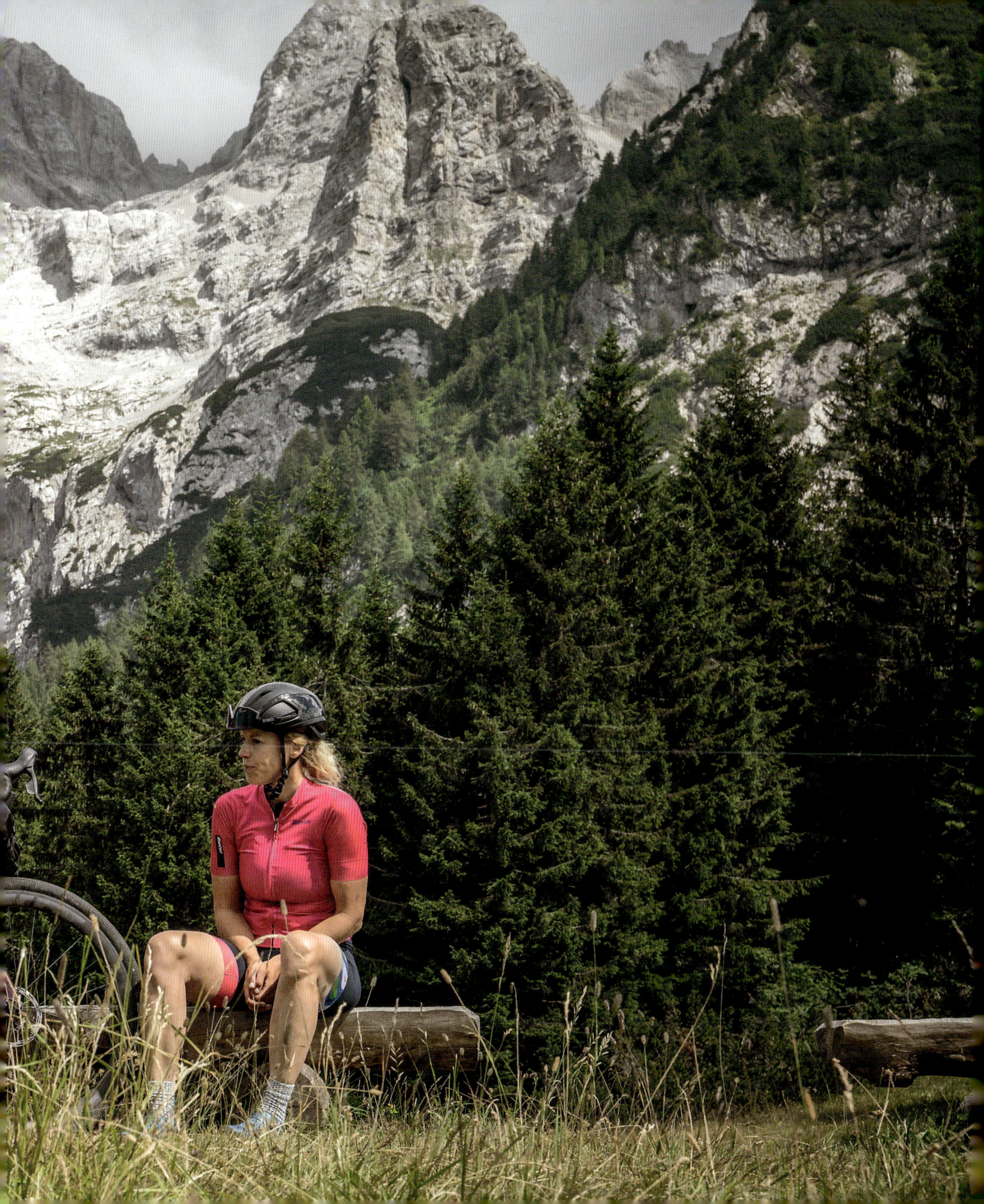

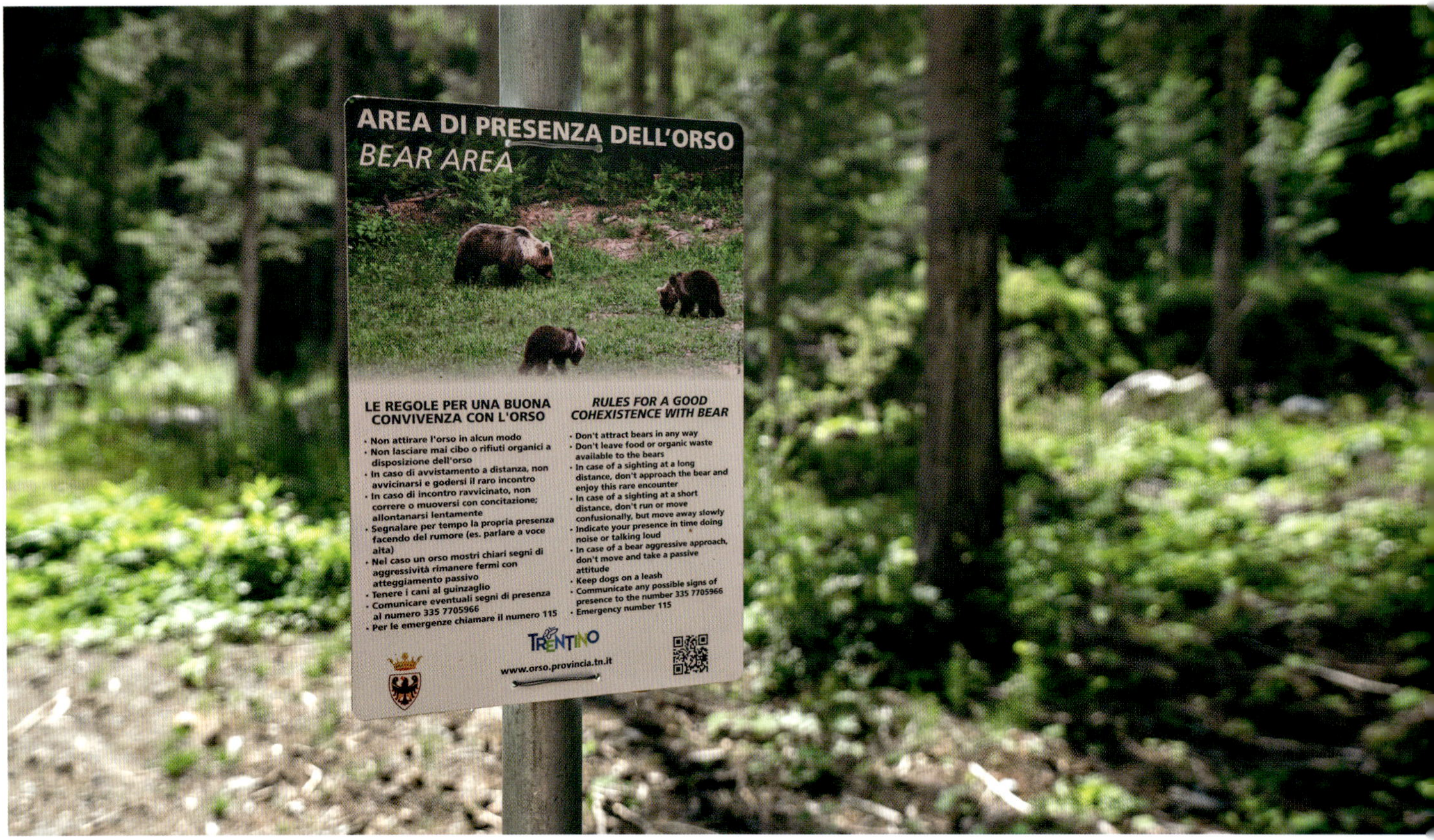
AREA DI PRESENZA DELL'ORSO
BEAR AREA
LE REGOLE PER UNA BUONA CONVIVENZA CON L'ORSO
• Non attirare l'orso in alcun modo
• Non lasciare mai cibo o rifiuti organici a disposizione dell'orso
• In caso di avvistamento a distanza, non avvicinarsi e godersi il raro incontro
• In caso di incontro ravvicinato, non correre o muoversi con concitazione; allontanarsi lentamente
• Segnalare per tempo la propria presenza facendo del rumore (es. parlare a voce alta)
• Nel caso un orso mostri chiari segni di aggressività rimanere fermi con atteggiamento passivo
• Tenere i cani al guinzaglio
• Comunicare eventuali segni di presenza al numero 335 7705966
• Per le emergenze chiamare il numero 115
RULES FOR A GOOD COHEXISTENCE WITH BEAR
• Don't attract bears in any way
• Don't leave food or organic waste available to the bears
• In case of a sighting at a long distance, don't approach the bear and enjoy this rare encounter
• In case of a sighting at a short distance, don't run or move confusionally, but move away slowly
• Indicate your presence in time doing noise or talking loud
• In case of a bear aggressive approach, don't move and take a passive attitude
• Keep dogs on a leash
• Communicate any possible signs of presence to the number 335 7705966
• Emergency number 115
TRENTINO
www.orso.provincia.tn.it

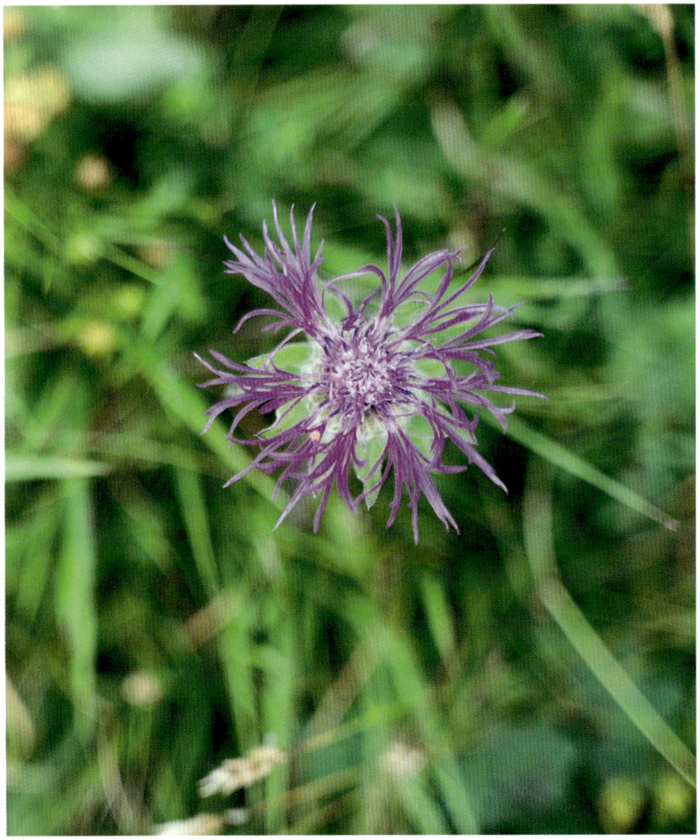

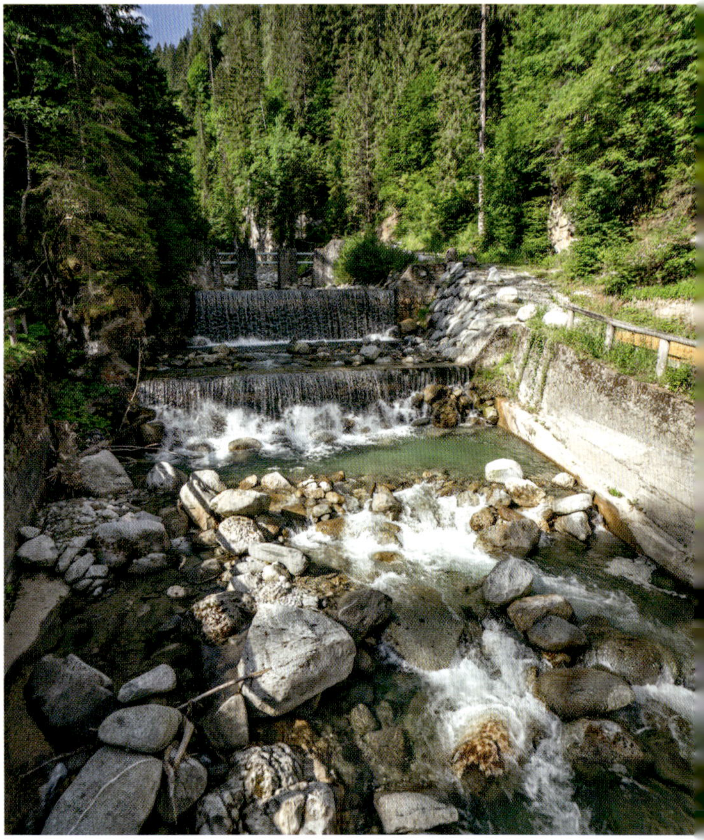

ÜBERNACHTUNGSMÖGLICHKEITEN

Luxushotel:
COMANO CATTONI HOLIDAY
https://www.comanocattoniholiday.it/it

Mittleres Hotel:
HOTEL ANGELO
https://www.hotelangelo.com/

Budgethotel:
ALBERGO SAYONARA
https://www.comanodolomiti.it/en/hotels/albergo-sayonara#/accommodations/TRN/53dcead5-0861-4a14-bcb9-ec3880f777ad

VERPFLEGUNGSMÖGLICHKEITEN

PIZZERIA DON PEDRO
https://www.pizzeriadonpedro.com/

RESIDENZA RISTORANTE PIZZERIA »OIATTOLO«
http://residenzascoiattolo.it/

AKTIVITÄTEN

In Ponte Arche lohnt es sich, die Chiesa di San Felice und die Chiesetta Della Madonna Del Rosario anzuschauen.

In der idyllischen Region in der Brenta leben auch Braunbären – der Passo Bregn da l'Ors (Bärenpass) verweist auf die heute immer noch umherstreifenden Tiere.

wieder auf eine grobe Schotterstraße, bevor es dann für 16 Kilometer bergab geht. Die groben Körnchen münden irgendwann in eine Asphaltstrecke, die sich dann an einem Bach entlangschlängelt. In der Region Giudicarie Esteriori verändert sich die Landschaft und wirkt mediterraner. Es gibt auf einmal viele Zitronenbäume, und die Luft ist nicht mehr so frisch wie in den Bergen. Mein heutiges Ziel Ponte Arche liegt auf »nur« 400 Metern Höhe, und ich spüre die 32,7 °C Sommerhitze in jeder Pore.

Ich kehre im Albergo Sayonara ein, einer einfachen Unterkunft mit eigenem Bad. Nach einer kurzen Dusche geht es dann über eine Brücke (hat der Orts vielleicht wegen dieser Brücke seinen Namen erhalten?) in den lokalen Supermarkt, der auch am Sonntag geöffnet ist. Ich liebe Pladinas, die italienischen Tortillas, und habe schnell mein Abendessen zusammengekauft. Die erste Wahl wäre eine Pizza im Restaurant gewesen, aber als ich an der Rezeption nach einer Empfehlung frage, wird mir eine Pizzeria in 30 Kilometer Entfernung genannt. Ich bin etwas schockiert und frage nach einer Pizzeria in Ponte Arche. Der Rezeptionist sieht mich fragend an: »Woher bist du?« Ich: »Ich wohne in der Schweiz.« Er: »Dann kannst du in die Pizzeria zwei Minuten entfernt von hier gehen.« Ich musste schmunzeln. Anscheinend gibt es verschiedene Pizzaansprüche, je nachdem, von wo man ist. Somit entscheide ich mich sicherheitshalber für den Supermarkt und veranstalte heute ein Zimmer-Picknick. Nicht lange danach sind dann auch die Lichter aus. Morgen liegt die letzte Etappe nach Riva del Garda vor mir mit dem Plan: Schwimmen im Lago di Garda.

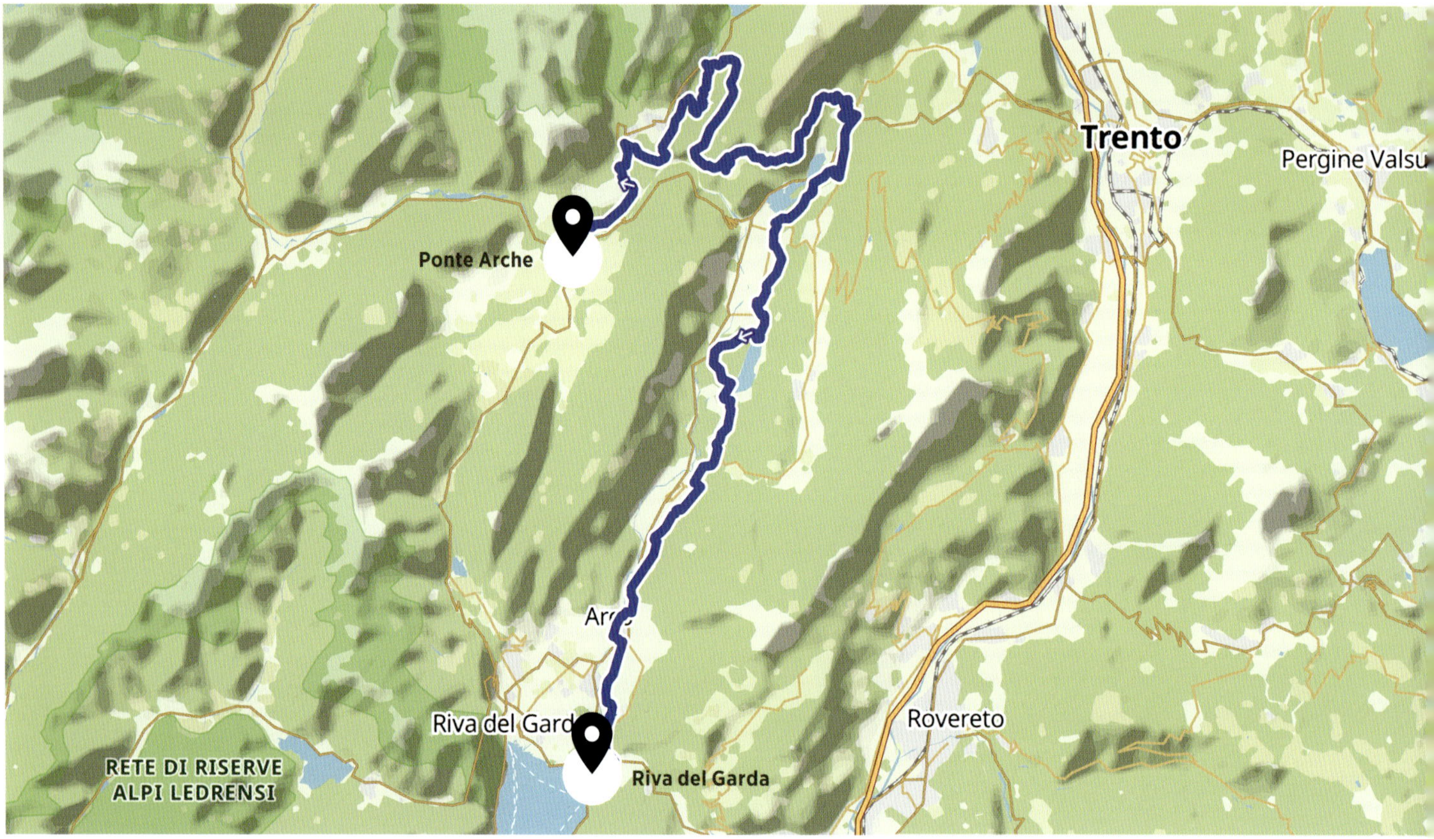

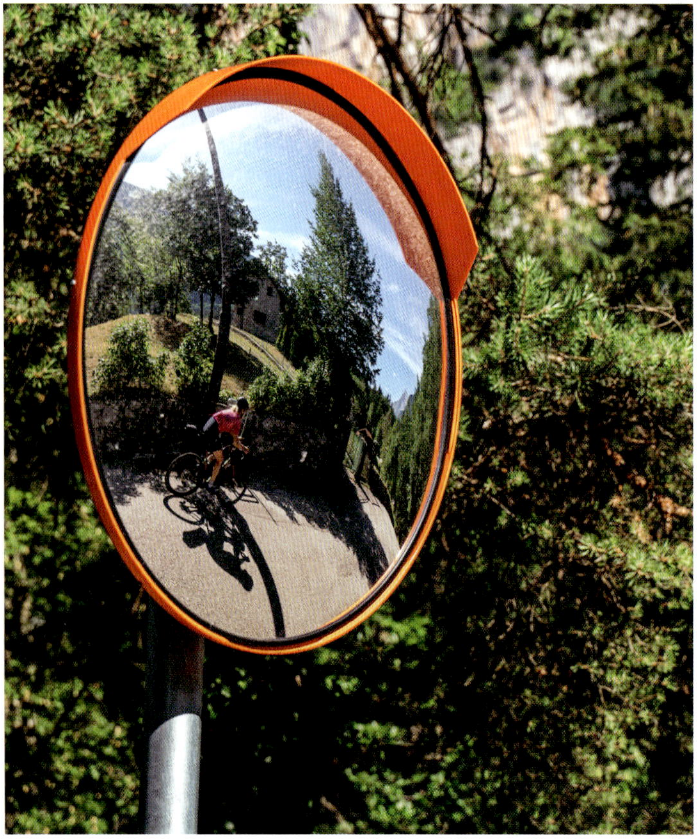

HÖHENPROFIL

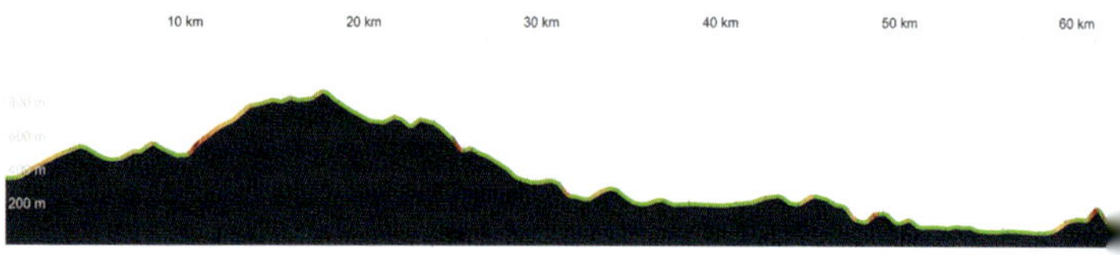

WEGTYPEN

Asphalt: 38,6 km / Offroad: 23,5 km

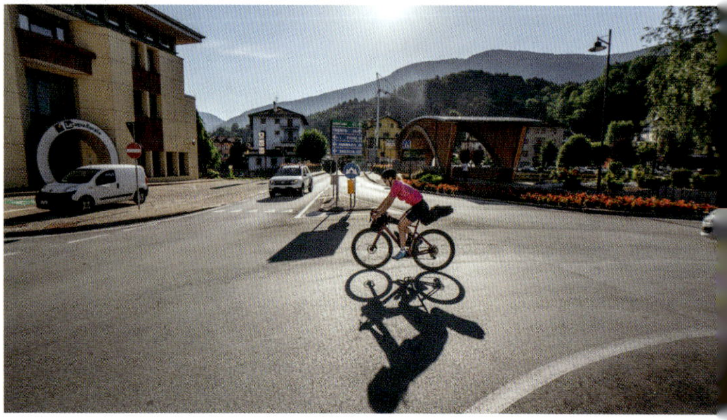

ETAPPE 6:
PONTE ARCHE NACH RIVA DEL GARDA
62,1 KILOMETER UND 1.410 HÖHENMETER

Guten Morgen, letzte Etappe! Schneller als gedacht kommt Tag sechs, und ich mache mich auf zum Gardasee. Wie immer stehe ich gegen 6:30 Uhr auf und habe mein typisches Frühstück. Als totaler Kaffeesnob werde ich hier nie vom Morgenkaffee enttäuscht. Die Italiener machen einfach einen der besten Kaffees

Danach ziehe ich mich schnell um und checke aus. Schon jetzt ist es sehr warm draußen. Auf dem Rad durchquere ich die kleine Ortschaft Ponte Arche. Über die Brücke geht es jetzt gleich ans Höhenmeter-Sammeln. Nach einer engen Rechtskurve auf dem Schotterweg fahre ich dann zuerst auf Es geht durch kleine Dörfchen, an Schulkindern vorbei, über Pflastersteine auf den höchsten Punkt des Anstiegs. Dort könnte ich gleich rechts weiterfahren, aber ich mache einen Abstecher erst zum Lago di Nembia und danach zum Lago di Molveno. Die Extrakilometer sind es auf jeden Fall wert. Die beiden Seen strahlen Ruhe aus. Ein paar Menschen haben sich ein Plätzchen fernab vom Parkplatz am See gesucht, um die Natur zu genießen. Wenn ich nicht weiterfahren müsste, würde ich das Gleiche machen.

Nach dem kleinen Abstecher kehre ich zur Hauptroute zurück und fahre auf einem bewaldeten Schotterweg durch kleine Örtchen hinauf bis zu einer Panoramastraße, die sich an einer Felswand entlanghangelt. Die Aussicht ist spektakulär, da man hinter dem Geländer 700 Meter nach unten auf das Tal schaut. Von hier kann man bis zum Gardasee schauen. Und plötzlich kommen auch die schönsten Schmetterlinge angeflogen –

Streckenkarte im Detail auf komoot.

wohl von meinem pinken Trikot angelockt. Es folgt eine schöne Abfahrt bis ins Tal nach Fraveggio.

Von dort fahre ich zwischen Weinreben gen Gardasee. Aber bevor der Gardasee zum Vorschein kommt, stoppe ich an einem weiteren See, dem Lago di Cavedine, und verbringe dort meine Mittagspause. Im Angebot: Salate, Bolognese und Panini und eine klasse Aussicht auf den See, auf dem sich unter anderem Wingfoiler oder Windsurfer vergnügen. Übrigens, ab hier herrscht bis zum Gardasee ein starker Gegenwind. Wer dem entgehen möchte, sollte sehr früh morgens losfahren, da er über den Tag noch zunimmt. Daher ist die Region rund um den Gardasee auch so beliebt bei den Wassersportlern, die Wind benötigen. Zudem ist der größte See Italiens bekannt für sein kristallklares

ÜBERNACHTUNGSMÖGLICHKEITEN

Luxushotel:
4-STERNE BIKE HOTEL CARAVEL,
RIVA DEL GARDA
https://www.caravelbikehotel.com/

Mittleres Hotel:
3-STERNE HOTEL VENEZIA,
RIVA DEL GARDA
https://www.hotelveneziariva.com/en/

Budgethotel:
3-STERNE HOTEL GARDESANA,
RIVA DEL GARDA
https://www.gardesanahotel.it/de-de

Camping:
MAROADI CAMPING, RIVA DEL GARDA
https://www.campingmaroadi.it/en

VERPFLEGUNGSMÖGLICHKEITEN

RISTORANTE PIZZERIA RIVAMIA
http://www.rivamia.it/

LA CANEVA BISTROT MEDITERRANEO
https://www.lacanevabistrot.it/

AKTIVITÄTEN

Neben dem See, der sehr viele Wassersportmöglichkeiten wie Windsurfen oder Foilsurfen bietet, lohnt sich ein Spaziergang in Richtung Torre Apponale und Catena Square.

Auf spektakulären Panoramastraßen und vorbei an Weinreben passiere ich unter anderem das Valle dei Laghi und sein Castel Toblino aus dem 16. Jahrhundert.

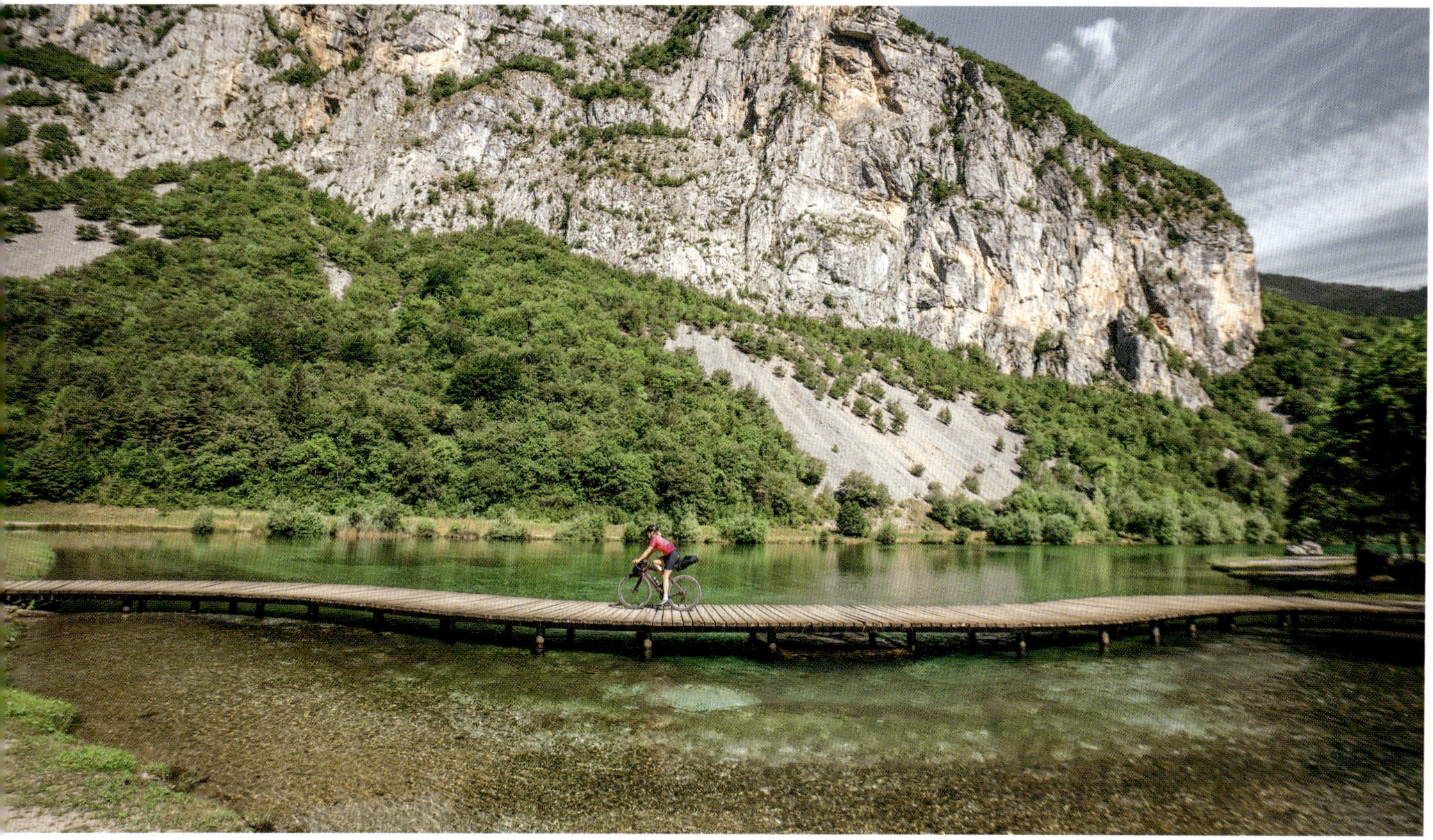
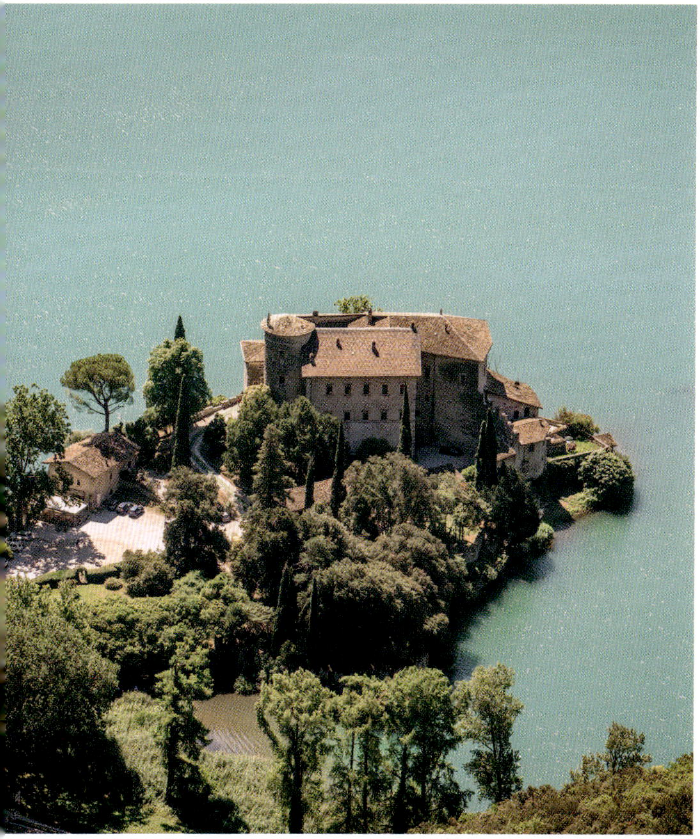
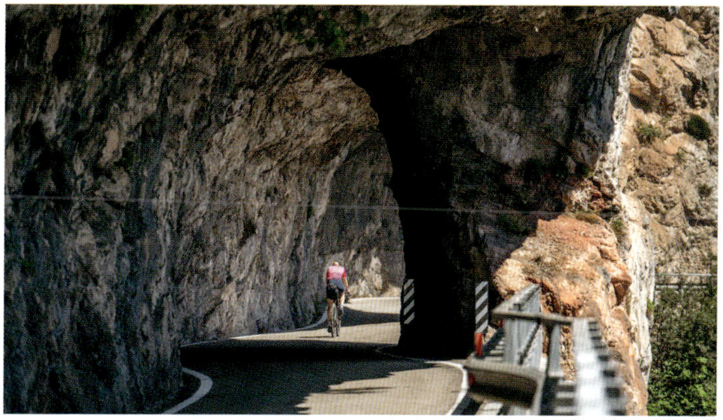
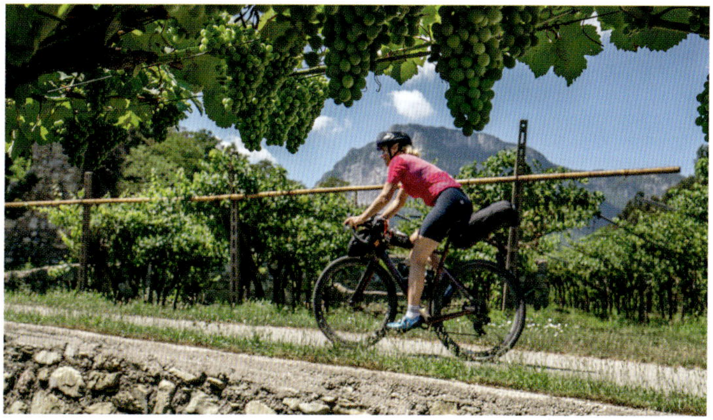

»

Angekommen am See, fühlt es sich fast surreal an: Einige Menschen spielen Beachvolleyball, andere surfen, liegen in der Sonne oder essen Eis. Das Gewusel ist fast überwältigend, da ich die letzten Tage in sehr ruhigen Gebieten verbracht habe.

«

Wasser und auch ein sehr beliebtes Ferienziel für Kletterer und Mountainbiker.

Aber bevor ich den Gardasee erreiche, muss ich noch durch die Marocche di Dro – eine mondartige Geröllandschaft, die durch mehrere Bergstürze entstanden ist. Die asphaltierte Straße durch diese beeindruckende Landschaft ist in gutem Zustand und glücklicherweise geröllfrei. An einem Aussichtspunkt stoße ich auf Informationstafeln, die von der Naturgewalt berichten.

Jetzt sind es nur noch ein paar Kilometer bis zu meinem Ziel. Angekommen am See, fühlt es sich fast surreal an: Einige Menschen spielen Beachvolleyball, andere surfen, liegen in der Sonne oder essen Eis. Das Gewusel ist fast überwältigend, da ich die letzten Tage in sehr ruhigen Gebieten verbracht habe. Mein Hotel liegt nicht weit vom See entfernt: das Caravel Bike Hotel. Wie der Name bereits vermuten lässt, ist das Hotel auf Fahrradfahrer vorbereitet: gesicherter Fahrradkeller, Fahrraddusche und Frühstück mit allem, was ein Fahrradfahrer begehrt. Während ich im Pool plansche, lasse ich die letzten Tage noch einmal Revue passieren. Ich freue mich riesig, es geschafft zu haben und so ein schönes Abenteuer erleben zu dürfen. Aber leider ist es nun auch vorbei. Aber das heißt, es wird bald ein neues Abenteuer geben!

Am Ziel: Der Gardasee begrüßt mich mit strahlendem Sonnenschein und seinem türkisfarbenen Wasser.

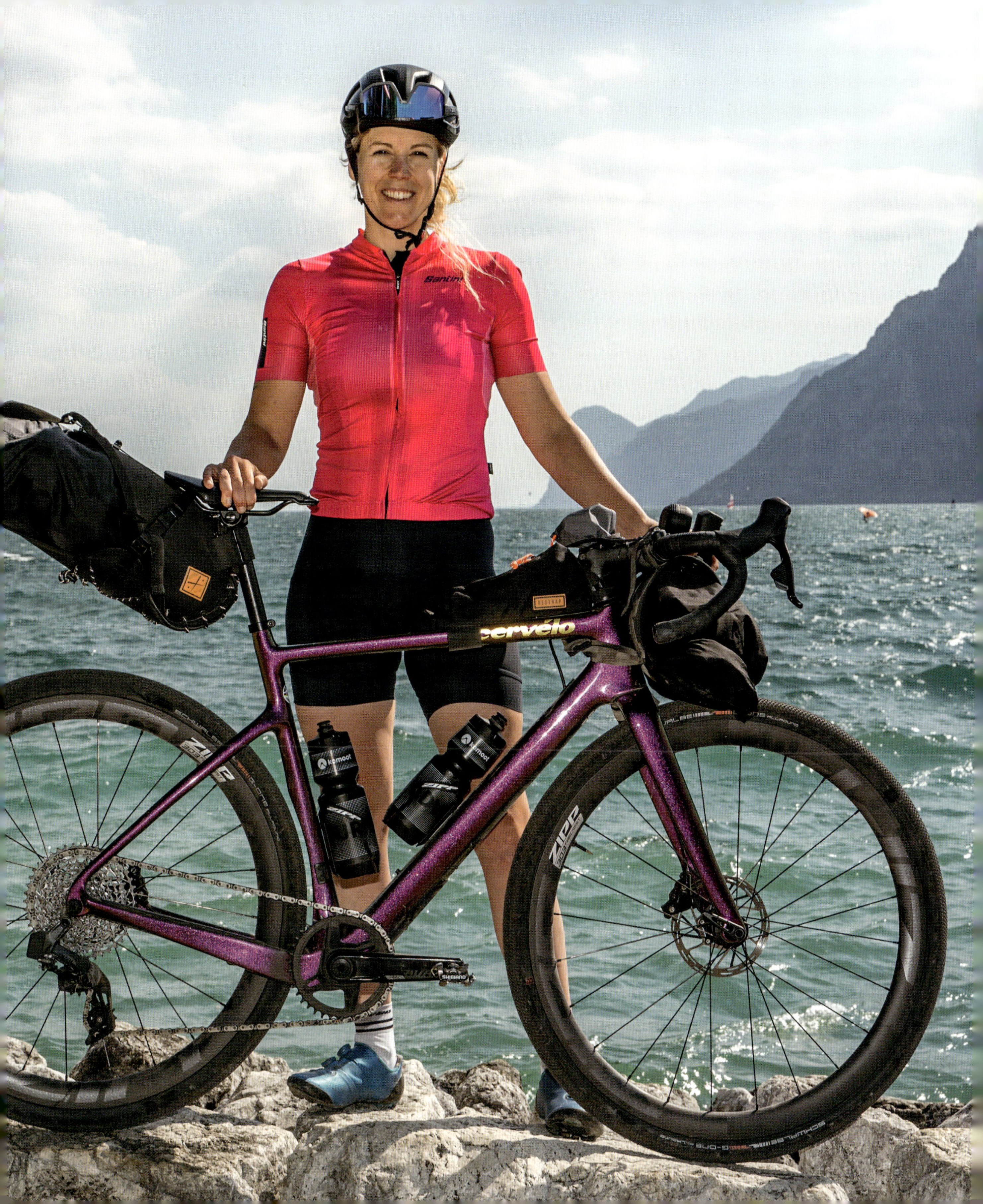
cervélo
komoot
komoot
ZIPP

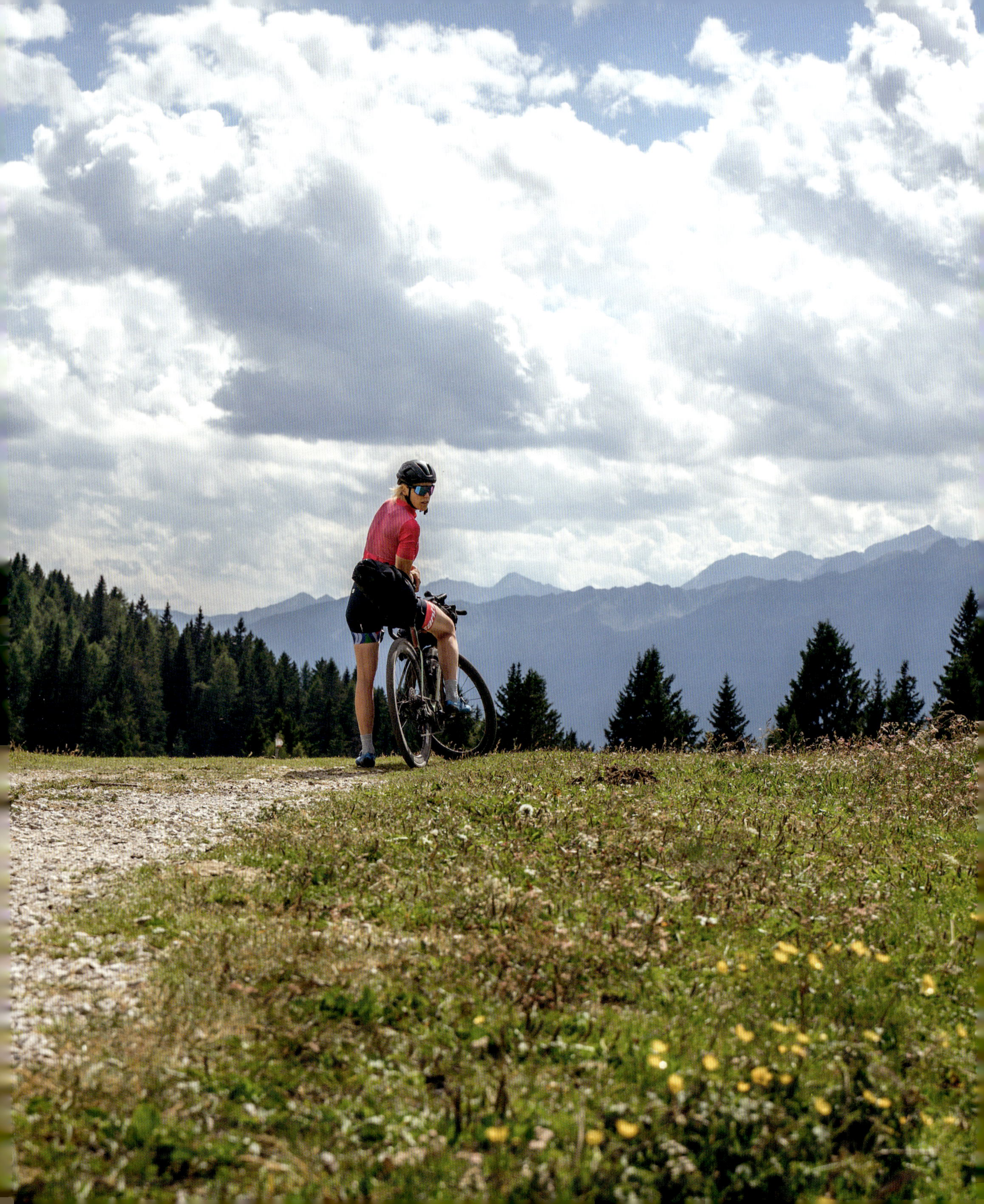

MEIN FAZIT

Nun ist mein Gravel-Abenteuer leider schon wieder vorbei: sechs Tage von Graun zum Gardasee. Mein Fazit?

Eine Gravel-Transalp ist auf jeden Fall zu empfehlen! Was mir so sehr gefällt, ist, dass viele Strecken fernab von Verkehr und Menschen verlaufen. Man kann für sich in Ruhe die Gegend entdecken. Es gibt so viel zu sehen, und jeder Moment ist einzigartig: die hohen Berge und das variierende Terrain, die unterschiedlichen Straßenbeläge von Asphalt bis hin zu sehr technischen Singletrails. Ich liebe den Duft der Pinienbäume und die frische und klare Bergluft. Es ist ein Trip für alle Sinne und so gut für die Seele, da man sich mental komplett vom gewohnten Alltag befreien kann.

WAS HÄTTE ICH ANDERS GEMACHT?

Gern hätte ich meine Tour verlängert und wäre in jedem Etappenziel auf Entdeckungsreise gegangen. Wer genau dies plant, kann die kürzere Routenvariante wählen (siehe Seite 130 ff.) und eine Städtetour am Ankunftstag machen oder immer einen Ruhetag für Ausflüge einbauen. Ansonsten empfehle ich Müßiggang, wann und wo immer es möglich ist – vielleicht das Handy einmal nicht auspacken und sich komplett von der Natur und neuen Eindrücken einhüllen lassen.

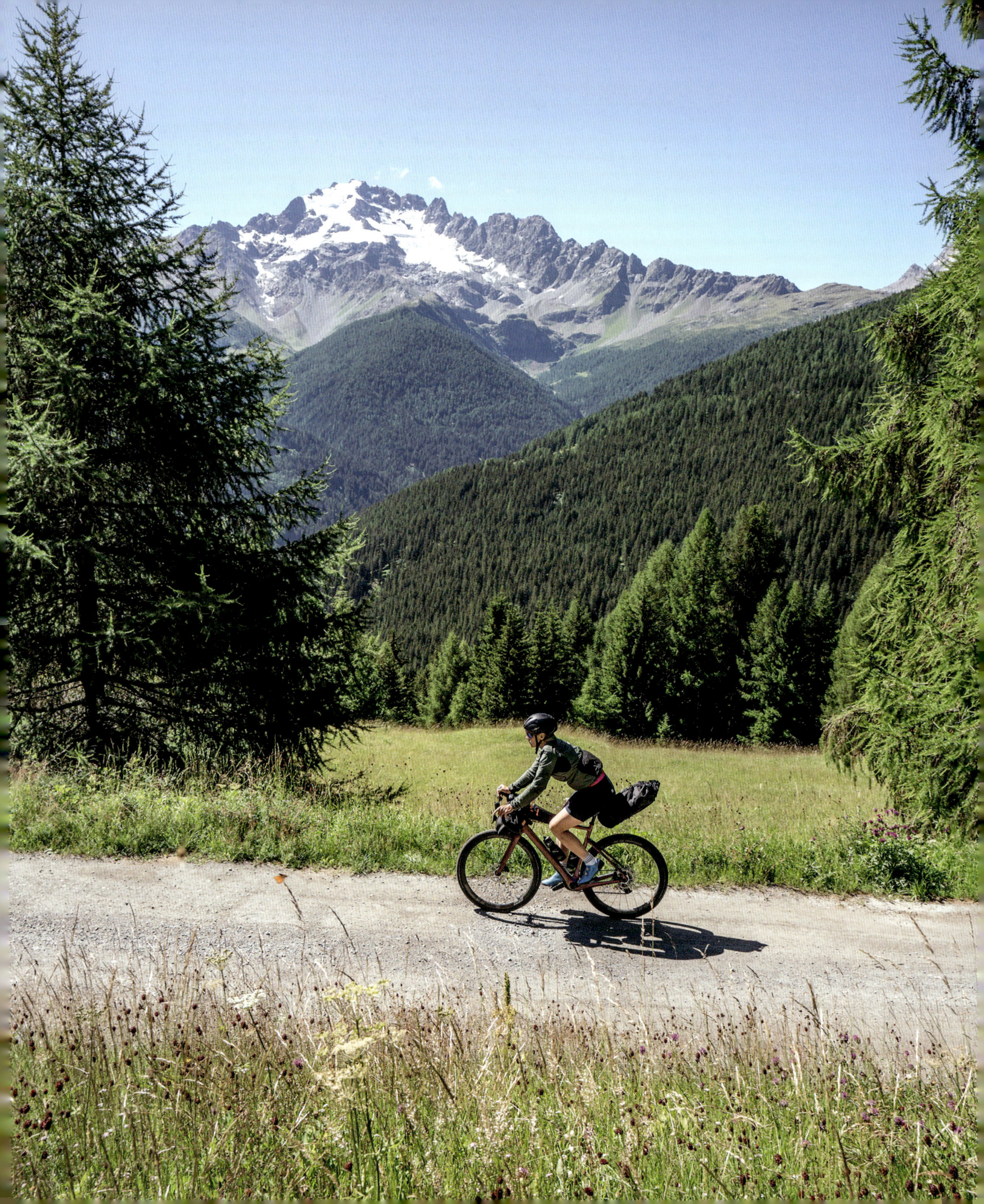

ALTERNATIVSTRECKEN

Mein Erfahrungsbericht ist für all die gedacht, die gern ein paar Stunden mehr im Sattel sitzen und eher ambitionierter auf dem Rad unterwegs sind. Für diejenigen, die es etwas entspannter angehen wollen bzw. weniger Höhenmeter machen wollen oder noch andere Aktivitäten während des Tages planen (Stadtbesichtigung, Spa etc.), folgen nun noch eine leichtere und eine mittlere Variante.
Ein paar der Strecken gleichen meiner Tour, da ihr die Highlights nicht verpassen solltet!

Die vielen Höhenmeter während der Routen bedeuten auch viele schöne Aussichtspunkte.

LEICHTE (KÜRZERE) TRANSALP-ROUTE

DIE LEICHTE ROUTE IST MIT 290 KILOMETERN UND 8.010 HÖHENMETERN UM EINIGES KÜRZER ALS DIE ANDEREN BEIDEN. SIE IST FÜR DIEJENIGEN GEDACHT, DIE SICH AN IHRE ERSTE TRANSALP WAGEN WOLLEN ODER ES ETWAS GEMÜTLICHER ANGEHEN WOLLEN. GRAVEL-KILOMETER SIND UM EINIGES HÄRTER ALS STRASSENKILOMETER!

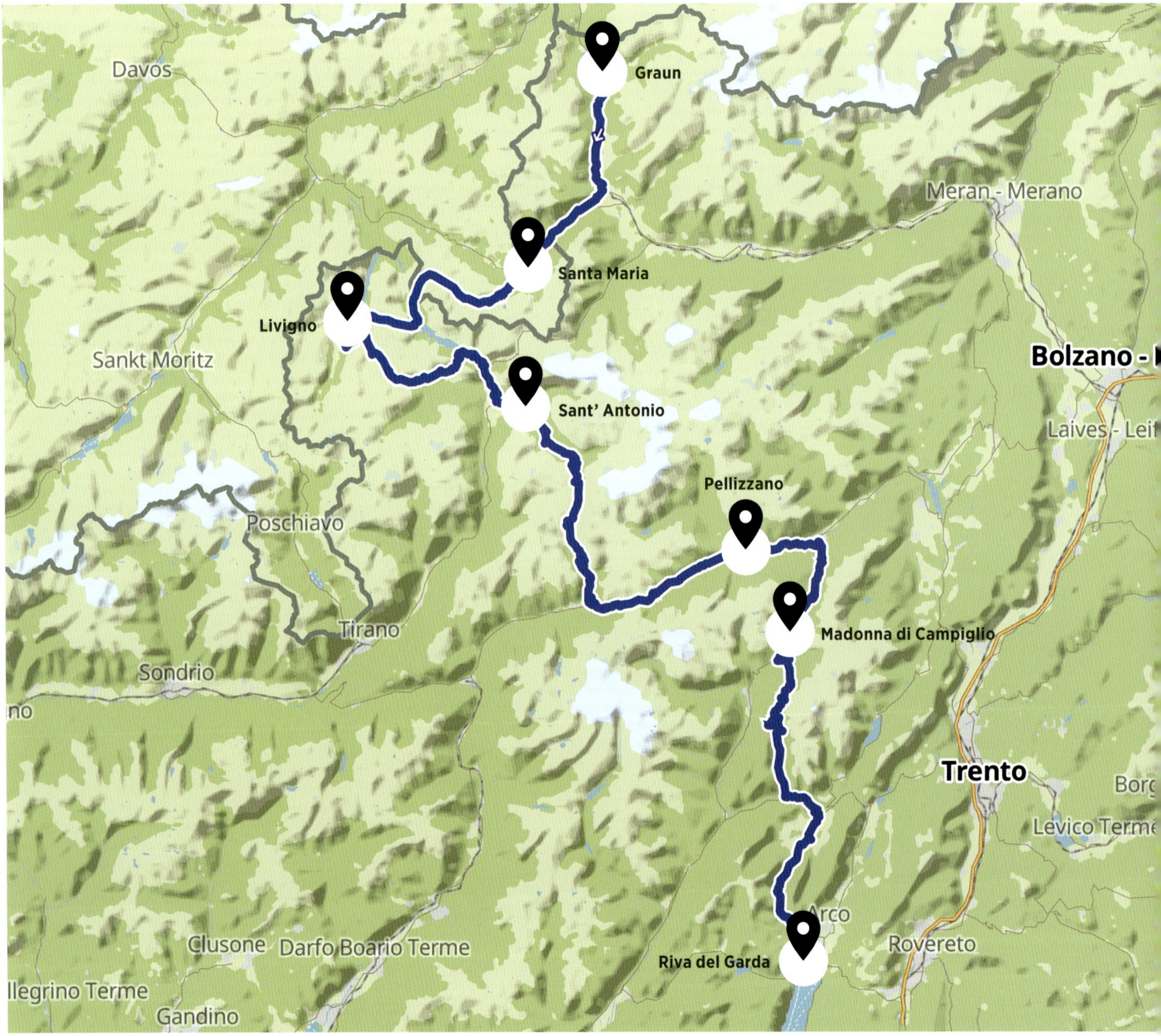

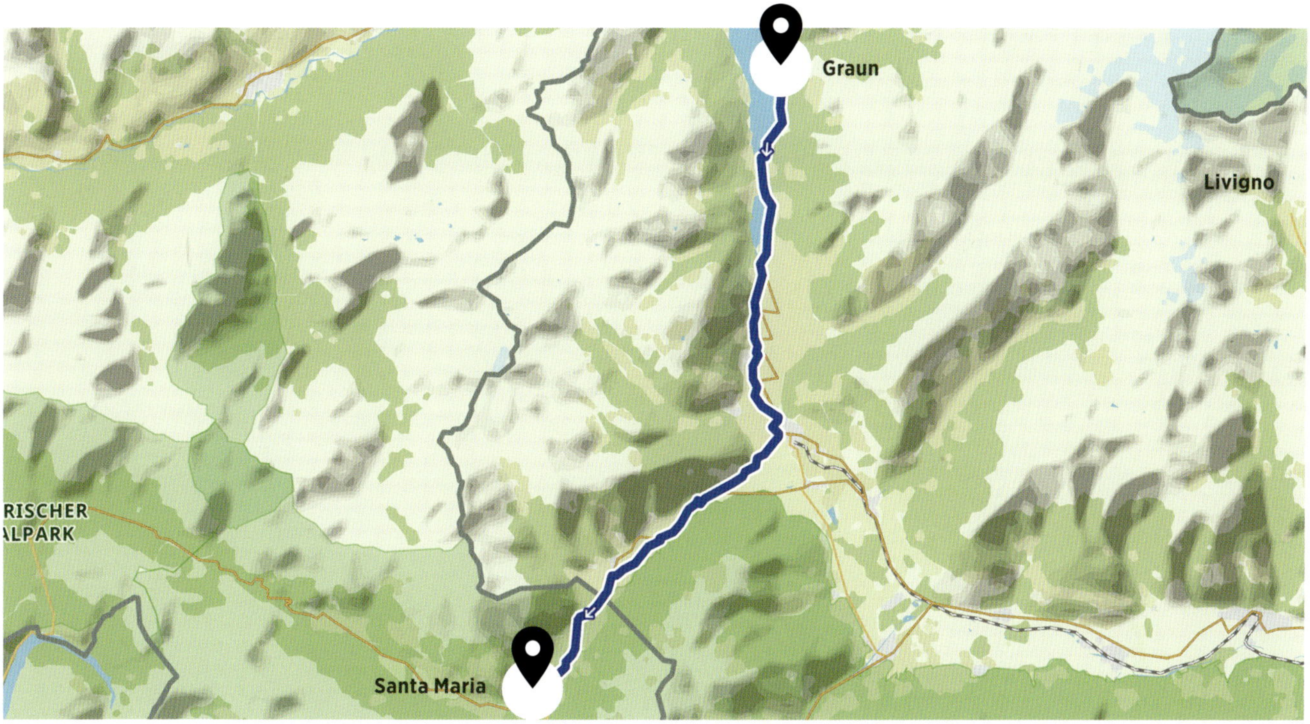

Streckenkarte im Detail auf komoot.

ETAPPE 1:
GRAUN NACH SANTA MARIA

29,5 KILOMETER UND 480 HÖHENMETER

Diese Etappe ist der perfekte Einstieg in die sechstägige Tour. Sie hat ungefähr 20 Kilometer Straße. Anstatt gleich in die Höhe zu gehen, führt diese Etappe entlang des Reschensees durch das Tal in Richtung Süden. Die Zielorte unterscheiden sich von denen der mittleren und der längeren Variante. Die erste Etappe endet in Santa Maria Val Müstair in der Schweiz, wo es einige Übernachtungsmöglichkeiten gibt. Ansprechend fand ich das 3-Sterne-Wellnesshotel Liun. Budgethotels sind hier schwer zu finden, da es sich um eine beliebte Urlaubsregion handelt.

HÖHENPROFIL

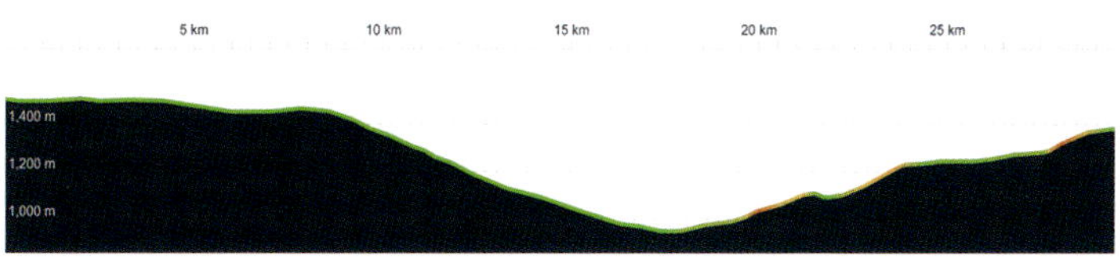

WEGTYPEN

Asphalt: 28,7 km / Offroad: 700 m / Kopfsteinpflaster: 100 m

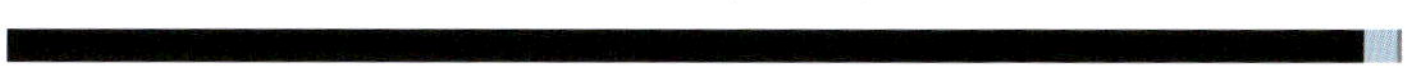

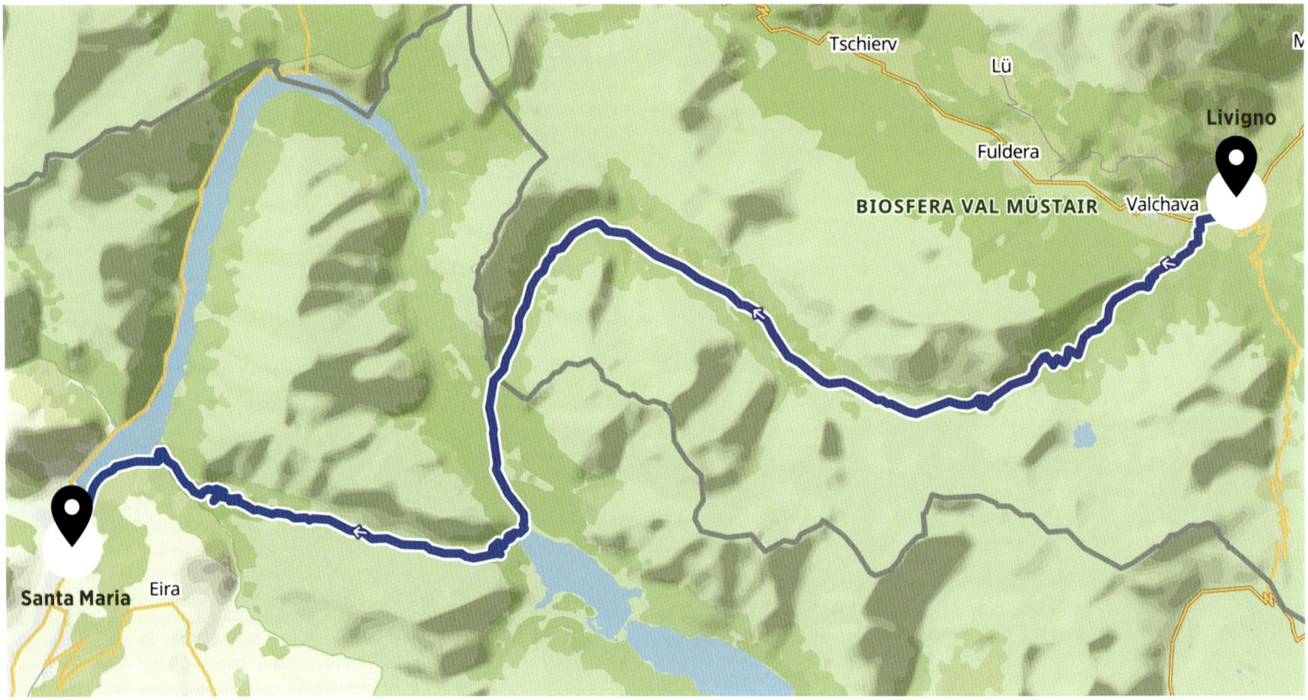

Streckenkarte im Detail auf komoot.

ETAPPE 2:

SANTA MARIA NACH LIVIGNO

35,6 KILOMETER UND
1.280 HÖHENMETER

Die Strecke ist etwas anspruchsvoller, aber auch hier lohnt sich jeder Höhenmeter – spätestens dann, wenn man an dem türkisfarbenen Lago di San Giacomo vorbeikommt. Zudem ist die Etappe fast ausschließlich abseits der Straßen, und das Gravel-Abenteuer kann in vollen Zügen genossen werden.

HÖHENPROFIL

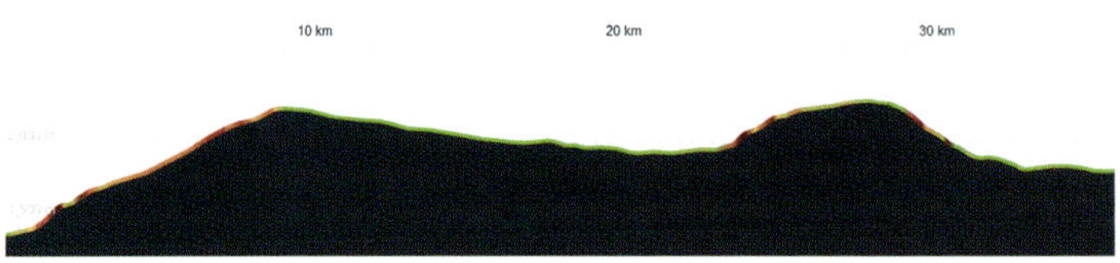

WEGTYPEN

Offroad: 33,9 km / Asphalt: 1,7 km

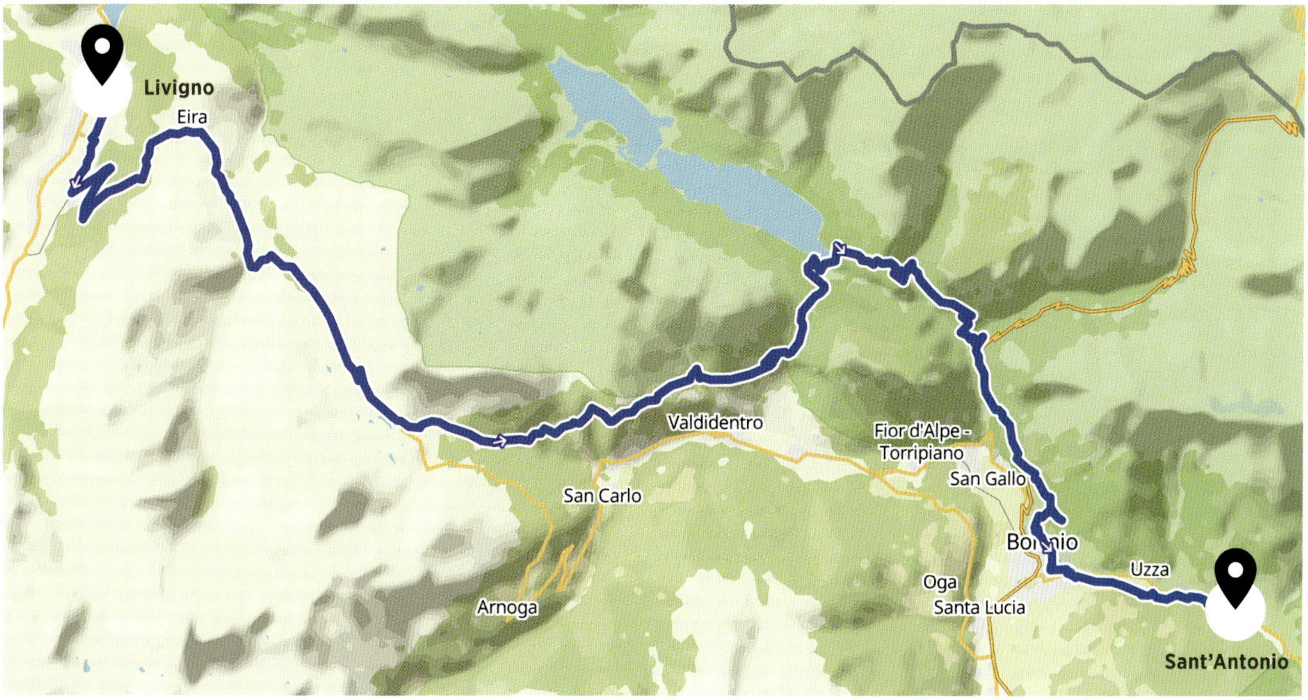

Streckenkarte im Detail auf komoot.

ETAPPE 3:

LIVIGNO NACH SANT'ANTONIO

43,3 KILOMETER UND
1.230 HÖHENMETER

Die Route verläuft sehr ähnlich wie die anderen beiden Varianten, aber endet vorher in Sant'Antonio. Sie geht tendenziell bergab, hat aber trotzdem noch 1.230 Höhenmeter. Die Route umfasst etwa 50 Prozent Straße und 50 Prozent Rad- und Schotterwege.

HÖHENPROFIL

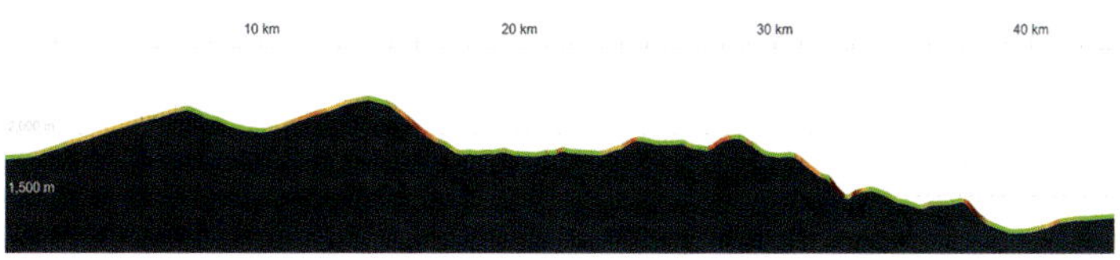

WEGTYPEN

Offroad: 18,2 km / Asphalt: 25 km / Kopfsteinpflaster: 100 m

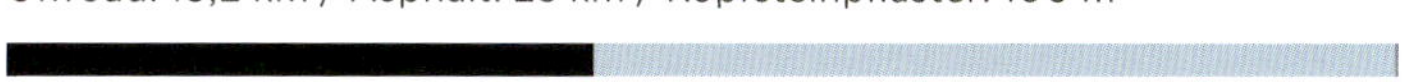

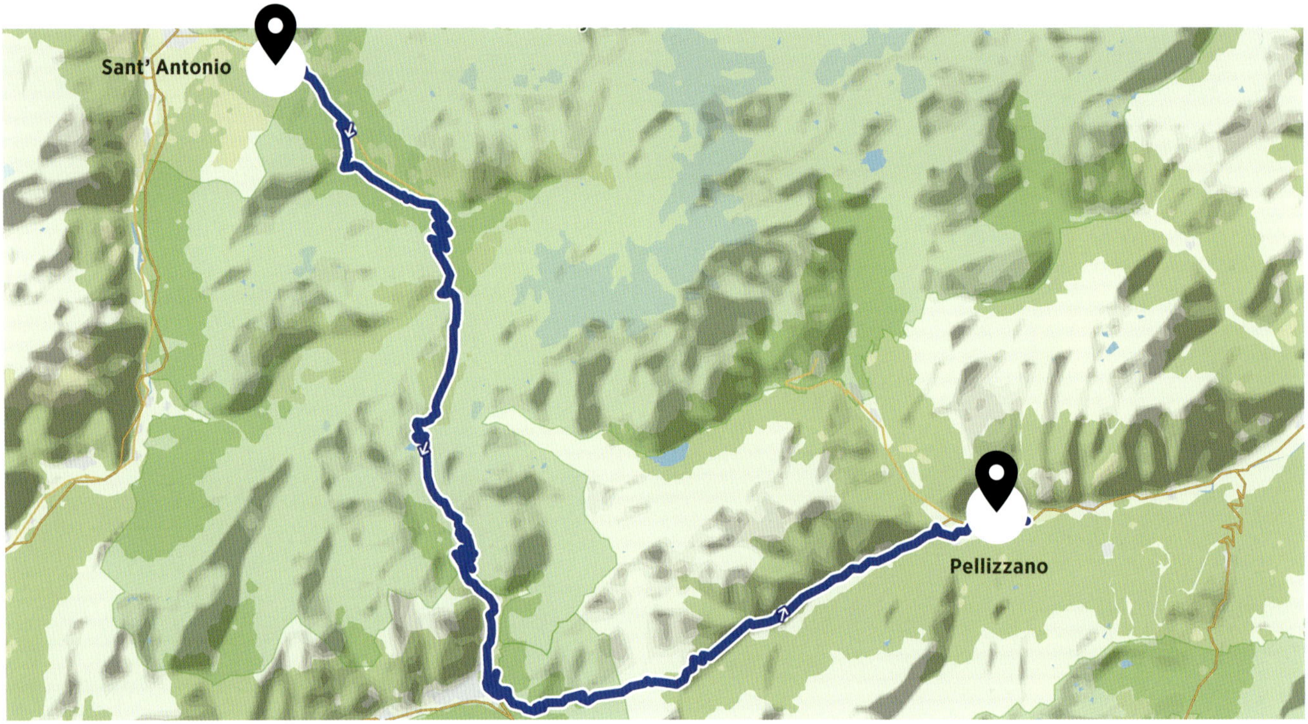

Streckenkarte
im Detail auf
komoot.

ETAPPE 4:
SANT`ANTONIO NACH PELLIZZANO
69,1 KILOMETER UND
2.010 HÖHENMETER

Heute wird es wieder etwas anspruchsvoller, und die Strecke führt via dem Gavia-Pass und Passo Tonale nach Pellizzano.

HÖHENPROFIL

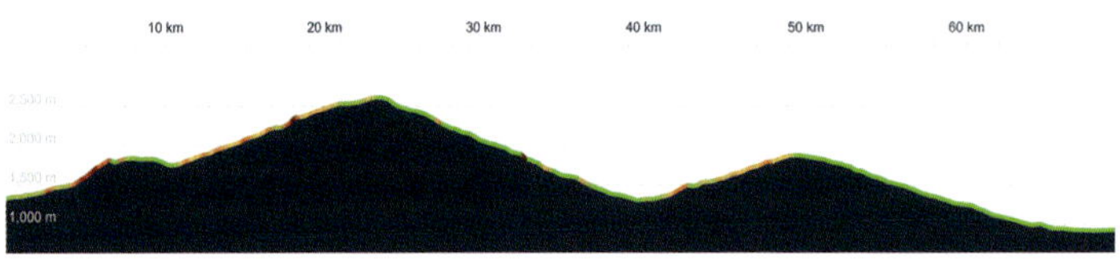

WEGTYPEN

Asphalt: 62 km / Offroad: 7,1 km

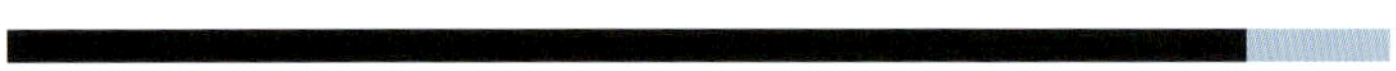

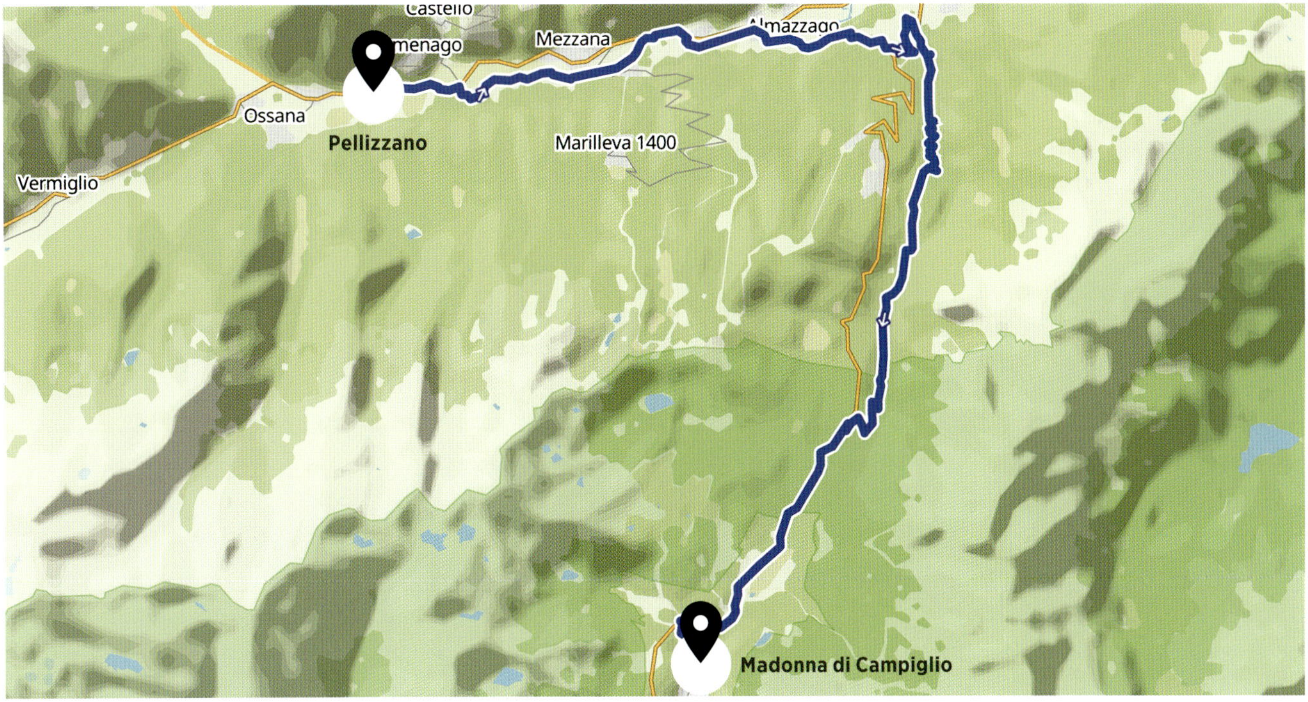

Streckenkarte im Detail auf komoot.

ETAPPE 5:
PELLIZZANO NACH MADONNA DI CAMPIGLIO

26,4 KILOMETER UND 1.010 HÖHENMETER

Diese Etappe ist die kürzeste und flachste und lädt zum Entdecken des Zielortes Madonna di Campiglio ein. Dort kann man sich beispielsweise die schöne Innenstadt anschauen.

HÖHENPROFIL

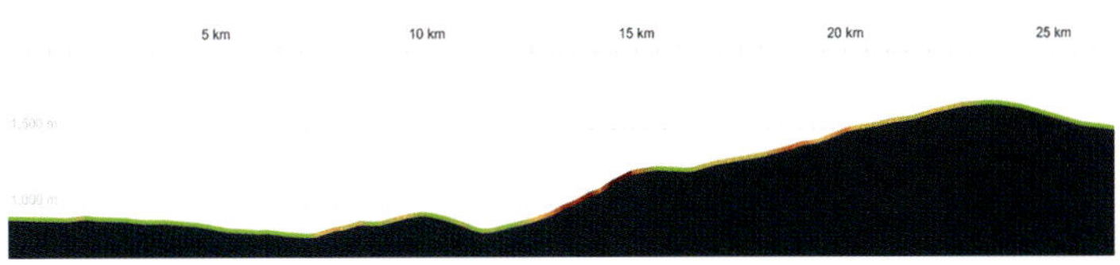

WEGTYPEN

Asphalt: 16,8 km / Offroad: 9,4 km / Kopfsteinpflaster: 200 m

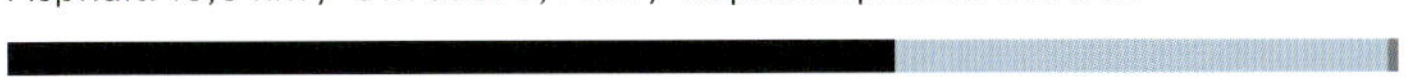

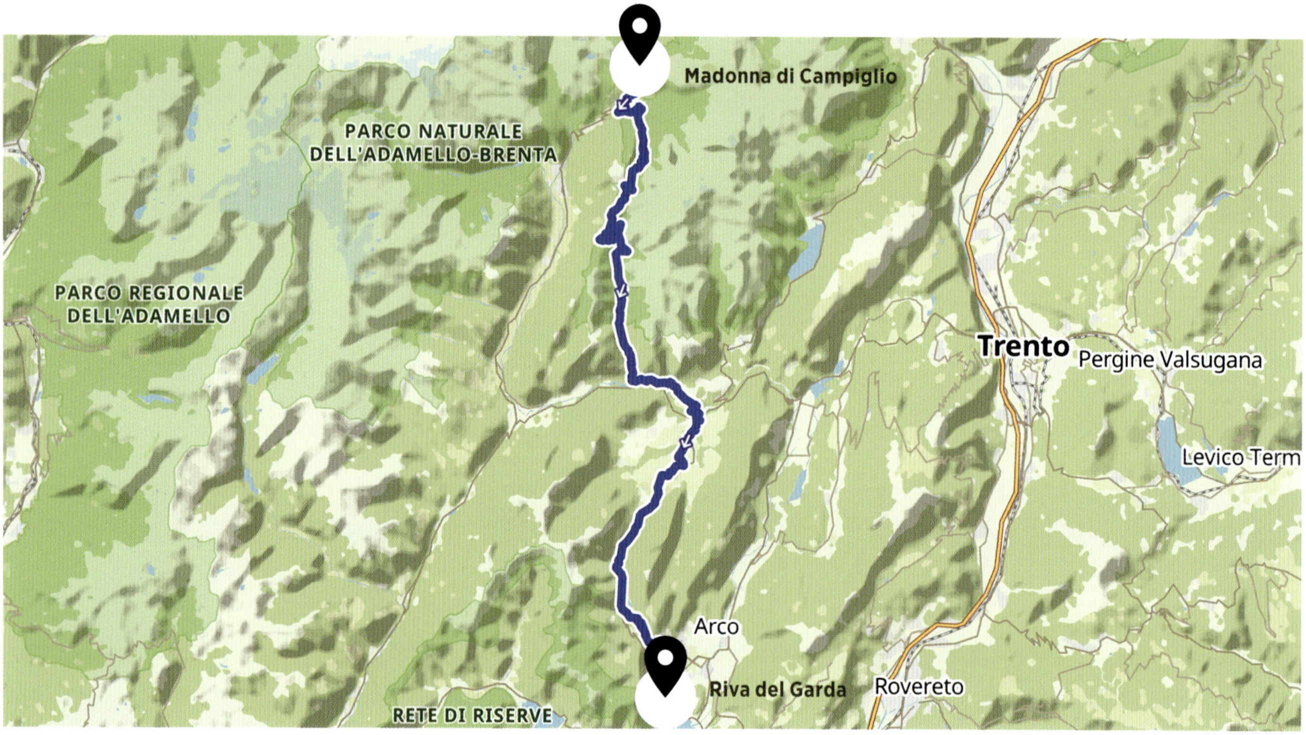

Streckenkarte im Detail auf komoot.

ETAPPE 6:
MADONNA DI CAMPIGLIO NACH RIVA DEL GARDA

65,8 KILOMETER UND 1.290 HÖHENMETER

Die letzte Etappe führt inklusive einer kurzen Tragepassage zum Ziel der Gravel-Transalp am Gardasee.

HÖHENPROFIL

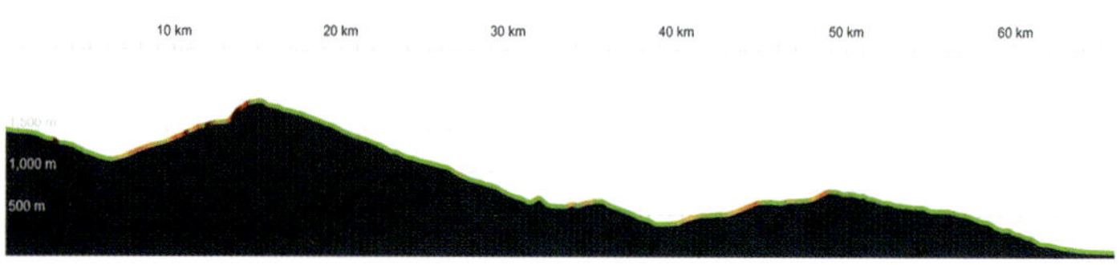

WEGTYPEN

Asphalt: 45,5 km / Offroad: 20,2 km / Kopfsteinpflaster: 100 m

MITTLERE TRANSALP-ROUTE

DIE MITTLERE VERSION UMFASST INSGESAMT 373 KILOMETER UND 10.540 HÖHENMETER. IM VERGLEICH: DIE LÄNGERE VERSION BEINHALTET 402 KILOMETER UND 11.010 HÖHENMETER. ES SIND KLEINE UNTERSCHIEDE BEI DISTANZ UND HÖHENMETERN, ABER EIN PAAR ENTSCHEIDENDE ÄNDERUNGEN BEI DEN ETAPPEN 2 UND 3.

Streckenkarte im Detail auf komoot.

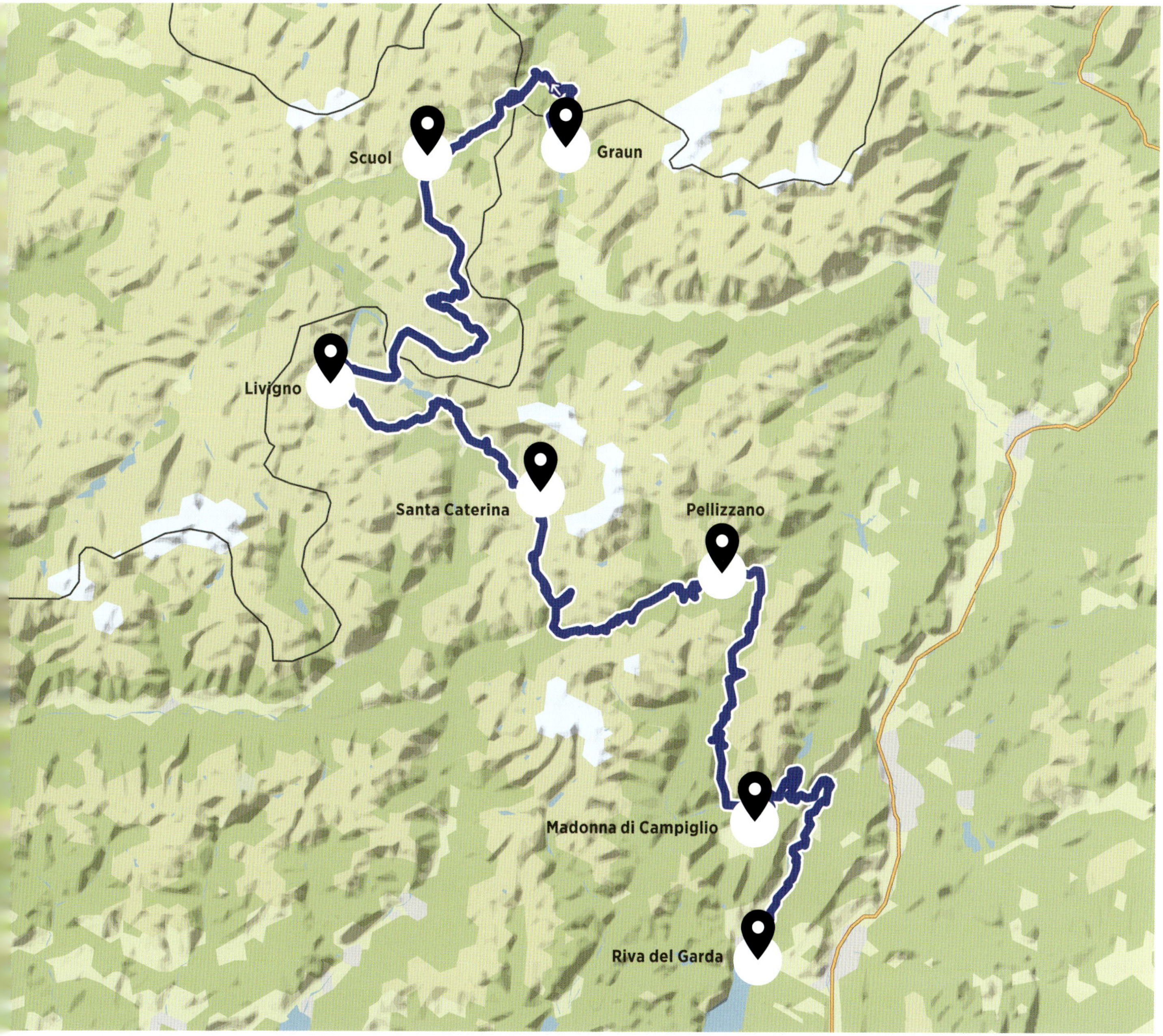

ETAPPEN 1, 4, 5 & 6

VIER DER SECHS ETAPPEN DER MITTLEREN VERSION SIND IDENTISCH MIT DER DER LANGEN VERSION. FÜR MEHR INFORMATIONEN SIEHE SEITE 83 UND 104 BIS 124.

ETAPPE 1:

VON GRAUN NACH SCUOL

48,3 KILOMETER UND
1.190 HÖHENMETER

ETAPPE 4:

SANTA CATERINA NACH PELLIZZANO

73,4 KILOMETER UND
1.920 HÖHENMETER

ETAPPE 5:

VON MEZZANO NACH PONTE ARCHE

59,1 KILOMETER UND
1.790 HÖHENMETER

ETAPPE 6:

VON PONTE ARCHE NACH RIVA DEL GARDA

62,1 KILOMETER UND
1.410 HÖHENMETER

Streckenkarte im Detail auf komoot.

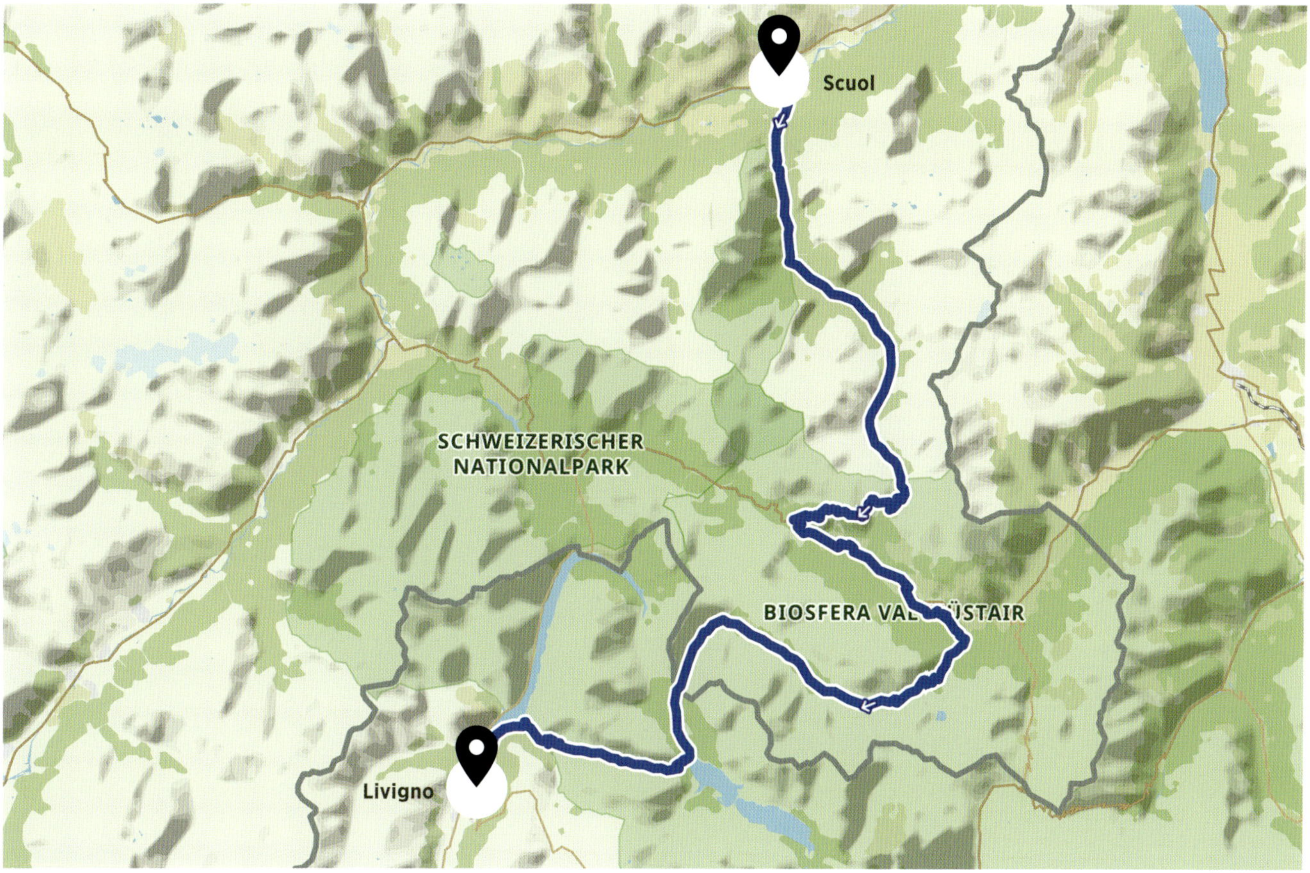

Streckenkarte im Detail auf komoot.

ETAPPE 2:
SCUOL NACH LIVIGNO

75,6 KILOMETER UND 2.440 HÖHENMETER

Die zweite Etappe ist wesentlich kürzer als bei der längeren Version und beinhaltet 600 Höhenmeter weniger. Etwa zwei Drittel der Strecke fährt man auf tollen Schotterwegen.

HÖHENPROFIL

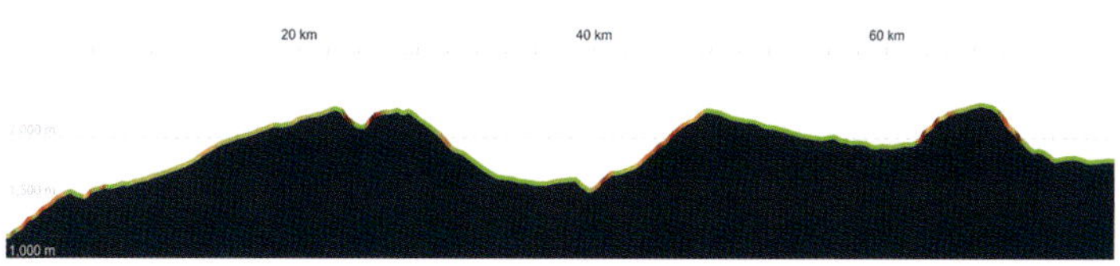

WEGTYPEN

Offroad: 54,9 km / Asphalt: 20,7 km

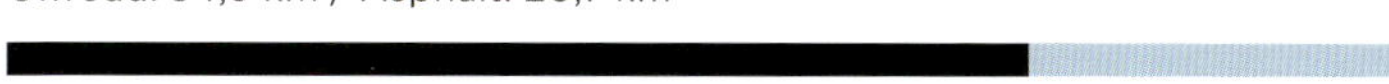

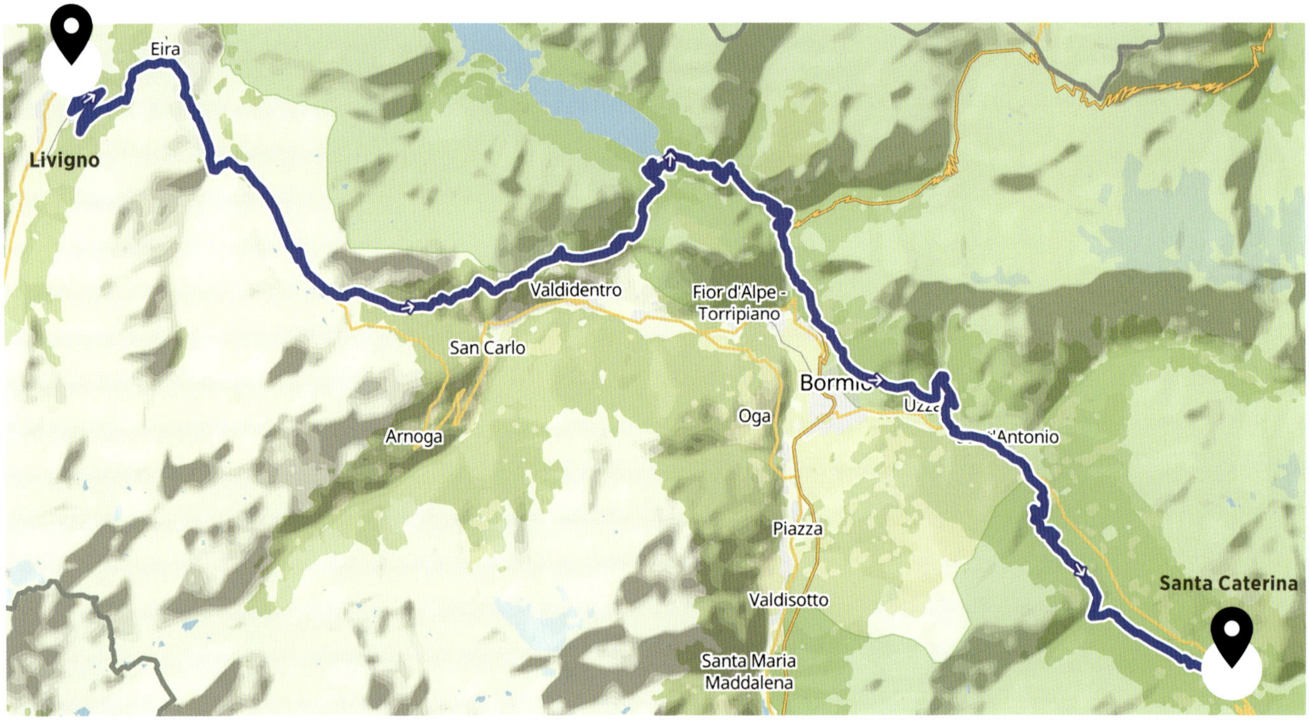

Streckenkarte im Detail auf komoot.

ETAPPE 3:
LIVIGNO NACH SANTA CATERINA

54,2 KILOMETER UND 1.820 HÖHENMETER

Die dritte Etappe in der mittleren Version vermeidet einen Schlenker, ist damit auch kürzer, hat aber 200 Höhenmeter mehr.

HÖHENPROFIL

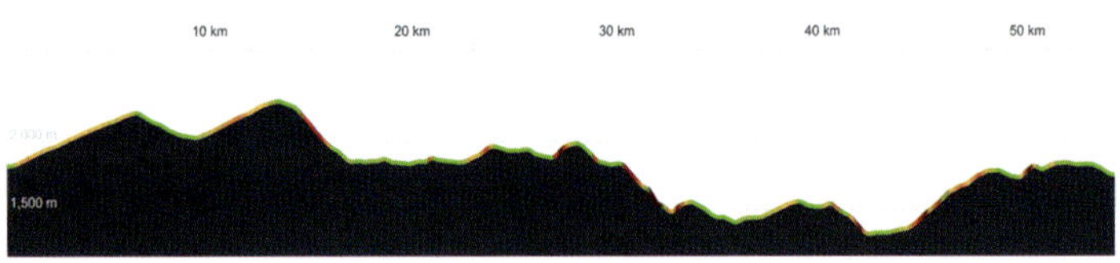

WEGTYPEN

Offroad: 31,7 km / Asphalt: 22,5 km

ZUM WEITERSTÖBERN

BESONDERHEITEN VON GRAVEL-RÄDERN

https://pushing-limits.de/sport/radfahren/das-gravel-bike-besonderheiten-und-unterschiede-zum-rennrad/

https://www.kruchexperience.com/post/a-frame-for-gravel-but-what-does-that-mean-really

https://www.bikeradar.com/advice/buyers-guides/what-is-a-gravel-bike/

INFORMATIONEN ÜBER TUBELESS-REIFEN

https://www.bike-magazin.de/zubehoer/sonstiges/test-2018-reparatur-sets-fuer-tubeless-reifen

https://www.cyclingweekly.com/news/latest-news/bikepacking-where-to-ride-framesets-and-luggage-explained-372641

INFORMATIONEN ÜBER MEIN EQUIPMENT

MEINE LAUFRÄDER:
ZIPP Firecrest 303:
https://www.sram.com/de/zipp/models/wh-303-ftld-a1
RESTRAP BIKEPACKING AUSSTATTUNG
https://eu.restrap.com/
MEIN LICHT
https://supernova-lights.com/products/m99-mini-pro-b54
MEINE REIFEN
https://www.schwalbe.com/fahrradreifen/cross-gravel-reifen/

DIE GPS-DATEN ZU ALLEN TOUREN

https://qrco.de/GPS-Daten_AbenteuerGravelTransalp

MEINE TOUR AUF KOMOOT

https://www.komoot.com/collection/1653373/-gravelling-across-the-alpsfrom-graun-to-riva-del-garda

BUCHEMPFEHLUNG

Das einzige Buch, das ich für mein Training benutzt habe, war *Die Trainingsbibel für Radsportler* von Joel Friel. Ich besitze es mittlerweile schon ein paar Jahre, aber es leistet mir immer noch gute Dienste. Heutzutage gibt es viele gute Trainingsbücher, ich glaube dennoch, dass es am wichtigsten ist, auf sich selbst zu hören.

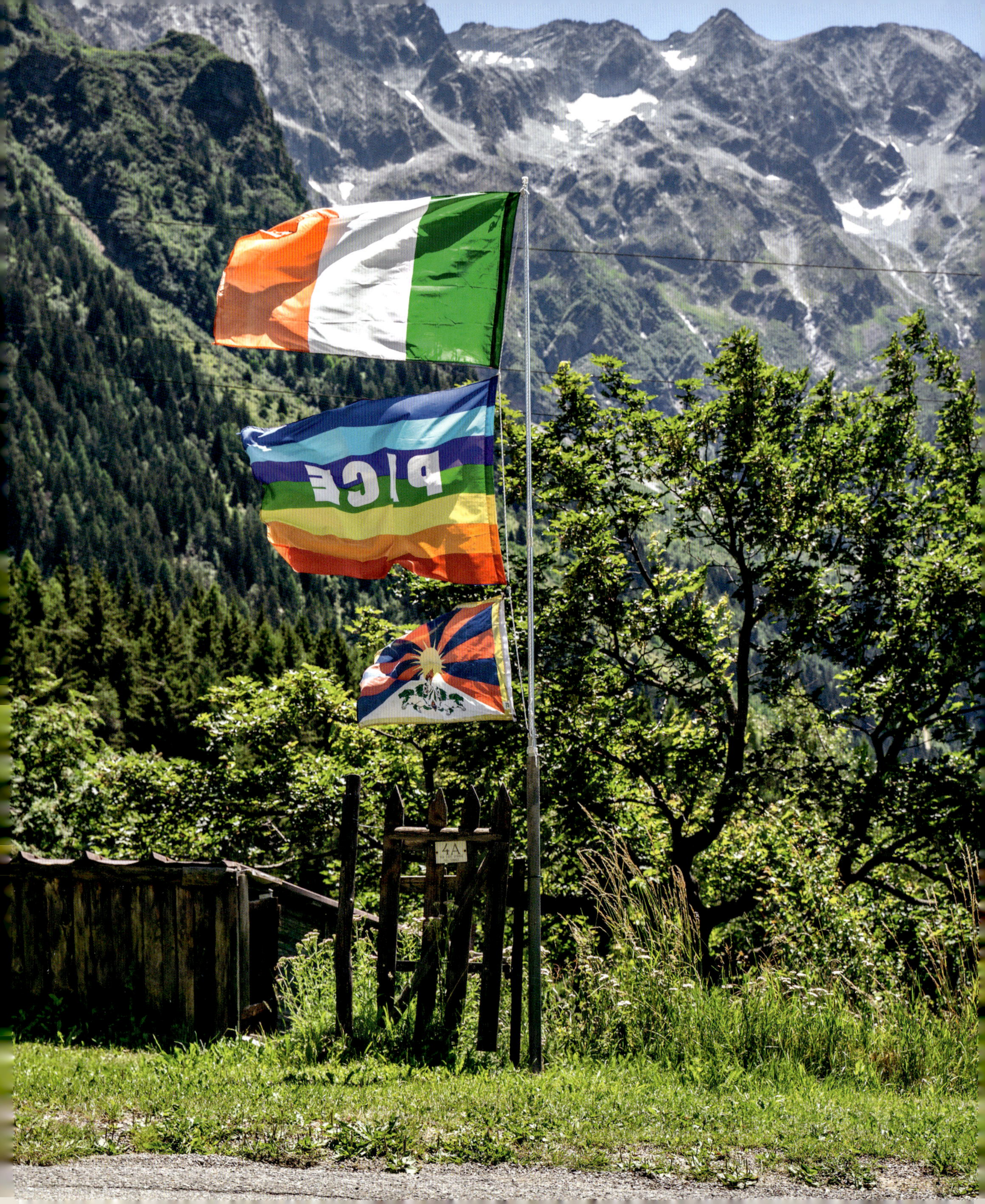
4A

DANKSAGUNG

Ich möchte mich zuallererst bei meinen Eltern und meinen zwei Schwestern, Claudi und Conny, bedanken. Ohne ihre Unterstützung wäre ich nie an dem Punkt, an dem ich jetzt bin.

Vielen Dank an meine Lektorin, Stephanie Jaeschke, für eine super Zusammenarbeit. Ich erinnere mich noch gut an unsere ersten Brainstorming-Meetings, in denen wir den Inhalt dieses Buches erarbeitet haben. Toll, was nun daraus geworden ist.

Vielen herzlichen Dank auch an meinen Fotografen, Gavin Kaps, und unseren Fahrer, Kevin Merrey von Skyrise Production, für ihr Engagement, dem Buch mit den schönen Bildern Leben zu geben.

DANKE AN MEINE WUNDERBAREN PARTNER:

MEINEM FAHRRADPARTNER,
CERVÉLO
für mein absolutes Lieblings-Gravel-Rad: Áspero 5.
www.cervelo.com/en-US/bikes/aspero-5
MEINEM KOMPONENTENPARTNER,
SRAM
für eine einwandfreie Schaltung, starke Bremsen und robuste Felgen von ZIPP! Ich kann allem komplett vertrauen.
www.sram.com/de/sram
MEINEM MATERIALAUSSTATTER,
POLARTEC
für optimale und leichte Funktionskleidung für jeden Moment.
www.polartec.com/
MEINEM HELMPARTNER,
LAZER
der meinen Kopf mit seiner neuen Technologie KinetiCore schützt.
www.lazersport.com/global/
MEINEM ROUTENPLANNER,
KOMOOT
für eine ausgezeichnete Navigation dieser sechs Tage.
www.komoot.de/discover
MEINEM REIFENPARTNER,
SCHWALBE
für ein pannenfreies Abenteuer und starken Grip auch bei steilen Passagen.
www.schwalbe.com/
MEINEM BIKEPACKING-PARTNER,
RESTRAP
für ein leichtes Packen und Verstauen meiner Mitbringsel. *https://restrap.com/collections*
MEINEM BELEUCHTUNGSPARTNER,
SUPERNOVA
für eine unglaubliche Helligkeit in den dunklen Momenten im Tunnel.
https://supernova-lights.com/
MEINEM CAMPINGPARTNER,
NEMO
für die liebevolle Wiedereinführung ins Camping. *www.nemoequipment.com/*

Zudem möchte ich mich bei Eva von IDM Südtirol für die wertvollen Tipps zu dieser wunderschönen Region bedanken.
Vielen Dank auch für die Gastfreundschaft im Seehotel Panorama Relax in Graun, Hotel Quellenhof in Scuol, Bivio Hotel in Livigno, 3 Signori Hotel in Santa Caterina, Ravelli Sporting Hotel in Mezzana und Caravel Bike Hotel in Riva del Garda.
Mit und Dank euch war es eine wunderschöne Reise!

Bibliografische Information der
Deutschen Nationalbibliothek
Die Deutsche Nationalbibliothek verzeichnet
diese Publikation in der Deutschen Nationalbibliografie;
detaillierte bibliografische Daten sind im Internet
über http://dnb.dnb.de abrufbar.

1. Auflage
ISBN 978-3-667-12555-2
© Delius Klasing Verlag GmbH, Bielefeld

Texte: Monika Sattler
Fotos: Gavin Kaps, www.ospreyimagery.co.uk,
S. 10 (Getty Images/apainter)
Kartografie: komoot
Geodaten: © OpenStreetMap und Mitwirkende, CC-BY-SA
Lektorat: Stephanie Jaeschke,
Michaela Franke
Einbandgestaltung und Layout:
Felix Kempf, www.fx68.de
Lithografie: Mohn Media, Gütersloh
Druck: COULEURS Print & More GmbH, Köln
Printed in Slovenia 2023

Alle Rechte vorbehalten!
Ohne ausdrückliche Erlaubnis des Verlages
darf das Werk weder komplett noch
teilweise reproduziert, übertragen
oder kopiert werden, wie z. B. manuell
oder mithilfe elektronischer und
mechanischer Systeme inklusive
Fotokopieren, Bandaufzeichnung und
Datenspeicherung.

Delius Klasing Verlag GmbH
Siekerwall 21
D - 33602 Bielefeld
Tel.: 0521/559-0, Fax: 0521/559-115
E-Mail: info@delius-klasing.de
www.delius-klasing.de